sendas literarias 1

literarias 1

ESPAÑOL COMPLETO PARA HISPANOHABLANTES

Aída Walqui-van Lier
Alisal High School
Salinas, California
Stanford University

Ruth A. Barraza
Salinas Union High School District
Salinas, California

Mary Ann Dellinger
Pueblo Magnet High School
Pueblo, Arizona
University of Phoenix (Southern Arizona Campus)

HH **Heinle & Heinle**
Thomson Learning

UNITED STATES ■ AUSTRALIA ■ CANADA ■ DENMARK ■ JAPAN ■

MEXICO ■ NEW ZEALAND ■ PHILIPPINES ■ PUERTO RICO ■

SINGAPORE ■ SOUTH AFRICA ■ SPAIN ■ UNITED KINGDOM

Director of School Publishing:
    Ed Lamprich
Developmental Editor: Andrew Littell
Production Editor: Sarah Cogliano
Assistant Editor: Rebecca Ortman
Marketing Manager: John Ade
Assoc. Marketing Manager:
    Sarah Wojdak

Art Editor: Kris Swanson
Illustrator: Markus Maxim Dubrowski—
    MDesigns
Cover Design/Interior Design: ColourMark
Cover Image: "Caminando con su
    paraguas azul," Víctor Lewis Ferrer
Compositor: Graphic World
Printer: R.R. Donnelley

For permission to use material from this text, contact us:
web   www.thomsonrights.com
fax   1-800-730-2215
phone   1-800-730-2214

Heinle & Heinle
20 Park Plaza
Boston, MA 02116

UK/EUROPE/MIDDLE EAST:
Thomson Learning
Berkshire House
168-173 High Holborn
London, WC1V 7AA, United Kingdom

AUSTRALIA/NEW ZEALAND:
Nelson/Thomson Learning
102 Dodds Street
South Melbourne
Victoria 3205 Australia

CANADA:
Nelson/Thomson Learning
1120 Birchmount Road
Scarborough, Ontario
Canada M1K 5G4

LATIN AMERICA:
Thomson Learning
Seneca, 53
Colonia Polanco
11560 México D.F. México

ASIA (excluding Japan):
Thomson Learning
60 Albert Street #15-01
Albert Complex
Singapore 189969

JAPAN:
Palaceside Building, 5F
1-1-1 Hitotsubashi, Chiyoda-ku
Tokyo 100 0003, Japan

SPAIN:
Thomson Learning
Calle Magallanes, 25
28015-Madrid
España

Walqui-van Lier, Aída.
    Sendas literarias / Aída Walqui-van Lier, Ruth A. Barraza, Mary Ann Dellinger.
       p.   cm.
    ISBN 0-8384-0301-8
    1. Spanish language—Readers. I. Barraza, Ruth A. II. Title
PC4117.W234   2001
468.6—dc20   01-11182
                                                            CIP
                                                            AC

ISBN: 0-8384-0301-8
Printed in the United States of America.
1 2 3 4 5 6 7 8 9 04 03 02 01 00

A los estudiantes

La literatura es una ventana que nos permite mirar hacia el interior de nosotros mismos para llegar a comprendernos mejor y entender nuestros sentimientos, nuestras posiciones, nuestras actitudes, nuestras ideas y opiniones. Esta ventana se abre también hacia el exterior; a través de ella llegamos a percibir y conocer otros mundos diferentes y desconocidos, pero igualmente intrigantes y maravillosos.

En este libro presentamos obras literarias que muestran una diversidad de perspectivas y que reflejan el sentir y pensar de personajes de distintas culturas del mundo hispánico, pero que, al mismo tiempo, son personajes universales. Descubriremos que, como seres humanos, tenemos inquietudes, anhelos y aspiraciones comunes. A través de la literatura vamos, pues, a emprender un viaje que nos llevará a conocer esos mundos y personajes por diversos caminos de exploración, por las sendas literarias. Tendrás la oportunidad de discutir temas interesantes y relevantes para ti y para el ser humano en general, tales como la justicia, la solidaridad y las relaciones familiares. También podrás escribir sobre estos mismos temas, desarrollando tus propias destrezas de escritor(a) en la forma de composiciones, poemas, ensayos, cartas y otros tipos de escritos.

Esperamos que, a través de este libro, descubras el encanto del andar literario. Descubrirás, por ejemplo, que un cuento o un poema favorito no se lee sólo una vez, sino muchas veces, y que, en cada lectura, encuentras una dimensión de significado diferente. De la misma manera, tú, como autor(a) regresarás varias veces a tu obra antes de su publicación. Volver a nuestras obras favoritas, sean las nuestras o de otro(a) autor(a), es como emprender de nuevo el camino, la senda conocida que te conduce a casa.

¿Cómo aprendemos?

¿Has pensado alguna vez, por ejemplo, al considerar a un(a) compañero(a) que saca muy buenas calificaciones en la escuela, que los estudiantes son de dos tipos: aquellos que son «buenos estudiantes» y aquellos que no lo son? Pues no eres el único en sentir de esta manera. Sin embargo, ésta es una visión falsa y fatalista de las cosas. La verdad es que, si uno(a) tiene buenas estrategias de estudio, puede convertirse en un(a) excelente estudiante. Es decir, la diferencia entre «buenos» y «malos» alumnos se basa en la diferencia entre aquellos que saben qué procedimiento usar en el estudio y los aplican, y aquellos que no saben qué hacer durante el estudio.

Es por esto que uno de los objetivos de este libro es el de lograr que desarrolles destrezas de estudio. Es decir, queremos que comiences a firmar tu autonomía como estudiante, que te sientas en control de tu aprendizaje y que cada vez que tengas que hacer un trabajo, cuentes con dos o tres modos alternativos de realizarlo.

La mejor manera de entender las cosas es explorándolas primero de manera individual y luego discutiéndolos con otros. Cada vez que consideramos un tema, hacemos una especie de conversación silenciosa con nosotros mismos, mediante la cual nuestro entendimiento previo dialoga con las nuevas ideas a considerarse. Lo que resulta de este diálogo es un nuevo y mejor entendimiento. Para lograr internalizar este diálogo, es buena idea ensayarlo muchas veces con otras personas. Por eso es que te pedimos que participes en las actividades colaborativas con seriedad y entusiasmo.

La meta de desarrollar tus habilidades de estudio se logrará entendiendo y practicando estrategias, «planes de ataque» académicos, para que tengas éxito al estudiar. Una vez que entiendas y utilices los procedimientos con otros compañeros, podrás utilizarlos individualmente. Podrás igualmente aplicarlos en el estudio de tus otros cursos.

Estamos convencidas de que tu viaje académico y literario estará lleno de grandes sorpresas, alegrías y satisfacciones. De vez en cuando, quizás te sea también un poco difícil. Pero al igual que al subir una colina, después de las dificultades del ascenso, la vista será mucho más amplia y espectacular. ¡Que tengas un maravilloso viaje por nuestras sendas literarias!

Agradecimiento

La primera edición de *Sendas literarias* surgió del empeño y la pericia de dos distinguidas profesionales, Aída Walqui van-Lier y Ruth A. Barraza. Gracias a su visión, sus destrezas pedagógicas y su dedicación a la población escolar hispanoparlante así como al proceso educativo, los maestros de español tuvimos nuestro primer texto para los estudiantes nativos al nivel secundario. A ellas, si se me permite la metáfora taurina, les quito la montera con profunda gratitud e infinito respeto.

Quiero expresar también mi agradecimiento a Heinle & Heinle, no sólo por haber sido los pioneros en este campo, sino por su compromiso con nuestra profesión y nuestros estudiantes. Quisiera reconocer el esfuerzo, entusiasmo e incansable diligencia de Edward Lamprich, Andrew Littell, Sarah Cogliano, Kris Swanson y Rebecca Ortman. También quisiera agradecer a Grisel Lozano Garcini, Margaret Hines, Ana Ras, Lois Poulin y Mary Lemire Campion, quienes ayudaron con la producción editorial del libro.

A mis compañeros de Pueblo High Magnet School, especialmente a Darcy Jack y Yolanda García DeCruz, fuentes de perpetua inspiración, a la Dra. Lorraine Richardson, directora de la escuela, por las oportunidades que me ha brindado para aprender y avanzar en mi desarrollo profesional, y a mis maravillosos estudiantes de Pueblo a quienes ha sido un honor enseñar, mil gracias.

Por su arduo trabajo en la revisión del manuscrito en sus varias etapas y su voz de aliento, quiero agradecer a:

Lucy Linder
North High School
Phoenix, AZ

Jorge Taracido, PhD.
Rockhurst High School
Kansas City, MO

Gabriel M. Valdés
Foreign Language Program Planner,
School District of Palm Beach County
West Palm Beach, FL

María Treviño
Northside Independent School
District
San Antonio, TX

Esperanza Gómez
Office of Bilingual Education
Compton, CA

Clarissa Calderón
Turlock High School
Turlock, CA

Donald S. Place
McKinney High School
McKinney, TX

Naida Groves
Justin-Siena High School
Napa, CA

Irma Castillo
William Howard Taft High School
San Antonio, TX

Rebecca Anderson
Van Nuys High School
Van Nuys, CA

K.L Castella-Gutiérrez
Clark High School
Las Vegas, NV

Eva L. Goodwin-Noriega
Anaheim High School
Anaheim, CA

Alejandro Gómez
Valley High School
Sacramento, CA

Marilyn Barrueta
Yorktown High School
Arlington, VA

Sandra Scherf
La Jolla High School
La Jolla, CA

Finalmente quisiera reconocer el apoyo incondicional de mi familia. Gracias a mi hijo, William Antonio, y mi madre, Pearl Kane, por su cariño y comprensión, y a mi esposo, John, por su respaldo y eterna paciencia. A él le dedico esta segunda edición de *Sendas literarias*.

—Mary Ann Dellinger

Prefacio: Elementos de
Sendas literarias, segunda edición

Sendas literarias es una serie de literatura española en dos tomos para los hispanoparlantes en los grados 8 a 12. Esta edición incluye secciones nuevas de gramática y vocabulario y viene acompañada de un cuaderno de ejercicios y un manual para el (la) profesor(a).

- *Sendas literarias* proporciona una gran cantidad de textos de literatura del mundo de habla hispana, permitiéndo a los estudiantes encontrar su propia voz en los textos presentados.
- *Sendas literarias* ayuda a desarrollar las cuatro aptitudes del lenguaje a través de actividades creativas de trabajo individual, en parejas o en grupos.
- *Sendas literarias* construye sobre el conocimiento lingüístico y cultural que los estudiantes traen a la sala de clases y amplía sus apreciaciones del lenguaje y de la literatura.
- *Sendas literarias* proporciona oportunidades creativas sin paralelo al *ingresar* al texto, al *adentrarse* en el texto y al *ir más allá* del texto en cada paso del camino.

Alistémonos para leer (actividades de pre-lectura) da la bienvenida a los estudiantes al ingresar al texto y los prepara para la interacción con la lectura que viene a continuación.

- Al comienzo de cada lección, *Alistémonos para leer* ofrece una gran variedad de ejercicios que proporcionan un nuevo enfoque cada vez.
- Diseñado para familiarizar a los estudiantes con los temas de la historia, *Alistémonos para leer* se centra en un tema para crear una conexión entre la literatura y el estudiante.
- «Grandes 'rompehielos'. Las actividades de la sección *Alistémonos para leer* le darán confianza al estudiante y establecen un aprendizaje individual y cooperativo desde el comienzo». —Jorge Taracido

Leamos activamente (actividades de lectura) les involucra activamente a los estudiantes a medida que se «adentren» en cada lectura.

- Con actividades estructuradas para usar antes, durante y después de cada lectura, esta sección proporciona el andamiaje que les ayuda a los estudiantes a comprender y los impulsa a leer activamente.

- Al incluir una variedad de estrategias de lectura que van cambiando de lección a lección, se garantiza el interés constante y significativo del estudiante por la lectura.
- «*Sendas literarias* divide la lectura en trozos que ayudan a mantener al estudiante concentrado». —Rebecca Anderson.

Las lecturas incluyen una variedad de géneros de todos los rincones del mundo hispanoparlante y proporcionan al estudiante una gran variedad de literatura que amplía su sentido de comunidad.

- Las selecciones en *Sendas literarias* incluyen cuentos cortos, poesía, drama y artículos de actualidad, asegurando que los estudiantes conozcan todo tipo de literatura.
- Al organizar las selecciones por tema, *Sendas literarias* da a los estudiantes una línea clara de conexión entre una lectura y otra. Así, los estudiantes pasan sin esfuerzos por cada unidad, adquiriendo un discernimiento más profundo de sus propias experiencias de vida.
- «Las selecciones de lectura son excepcionales». —María Treviño.

Ampliemos nuestra comprensión (ejercicios de expansión y post-lectura) permite a los estudiantes extender el tema «más allá» de la lectura.

- Usando las selecciones de lectura como trampolín, las actividades de esta sección permiten a los estudiantes integrar fácilmente las habilidades de lectura con las habilidades necesarias para escribir, hablar y escuchar.
- La variedad de actividades incluidas en *Ampliemos nuestra comprensión* guía a los estudiantes desde preguntas basadas en la comprensión hacia actividades de conexión con el texto, utilizando habilidades de evaluación de alto nivel y de pensamiento crítico.
- «El uso de una variedad de actividades es clave para mantener el interés de los estudiantes. Interés = Éxito». —Alejandro Gómez.

Conclusión de la unidad (actividades al final de la unidad) proporciona una oportunidad para que los estudiantes revisen todo el material presentado en la unidad.

- La sección *Conclusión de la unidad* utiliza una multitud de actividades que le permiten a cada estudiante reforzar su aprendizaje anterior.
- Cada *Conclusión de la unidad* comienza con un párrafo que reafirma el tema de la unidad para asegurar que los estudiantes den un paso atrás y vean la unidad como una entidad completa.

- «Las actividades incluidas en *Conclusión de la unidad* le ayudan al estudiante a juntar creativamente los conceptos y el vocabulario aprendido a través de la unidad». —Gabriel Valdés.

¡Nuevas secciones!

- *Vocabulario clave del texto* (lista de palabras difíciles aparece antes de la lectura). En la sección *Alistémonos para leer* se encuentran breves recuadros de vocabulario que preparan a las estudiantes para la lectura sin agobiarlo.
  - La sección *Vocabulario clave del texto* enfatiza el vocabulario clave de la historia, aumentando la comprensión.
  - «Los recuadros de vocabulario en la sección de pre-lectura le ayudan mucho al estudiante y le anticipan el contenido de la historia». —Clarissa Calderón.

- *Exploremos el lenguaje* (lecciones de gramática en contexto). Esta sección revisa la gramática apropiada para las lecturas incluidas en cada lección.
  - *Exploremos el lenguaje* es una sección nueva en esta edición que enfoca las estructuras gramaticales en el contexto, abordando las aplicaciones gramaticales a medida que aparecen en las selecciones de lectura.
  - Como modelo para una mayor comprensión y claridad, se proporcionan ejemplos de cada punto gramatical con citas del mismo texto.
  - «Como la gramática generalmente no es un tema muy popular, las lecciones en contexto la disfrazan proporcionando una instrucción gramatical que mantiene el sabor de la lección». —Lucy Linder.

- *Creemos literatura* (ejercicios de escritura para crear una carpeta) fomenta la creatividad de los estudiantes, proporcionando una gran cantidad de ejercicios que son de alto interés y de un nivel de dificultad adecuado.
  - *Creemos literatura* es la sección final de cada lección y proporciona actividades de escritura detalladas y estructuradas para guiar al estudiante a través del proceso de escritura.
  - *Creemos literatura,* una característica única de ***Sendas literarias,*** les ayuda a los estudiantes a reunir una carpeta con trabajos de la cual puedan estar orgullosos.
  - «Excelente. ***Sendas literarias*** tiene una diversidad de ejercicios creativos que la hacen atractiva para las distintas fortalezas de los estudiantes». —Beverly Wills.

- La sección *Conozcamos al autor* *(a la autora)* proporciona una breve sinopsis de alto interés acerca de la vida del autor para sumergir a los estudiantes en el legado cultural de la selección.
  - Estas significativas biografías de los autores, distribuidas a lo largo del texto, le ayudan a los estudiantes a conectarse con el autor de una forma personal.
  - Al permitir que el estudiante vea la selección de lectura desde un nuevo ángulo, la *Conozcamos al autor* es un agregado importante a la segunda edición de *Sendas literarias*.
  - «La introducción biográfica del autor agrega una importante dimensión a las selecciones de lectura». —Marilyn Barrueta.

- *Más horizontes creativos* (actividad culminante de escritura al final de la unidad) le permite al estudiante la revisión del material de la unidad y representa una oportunidad de practicar la escritura en forma más personal.
  - *Más horizontes creativos* proporciona actividades estructuradas de escritura creativa que reúnen los temas de la unidad.
  - Las actividades creativas y actuales promueven el interés de los estudiantes y fomentan la autoexpresión creando carpetas tangibles de trabajos.
  - «El énfasis en la reflexión proporciona oportunidades para un mayor desarrollo personal de parte del estudiante en el momento perfecto de su adolescencia». —Sandra Scherf.

Mapa literario

CANADÁ

ESTADOS UNIDOS

Washington D. C. ★

③

⑫

⑭

Golfo de México

②

MÉXICO

⑤

⑥

Océano Pacífico

Océano Atlántico

La Habana
⑧ ★⑨ ⑬ ⑩ ④

CUBA

HAITÍ ★

REPÚBLICA
DOMINICANA

⑮⑦

Santo
Domingo

PUERTO
RICO

Mar del Caribe

BELICE

GUATEMALA

Guatemala ★
San Salvador ★
EL SALVADOR

HONDURAS

Tegucigalpa ★

NICARAGUA

Managua ★

San José ★
COSTA RICA

Panamá ★

PANAMÁ

Caracas ★

VENEZUELA

Bogotá ★

COLOMBIA

Quito ★

ECUADOR

Leyenda

1. *Ana María Matute* (Barcelona, Spain)
2. *Jesús Maldonado* (Corpus Christi, Texas)
3. *Sandra Cisneros* (Chicago, Illinois)
4. *César Vallejo* (Camagüey, Cuba)
5. *Francisco Jiménez* (Jalisco, México)
6. *Rose del Castillo Guilbault* (Sonora, México)
7. *Pedro Juan Soto* (San Juan, Puerto Rico)
8. *Gertrudis Gómez de Avellaneda* (Cuba)
9. *Hilda Perera* (La Habana, Cuba)
10. *Senel Paz* (Las Villas, Cuba)
11. *Cristina Peri Rossi* (Montevideo, Uruguay)
12. *Sabine Ulibarrí* (Santa Fé, New Mexico)
13. *Roberto Fernández* (Sagua la Grande, Cuba)
14. *Rosaura Sánchez* (San Ángelo, Texas)
15. *Esmeralda Santiago* (Santurce, Puerto Rico)

PERÚ

BRASIL

Brasilia

BOLIVIA

La Paz

PARAGUAY

Asunción

ARGENTINA

CHILE

Santiago

URUGUAY

Montevideo

FRANCIA

ANDORRA

CATALUÑA

Barcelona

Mar Mediterráneo

MENORCA

ISLAS BALEARES

MALLORCA

EIVISSA (IBIZA)

FORMENTERA

ARAGÓN

NAVARRA

PAÍS VASCO

LA RIOJA

ESPAÑA

MADRID

Madrid

Toledo

VALENCIA

MURCIA

Mar Cantábrico

CANTABRIA

ASTURIAS

CASTILLA Y LEÓN

Valladolid

CASTILLA-LA MANCHA

EXTREMADURA

ANDALUCÍA

Sevilla

GALICIA

PORTUGAL

Océano Atlántico

MARRUECOS

Tabla de contenido

A los estudiantes iii

Prefacio vi

Mapa literario viii

UNIDAD 1   *El sentido de nuestras vidas*

LECCIÓN 1   2

Alistémonos para leer 2

Leamos activamente 4
   LOS TRES CONSEJOS
      Leyenda de las Américas 5

Ampliemos nuestra comprensión 9

Apuntes literarios: Las leyendas 10

Exploremos el lenguaje: El lenguaje 10

Creemos literatura 11

LECCIÓN 2   12

Alistémonos para leer 12

Leamos activamente 13
   La COMADRE SEBASTIANA
      Relato de Nuevo México
      Versión de Rodolfo Anaya 15

Ampliemos nuestra comprensión 19

Exploremos el lenguaje: La oración 19

Creemos literatura 20

LECCIÓN 3   21

Alistémonos para leer 21

Leamos activamente 22
   LOS NOVIOS
      Leyenda mexicana 23
   GUANINA
      Leyenda puertorriqueña 29

Ampliemos nuestra comprensión 35

Exploremos el lenguaje: La oración:
   sujeto y predicado 36

Creemos literatura 37

LECCIÓN 4   39

Alistémonos para leer 39

Leamos activamente 40
   La CREACIÓN (HACE MUCHO TIEMPO)
      Mito puertorriqueño 41

Ampliemos nuestra comprensión 46

Apuntes literarios: Los mitos 47

Exploremos el lenguaje: Palabras
   variables y no variables 47

Creemos literatura 48

LECCIÓN 5   50

Alistémonos para leer   50

Leamos activamente   51
    La trampa del coyote
      J.J. Gómez Palacios   52

Ampliemos nuestra comprensión   56

Exploremos el lenguaje: Los prefijos
y los sufijos   58

Creemos literatura   59

Conclusión de la unidad   62

Síntesis y conexión de conceptos   62

Más horizontes creativos   63

UNIDAD 2   *Nuestra vida en comunidad*

LECCIÓN 1   68

Alistémonos para leer   68

Leamos activamente   70
    DON JUANITO
      Jesús Maldonado   71

Ampliemos nuestra comprensión   75

Exploremos el lenguaje: El sustantivo   76

Creemos literatura   77

LECCIÓN 2   79

Alistémonos para leer   79

Leamos activamente   80
    ONCE
      Sandra Cisneros
      Traducción de Liliana Valenzuela   81

Ampliemos nuestra comprensión   89

Apuntes literarios: Obras narrativas   90

Exploremos el lenguaje: El pronombre   91

Creemos literatura   93

LECCIÓN 3   94

Alistémonos para leer   94

Leamos activamente   95
    masa
      César Vallejo   97

Ampliemos nuestra comprensión   99

Apuntes literarios: Tono   99

Exploremos el lenguaje: Los artículos   99

Creemos literatura   101

LECCIÓN 4   102

Alistémonos para leer   102

Leamos activamente   104
    poema con niños
      Nicolás Guillén   105

Ampliemos nuestra comprensión   115

Exploremos el lenguaje: El adjetivo   115

Creemos literatura   117

LECCIÓN 5   118

Alistémonos para leer   118

Leamos activamente   120
    LOS CHICOS
       Ana María Matute   121

Ampliemos nuestra comprensión   128

Exploremos el lenguaje: La concordancia   130

Creemos literatura   131

Conclusión de la unidad   132

Síntesis y conexión de conceptos   132

Más horizontes creativos   133

UNIDAD 3   *La experiencia migrante*

LECCIÓN 1   138

Alistémonos para leer   138

Leamos activamente   139
    CAJAS DE CARTÓN
       Francisco Jiménez   141

Ampliemos nuestra comprensión   155

Exploremos el lenguaje: El verbo,
   las partes del verbo, el infinitivo   155

Creemos literatura   157

LECCIÓN 2   159

Alistémonos para leer   159

Leamos activamente   160
    EL TRABAJO EN EL CAMPO
       Rose del Castillo Guilbault
       Traducción de Ruth Barraza   161

Ampliemos nuestra comprensión   169
    DIÁLOGO COLABORATIVO

Exploremos el lenguaje: Resumen   170

Creemos literatura   172

LECCIÓN 3   173

Alistémonos para leer   173

Leamos activamente   175
    LOS INOCENTES
       Pedro Juan Soto   176

Ampliemos nuestra comprensión   185

Exploremos el lenguaje: Persona
   y número   185

Creemos literatura   187

LECCIÓN 4   189

Alistémonos para leer   189

Leamos activamente   190
    ¡AL PARTIR!
       Gertrudis Gómez de Avellaneda   191

Ampliemos nuestra comprensión   194

Apuntes literarios: Prosa y verso   194

Exploremos el lenguaje: La conjugación   194

Creemos literatura   195

LECCIÓN 5 — 196

Alistémonos para leer — 196

Leamos activamente — 198
ᴋɪᴋᴇ
Hilda Perera — 199

Ampliemos nuestra comprensión — 211

Apuntes literarios: Motivos y sentimientos de los personajes — 211

Exploremos el lenguaje: Los verbos regulares e irregulares — 211

Creemos literatura — 213

Conclusión de la unidad — 214

Gráficas — 214

Síntesis y conexión de conceptos — 218

Más horizontes creativos — 221

UNIDAD 4 *Relaciones familiares*

LECCIÓN 1 — 226

Alistémonos para leer — 226

Leamos activamente — 228
ᴄᴏᴍᴏ ᴜɴ ᴇsᴄᴏʟᴀʀ sᴇɴᴄɪʟʟᴏ
Senel Paz — 229

Ampliemos nuestra comprensión — 242

Exploremos el lenguaje: Los tiempos del verbo — 244

Creemos literatura — 246

LECCIÓN 2 — 247

Alistémonos para leer — 247

Leamos activamente — 248
ᴘʀɪᴍᴇʀ ᴀᴍᴏʀ
Cristina Peri Rossi — 249

Ampliemos nuestra comprensión — 253

Exploremos el lenguaje: Los tiempos simples del verbo en pasado — 253

Creemos literatura — 257

LECCIÓN 3 — 259

Alistémonos para leer — 259

Leamos activamente — 261
ᴍɪ ᴀʙᴜᴇʟᴀ ғᴜᴍᴀʙᴀ ᴘᴜʀᴏs
Sabine Ulibarrí — 262

Ampliemos nuestra comprensión — 275

Apuntes literarios: La semblanza — 275

Exploremos el lenguaje: El presente perfecto y el pluscuamperfecto — 276

Creemos literatura — 279

LECCIÓN 4 — 281

Alistémonos para leer — 281

Leamos activamente — 283
ʀᴀɪɴɪɴɢ ʙᴀᴄᴋᴡᴀʀᴅs
Roberto Fernández — 284

Ampliemos nuestra comprensión — 296

Exploremos el lenguaje: El condicional — 297

Creemos literatura — 298

LECCIÓN 5 — 300

Alistémonos para leer — 300

Leamos activamente — 301
TRES GENERACIONES
Rosaura Sánchez — 304

Ampliemos nuestra comprensión — 317

Exploremos el lenguaje: Complementos del verbo — 318

Creemos literatura — 319

Conclusión de la unidad — 320

Síntesis y conexión de conceptos — 320

Más horizontes creativos — 321

UNIDAD 5 *Cuando era puertorriqueña*

LECCIÓN 1 — 326

Alistémonos para leer — 326

Leamos activamente — 328
CUANDO ERA PUERTORRIQUEÑA
(PRIMERA PARTE)
Esmeralda Santiago — 329

Ampliemos nuestra comprensión — 337

Exploremos el lenguaje: El adverbio — 337

Creemos literatura — 339

LECCIÓN 2 — 340

Alistémonos para leer — 340

Leamos activamente — 341
CUANDO ERA PUERTORRIQUEÑA
(SEGUNDA PARTE)
Esmeralda Santiago — 343

Ampliemos nuestra comprensión — 349

Exploremos el lenguaje: Los enlaces — 349

Creemos literatura — 350

LECCIÓN 3 — 351

Alistémonos para leer — 351

Leamos activamente — 352
CUANDO ERA PUERTORRIQUEÑA
(TERCERA PARTE)
Esmeralda Santiago — 353

Ampliemos nuestra comprensión — 358

Exploremos el lenguaje: La preposición y las frases prepositivas — 359

Creemos literatura — 360

LECCIÓN 4 — 362

Alistémonos para leer — 362

Leamos activamente — 363
CUANDO ERA PUERTORRIQUEÑA
(CUARTA PARTE)
Esmeralda Santiago — 365

Ampliemos nuestra comprensión — 371

Exploremos el lenguaje: La conjunción y las frases conjuntivas — 372

Creemos literatura — 374

LECCIÓN 5   375

Alistémonos para leer   375

Leamos activamente   376
      CUANDO ERA PUERTORRIQUEÑA
      (QUINTA PARTE)
           Esmeralda Santiago   377

Ampliemos nuestra comprensión   380

Exploremos el lenguaje: Repaso   380

Creemos literatura   381

Conclusión de la unidad   382

Síntesis y conexión de conceptos   382

Más horizontes creativos   383

Índice de habilidades   386

Glosario   391

Glosario de términos literarios   396

Los textos   397

El arte y las fotos   398

UNIDAD 1

El sentido de nuestras vidas

¿A quién le puedo preguntar

qué vine a hacer en este mundo?

¿Por qué me muevo sin querer?

¿Por qué no puedo estar inmóvil?

PABLO NERUDA

LECCIÓN 1

Los tres consejos

ALISTÉMONOS PARA LEER

Todos los pueblos crean historias para sentar enseñanzas que deben ser respetadas por los miembros de la comunidad. Son las leyendas populares que han llegado a nosotros por la tradición oral. «Los tres consejos», leyenda conocida en muchos países de Hispanoamérica, es un bello ejemplo de este tipo de literatura. Mientras la escuchas o la lees, piensa en qué lecciones se desprenden de ella.

A. Escritito. En nuestra comunidad hispana, siempre se ha mostrado gran respeto a los ancianos como portadores de conocimientos prácticos y culturales.

- Piensa en una persona mayor por quien guardas mucho respeto. Puede ser un miembro de tu familia o simplemente una persona conocida.
- ¿Cómo sería diferente tu vida si no lo (la) conocieras?
- Escribe sobre este tema durante tres minutos sin preocuparte por la ortografía ni la organización de ideas.

B. Cuatro en turno. Trabajando en grupos, comparte lo que has escrito.

- Habla de la persona sobre la que has escrito explicando quién es, cómo lo (la) conoces, cómo ha influido en tu vida, etc.
- Explica por qué lo (la) escogiste y la importancia que tiene en tu vida. No es necesario leer lo que has escrito palabra por palabra.
- Escucha a tus compañeros cuando les toque a ellos compartir sus propias experiencias.

VOCABULARIO CLAVE DEL TEXTO

Familiarízate con el vocabulario clave del texto según las indicaciones de tu maestro(a).

> acumular
> caballero
> finca
> pesadumbre
> sagaz
> simultáneamente
> talegón

LEAMOS ACTIVAMENTE

C. **Lee y anota.** Tu maestro(a) va a leer la leyenda «Los tres consejos». Ésta es una historia popular conocida en los Estados Unidos, México y muchos países de Sudamérica.

- ■ Estudia el siguiente cuadro que utilizarás para tomar notas.
- ■ Cópialo en tu cuaderno.
- ■ Utiliza el cuadro para tomar notas durante la lectura de «Los tres consejos».

	Los hombres con muchos hijos	El hombre con un hijo estudiando
¿Qué problema tienen?		
¿Qué decisión toman?		
¿Qué resultado tiene su decisión?		

Los tres consejos

LEYENDA DE LAS AMÉRICAS

Había una vez tres amigos. Dos de ellos tenían muchos hijos y el tercero tenía un hijo solo que estaba estudiando, pero los tres eran muy pobres. Un día, hablando de la pesadumbre de su situación económica y las familias que necesitaban mantener, decidieron salir en busca de trabajo y fortuna.

Recién salidos de su pueblo, encontraron a un hombre anciano en el camino. El señor les preguntó adónde iban y ellos le contestaron que buscaban trabajo y fortuna. Entonces el hombre les preguntó:

—Pues, ¿qué quieren mejor cada uno, un talegón de dinero o tres consejos?

—Mejor el dinero —respondieron dos de los hombres simultáneamente.

—Los ancianos suelen ser muy sabios —dijo el que tenía el hijo estudiando—. Yo quiero tres consejos.

Entonces el anciano les dio un talegón de dinero a los dos hombres que pidieron el dinero. Vuelto al tercero, le dio estos tres consejos:

—Bien, mi primer consejo es éste: no dejes camino principal por vereda. El segundo, no preguntes lo que no te importa. Y el tercero, antes de actuar, piensa en las consecuencias.

Los tres amigos se despidieron del anciano y éste siguió su camino. Estando los tres solos, el que cargaba el talegón de dinero le dijo al que escogió los consejos:

—¡Qué mal hiciste, amigo mío! ¿De qué te sirven los consejos?

«Los comisarios», Héctor Poleo

—Pueda que a mí me sirvan mejor tres consejos de un anciano sagaz que a ustedes un talegón de dinero. Bueno, adiós y como regalo de despedida, les voy a dar a ustedes el primer consejo: no vayan a dejar camino principal por vereda.

—¡Oh, ¿tú qué sabes? —rieron sus amigos y se fueron para su casa por la vereda mientras él tomó el camino principal adelante.

En el camino de regreso a sus casas con el talegón de dinero, los dos amigos fueron atracados por unos bandidos. Les robaron el dinero y los mataron. El de los consejos siguió su camino sin salir por las veredas hasta que llegó a una finca muy grande.

Se acercó a la puerta de la casa para pedir posada ya que era muy tarde y estaba muy cansado de su viaje. Salió un caballero a recibirlo y lo hizo que pasara y que lo esperara después de haber cenado. Lo llevó a un cuarto donde estaba su esposa, una mujer flaca con una expresión muy triste. Al hombre le daba ganas de preguntar por qué estaba tan flaquísima la señora, pero se acordó del segundo consejo: no preguntes lo que no te importa.

El hombre rico se extrañó de que el hombre no le preguntara por la condición de su esposa.

—¿Por qué no me preguntas por la condición de mi mujer?

—Señor, porque a mí no me gusta preguntar lo que no me importa.

Al caballero le pareció una excelente respuesta y le regaló parte de su finca. El hombre trabajó su tierra y sacó bastante dinero de sus esfuerzos. Construyó una casa grande y fue en busca de su familia para traerles al nuevo hogar.

Cuando llegó a su casa, se asomó por la ventana y vio a su esposa que en ese momento abrazaba a un padre. Se sintió celoso y enojado, pero se acordó del tercer consejo: antes de actuar, piensa en las consecuencias. En ese mismo momento el sacerdote dio la vuelta y el hombre pudo ver que éste era su propio hijo.

Entró en su casa y todos se abrazaron llorando de alegría. El hombre les contó la historia del anciano sagaz, el caballero y su buena suerte. Con la fortuna que había acumulado, los tres vivieron felices el resto de sus vidas.

«La Castañeda», Diego Rivera

D. Responde. Responde a las siguientes preguntas sobre el texto.

■ Utiliza tus propias palabras en oraciones completas según el modelo.

■ Aprovéchate del cuadro que utilizaste para tomar apuntes durante la lectura.

MODELO: *¿Por qué se marcharon de sus casas los tres amigos?*

Se marcharon de sus casas para poder mejorar la situación de sus familias.

1. ¿Con qué fin pide uno los consejos del anciano?
2. ¿Cómo se salvó el hombre cuando siguió el primer consejo del anciano?
3. ¿Qué beneficios tuvo al seguir el segundo consejo?
4. ¿Qué podría haberle pasado si no se hubiera acordado del último consejo cuando volvió a su casa?
5. ¿Crees que los ancianos te pueden ofrecer buenos consejos?
6. ¿Cómo puedes servirte de estos tres consejos en tu propia vida?

AMPLIEMOS NUESTRA COMPRENSIÓN

E. Análisis. En tu cuaderno escribe un pequeño párrafo.

■ Contesta cada pregunta utilizando una oración completa.

■ Tus respuestas formarán el párrafo.

¿Con qué fin crees tú que la gente inventa estas historias? ¿Es sólo para entretener? ¿Qué enseñanza se desprende de la leyenda «Los tres consejos»? ¿Qué otra finalidad tiene?

LAS LEYENDAS

Los relatos de la literatura tradicional comprenden, entre otros, las leyendas. La **leyenda** se refiere a sucesos cuyos personajes son seres humanos que tienen características excepcionales o misteriosas. Por lo general se basan en un hecho real que, a través del tiempo, va adquiriendo características fantásticas.

EXPLOREMOS EL LENGUAJE

EL LENGUAJE

¿Sabes lo que significan estas palabras?

> lenguaje
>
> lengua
>
> idioma

- El **lenguaje** es un medio de comunicación entre las personas. Puede ser oral o escrito.
- La **lengua** es el lenguaje que utiliza una comunidad de personas.
- **Idioma** es un sinónimo de **lengua.** Tienen el mismo significado.

Por tanto: Todos los seres humanos compartimos el lenguaje, pero no la lengua. En todos los idiomas existen leyendas como «Los tres consejos».

CREEMOS LITERATURA

F. **Composición.** Escribe una composición sobre un consejo que te ha dado una persona mayor que te haya resultado muy útil en la vida. Puede ser la persona sobre quien escribiste en el ejercicio *A*. Construye tu narrativa de la siguiente manera.

- **Primer párrafo:** ¿Quién te dio el consejo? Descríbelo.
- **Segundo párrafo:** ¿Qué consejo te dio? Explica cómo, cuándo y por qué te dio este consejo.
- **Tercer párrafo:** ¿Cómo te fue o te podría ser útil este consejo en tu vida? Explica tu respuesta con detalles.
- **Cuarto párrafo:** ¿A quién darías tú este consejo? ¿Por qué?

¡Ojo! Recuerda que cada párrafo debe consistir de cuatro oraciones completas como mínimo.

G. **Artículo periodístico.** Imagínate que eres un(a) reportero(a) en una ciudad hispanoamericana. Acabas de tener noticias de la historia de «Los tres consejos» y has decidido escribir un artículo de tres párrafos sobre el acontecimiento.

- En el primer párrafo, incluye toda la información más importante: ¿Quién fue? ¿Qué pasó? ¿Cuándo ocurrió? ¿Dónde tuvo lugar? ¿Cómo sucedió? ¿Cuál es el significado de este evento?
- El segundo párrafo tendrá información menos importante como puede ser datos sobre el domicilio del hombre, sus circunstancias antes y después de los diez años y/o información sobre su familia.
- El tercer párrafo concluye el artículo. Puedes citar al hombre inventando lo que dijo o haciendo una observación sobre el acontecimiento.

¡Ojo! ¡No te olvides de escribir un titular corto, pero llamativo!

LECCIÓN 2

La comadre Sebastiana

ALISTÉMONOS PARA LEER

«La comadre Sebastiana» es una leyenda popular de Nuevo México recogida por Rodolfo Anaya.

A. Piensa, anota y comparte.

- Observa el dibujo de la página 16 durante unos minutos.

- ¿Quiénes crees que son los personajes en el dibujo y de qué están hablando?

- Anota tus ideas en tu cuaderno de clase.

- Comparte tus ideas con un(a) compañero(a).

VOCABULARIO CLAVE DEL TEXTO

Familiarízate con el vocabulario clave del texto según las indicaciones de tu maestro(a).

atarantar   convidar   menosprecio

ejido   merced

LEAMOS ACTIVAMENTE

B. Rompecabezas de lectura.

1. Grupo de expertos. Para la lectura de «La comadre Sebastiana», tu maestro(a) les asignará un segmento que deberán preparar en grupos.

- Lean el segmento de la leyenda que les toca.

- ¿Qué parte de la narración creen que les toca: el principio, la mitad o el final?

- Ofrezcan razones que justifiquen su decisión.

2. Grupo de integración. En este grupo, que consiste en un representante de cada grupo de expertos, van a organizar el relato en la secuencia correcta.

- Cada alumno debe nombrar la parte de la leyenda que tiene y cómo su grupo de expertos ha llegado a esta conclusión.

- Después lee su fragmento en voz alta.

- Los miembros del grupo organizan el relato en la secuencia correcta.

UNIDAD 1

La comadre Sebastiana

RELATO DE NUEVO MÉXICO

VERSIÓN DE RODOLFO ANAYA

Éste era un hombre pobre. Su mantención era traer leña del ejido de la merced para vender en la ciudad. El día que podía vender leña, comían él y su familia. El día que no podía, aguantaban sin comer. Asina estuvo viviendo por mucho tiempo, por donde hubo un día que le dio mucha hambre y decidió robarle una gallina a su mujer. Se fue al gallinero y sacó una gallina y la mató. Entonces salió para el monte, hizo lumbre y puso la gallina a asar. El leñero estaba preparando el pollo, echándole picantes y sabroseando el caldo cuando de repente sintió a alguien arrimándose a donde estaba él, y pensó, «¡Válgame Dios! ¿Que nunca podré comer solo? Pero no lo voy a llamar a comer.»

—¿Cómo le va, amigo? —le dijo el hombre cuando llegó.

—¿Qué húbole, amigo? ¿Quién es usted?

—Pues yo soy el Señor Dios. ¿Qué, no me da de comer?

—No, no le doy de comer a usted, porque usted hace menosprecio. A los ricos les da mucho y a los pobres no les da nada. No nos trata a todos iguales.

Se fue el Señor muy triste. Al poco rato vido venir a otra persona y era María Santísima.

—¿Cómo le va, amigo? —le dijo ella cuando llegó.

—¿Qué húbole, amiga? ¿Quién es usted?

—Pues yo soy María Santísima. ¿Qué, no me da de comer?

—No, no le doy de comer a usted, porque su hijo hace menosprecio. Siendo usted la madre de Jesucristo, ¿por qué no intercede con su hijo, para que nos haga a todos iguales o a todos ricos o a todos pobres? No, que a unos los hace muy ricos y a otros los hace muy pobres y yo soy uno de los pobres. No la convido con mi pollo.

Cuando se fue María Santísima, al poco rato vido venir a otra persona; era la muerte.

—¿Cómo le va, amigo? —le dijo ella cuando llegó.

—¿Qué húbole, amiga? ¿Quién es usted?

—Yo soy la muerte. ¿Qué, no me da de comer?

—Pues si usted es la muerte, está muy flaca. A usted sí la convido, porque usted hace sus cosas muy bien hechas. Usted no

separa al millonario por rico, ni al pobre por pobre, ni al lindo por lindo, ni al fiero por fiero, ni al viejo por viejo, ni al muchacho por muchacho. A todos se los lleva iguales.

Bueno cuando ya acabaron de comerse la gallina, le dijo la muerte que pidiera merced, y él dijo:

—Señora, ¿qué merced quiere que pida? Si usted quiere darme merced, deme lo que a usted le nazca.

Pues voy a darte la merced que seas curandero. Pero te voy a advertir una cosa, que cuando tú vayas a curar a un enfermo y me veas a la cabecera, no lo cures aunque te paguen lo que te pagaren, te prometan lo que te prometieren. No lo cures. Ya ése no tiene más remedio que morir. Ya está llamado de Dios. Y si me ves a los pies, cúralo con agua, tierra o polvo. Se levantará güeno y sano. Pero si me ves a la cabecera, no te atrevas a curarlo aunque te prometan lo que te prometieran.

Él estuvo curando a muchos enfermos y le había ido muy bien; curaba con los santos remedios y la gente le pagaba bien con comida y otros bienes. El último que curó fue a un rey, el más rico que había en todo el mundo. Ahí quebrantó el mandado que le había advertido la muerte. Cuando entró él a la casa donde estaba el rico, encontró a la muerte en la cabecera de la cama del enfermo. Él la agarró y la estuvo atarantando en una cuna hasta que la puso en los pies de la cama y ahí se quedó aburrida. Entonces curó al rey.

Cuando volvía en el camino, le salió la muerte al curandero y le dijo que había desobedecido el mandado que le había advertido antes.

—¿No te dije que no curaras cuando estaba en la cabecera?

Y lo metió para un cuarto y le enseñó dos velas; una de las velas ya se iba acabando y la otra estaba muy larga.

—¿Ves esta vela? La grande eras tú y la chiquita el enfermo. Ahora tú eres la chiquita y el enfermo es la grande.

En ese momento, la llama de la vela chiquita se apagó y otra alma fue a unirse con las otras en la carreta de la comadre Sebastiana, caminando despacito para la eternidad.

C. **Responde.** Responde a las siguientes preguntas según las instrucciones de tu maestro(a).

1. ¿Qué clase de problemas personales tenía el leñero?
2. ¿Qué hizo el curandero para intentar cambiar el destino del rey?
3. ¿Por qué crees que el curandero desobedeció el mandato de doña Sebastiana?

AMPLIEMOS NUESTRA COMPRENSIÓN

D. **¿Qué crees?** Responde a las siguientes preguntas según las indicaciones de tu maestro(a).

1. ¿Cuál es la moraleja de esta leyenda y por qué?
2. ¿Qué habrías hecho de manera diferente si hubieras sido el leñero/curandero?

E. **Tres en turno.**
   - Lee las siguientes preguntas.
   - Comparte tus ideas con tus compañeros en turno.

1. ¿Por qué razón crees tú que los habitantes de Nuevo México inventaron esta historia?
2. ¿Conoces tú otra historia que trata de la muerte?

EXPLOREMOS EL LENGUAJE

LA ORACIÓN

La oración es una unidad de comunicación; por tanto, se escucha, se habla, se lee y se escribe. Las siguientes oraciones describen la leyenda «La comadre Sebastiana».

1. El leñero tenía hambre.
2. Doña Sebastiana llegó.
3. Concedió una merced al leñero.
4. El curandero hizo una promesa.
5. No cumplió la promesa.

F. Observaciones lingüísticas.

- Lee las oraciones, una vez en voz alta y otra vez en silencio.

- Completa las reglas según tus observaciones y el modelo.

  MODELO: *Una oración hablada termina en. . . (una pausa)*

1. Una oración escrita termina en. . .

2. La oración escrita empieza con letra. . .

CREEMOS LITERATURA

G. Descripción. Refiérete al ejercicio A.

- Lee lo que escribiste de nuevo.

- Escribe tu descripción de nuevo.

- Incluye cualquier idea que se te ocurra basándote en lo que dijo tu compañero(a).

- Alarga tu párrafo cambiando palabras y frases para que tu narración guste más al lector.

H. Doña Sebastiana en mi barrio. Escribe la leyenda de «La comadre Sebastiana» de nuevo, ambientándola en la actualidad.

- Incluye todas las partes de la trama (lo que ocurre).

- Sitúa la historia en tu comunidad y en nuestros tiempos.

- Utiliza el siguiente cuadro para organizar tus ideas antes de escribir la narración.

	doña Sebastiana	el leñero	el curandero	el rey
oficio				
apariencia física				
vestimenta				
modo de transporte				

Los novios y Guanina

ALISTÉMONOS PARA LEER

Las leyendas históricas se basan en un hecho real que a lo largo de los siglos va adquiriendo características fantásticas. Muchas veces la leyenda se aparta de la realidad y crea una visión más poética y romántica. En las dos lecturas a continuación, «Los novios» y «Guanina», el tema central ha pasado a ser el amor. Al leerlas piensa en cuáles elementos históricos se conservan en estas dos leyendas.

A. Recuerda y comparte. Los adultos suelen inventar historias sobre los fenómenos naturales como los relámpagos, la nieve y la lluvia para explicárselos a los niños.

- Piensa en una explicación que te dieron cuando eras niño(a) sobre algún fenómeno de la Naturaleza.
- Comparte la historia con tu pareja o tu grupo.

VOCABULARIO CLAVE DEL TEXTO

Familiarízate con el vocabulario clave del texto según las indicaciones de tu maestro(a).

gallardo   hidalgo

ímpetu   sublevarse

instar

LEAMOS ACTIVAMENTE

B. Cuadro de comparación y contraste.

- Copia el siguiente cuadro en tu cuaderno.
- Toma notas una vez hayas terminado cada lectura.

	«Guanina»	«Los novios»
¿Quiénes son los personajes centrales y cuál es su procedencia?		
¿Cuál es el conflicto?		
¿Cómo se resuelve?		
¿Qué dato te parece interesante?		

Los novios

Al este de la capital de México, hay dos volcanes que siempre están cubiertos de nieve. Se llaman Popocatépetl, que tiene una altura de 17.000 pies, e Ixtaccíhuatl, un poco menos alto. De vez en cuando «Popo» se activa y echa humo, pero «Ixy» permanece quieta. «Popo» representa a un guerrero azteca velando al lado de su novia, «Ixy», que está durmiendo. Los mexicanos dicen que cuando hay temblores él está llorando por su querida.

Hace muchos siglos había un emperador azteca que tenía una hija muy buena y hermosa que se llamaba Ixtaccíhuatl.

Un día el emperador recibió noticias que sus enemigos estaban preparando un ataque contra su país. Así el emperador llamó a su palacio a sus jóvenes guerreros valientes y les dijo:

—Como soy viejo, ya no puedo pelear. Por eso, nombren al guerrero más valiente para que sirva de jefe de nuestro ejército azteca. Si él puede vencer al enemigo y establecer la paz en nuestra tierra, le daré mi trono y la mano de mi hija.

—Popo es el más valiente y también el más fuerte. Él debe ser nuestro jefe —gritaron todos los guerreros menos uno.

—Muy bien. Popocatépetl, tú eres el jefe —dijo el emperador—. Yo sé que nuestros dioses van a ayudarte a ser victorioso.

Entre los guerreros había uno que estaba muy celoso de Popocatépetl. Pensaba que él mismo debía ser el jefe. Pero, él no dijo nada de lo que estaba pensando.

Popocatépetl, México

Nadie sabía que la princesa y Popocatépetl estaban enamorados. Antes de salir para la guerra, el joven jefe fue al jardín para decirle adiós a su querida princesa.

—Volveré pronto, mi querida —le dijo el joven a la princesa—. Entonces nos casaremos.

—Sí, y tú estarás siempre a mi lado, ¿no es verdad? —respondió la princesa.

—Tienes razón. Voy a estar a tu lado para siempre —dijo el joven.

Con estas palabras, Popocatépetl salió para la guerra que era larga y cruel. Pero nadie era tan valiente como el jefe azteca.

Al fin, los guerreros aztecas fueron victoriosos y todos se prepararon para volver a la capital. Pero el guerrero que era celoso

«Origen legendario de Tenochtitlán», del Códice Mendoza

de Popocatépetl salió primero. Fue corriendo tan rápidamente que llegó dos días antes que los otros. En seguida anunció que Popocatépetl estaba muerto y que él mismo era el héroe de las últimas batallas. Por eso, debía ser el próximo emperador y el esposo de la princesa.

¡La pobre princesa! Estaba tan triste que ella quería morir.

El emperador estaba triste también porque creía que el guerrero decía la verdad acerca de Popo.

Al día siguiente hubo una gran fiesta en el palacio para celebrar la boda de la princesa y el guerrero celoso. De repente la princesa gritó:

—¡Ay, mi pobre Popocatépetl!

Y cayó muerta al suelo.

En esos momentos, los guerreros aztecas entraron en el palacio. Popocatépetl corrió al lado del emperador y anunció:

—Hemos vencido. Ahora la princesa y yo podemos casarnos.

Hubo un gran silencio. Todos miraron en la dirección de la princesa.

Al ver a su querida muerta, el joven corrió llorando a su lado. La cogió en los brazos y dijo:

—Hasta el fin del mundo voy a estar a tu lado, mi preciosa.

Entonces el jefe valiente llevó tristemente el cuerpo de la princesa a las montañas más altas. La puso en una cama de flores hermosas y se sentó a su lado.

Pasaron los días. Al fin, uno de los buenos dioses cambió a los novios en volcanes. «Ixy» permanece quieta. Pero, de vez en cuando «Popo» tiembla y de su corazón vienen lágrimas de fuego. Entonces todo México sabe que «Popo» llora por su querida princesa.

Panel del mural «Unidad Pan-Americana», Diego Rivera

C. **Corrige.** Las siguientes afirmaciones no son correctas. Escríbelas de nuevo según el texto de la leyenda.

1. El emperador nombró jefe del ejército a Popocatépetl porque era el novio de su hija.

2. El guerrero traidor estaba celoso de Popocatépetl porque también estaba enamorado de Ixtaccíhuatl.

3. Según la leyenda, la princesa murió de la pena de tener que casarse con un hombre a quien no quería.

4. Popocatéptl se suicidó para estar junto a su amada para siempre.

Guanina

*La siguiente leyenda es tal vez la más conocida de uno de los más
famosos historiadores y cuentistas de Puerto Rico, Cayetano Coll
y Toste.*

*Coll y Toste nació en Arecibo, en la costa norte de Puerto Rico, en
1850. Estudió medicina en España y practicó la medicina con éxito en
su pueblo natal de Arecibo, y más tarde en San Juan. También sirvió
en puestos políticos con el gobierno español y con el gobierno de los
Estados Unidos. Su labor como escritor también fue grande. Una de
sus muchas obras,* Leyendas puertorriqueñas, *nos sirve de fuente de
información no sólo para la famosa historia de Guanina, sino también
para otras historias que leeremos más adelante.*

*Coll y Toste murió en España en 1930, donde había ido para
continuar sus investigaciones históricas.*

Él era un gallardo y valiente caballero español.

Ella era una hermosa india, la hermana de un cacique.

Y se querían. Se querían aunque la paz que al principio existía
entre sus dos pueblos se rompía por el maltrato que recibían los
indios. Se querían aunque el hermano de la joven india era el cacique
Guaybaná que instaba a los indios a sublevarse.

Nuestro caballero se llamaba Don Cristóbal de Sotomayor, y
estaba sentado en su casa en la aldea de Agüeybaná. De repente se
presentó Guanina, que así se llamaba la hermosa muchacha, y con
voz llena de angustia, le dijo:

—Debes huir. Los caciques de Boriquén han decidido luchar. Han
decidido matarte.

«Hay que soñar azul», Arnaldo Roche Rabell

—Estás exagerando, Guanina. Los indios viven en paz.

—No estamos vencidos, señor. Y sabes que los tuyos nos tratan con mucha crueldad. Nos hacen trabajar mucho. Quieren ser nuestros amos y no nuestros amigos.

—Veo que tú estás rebelde también.

—Digo lo que siento porque quiero salvarte, amor mío.

Con esto, Guanina rompió a llorar y el joven hidalgo la retuvo entre sus brazos, besándola cariñosamente. De repente, llegó el intérprete de Don Cristóbal y le confirmó lo que decía Guanina: los indios estaban en rebelión. El intérprete también le aconsejó huir pero Don Cristóbal le contestó con enojo que los Sotomayor no huían jamás, y que no pensaba cambiar sus planes de viajar a la Villa de Caparra al día siguiente.

Temprano por la mañana, Don Cristóbal llamó a Guaybaná, el cacique principal de Boriquén y hermano de Guanina, y le dijo que nombrara un grupo de sus hombres para llevar el equipaje. Fruncido el ceño pero con cortesía, el cacique prometió cumplir las órdenes y salió. Pronto llegó un grupo de indios que se repartieron el equipaje. El intérprete expresó sus inquietudes a Don Cristóbal porque éste le había revelado a Guaybaná la ruta del viaje.

Despidiéndose por última vez de Guanina con un beso ardiente, Don Cristóbal y sus compañeros de armas se pusieron en camino. Pronto se internaron en los espesos bosques. De repente oyeron gritos. Era Guaybaná y sus guerreros que se acercaban para el ataque. Los indios que cargaban el equipaje de los españoles, como no estaban armados, botaron o robaron sus cargas y se fueron corriendo por el bosque.

«Cinco siglos después», José Gamarra

Don Cristóbal y su pequeño grupo de amigos recibieron el ímpetu de Guaybaná y sus guerreros que se lanzaron sobre ellos. La lucha fue cuerpo a cuerpo, las espadas de los españoles contra las macanas de los indios. Ambos grupos gritaron. Las macanas de los indios volaban partidas por el buen acero de las espadas españolas. Pero los guerreros de Guaybaná pelearon bien y pronto cayeron todos los españoles menos Don Cristóbal. Éste trataba de acercarse a Guaybaná cuando recibió un tremendo macanazo en la cabeza que le quitó la vida.

Más tarde, Guaybaná y los suyos estaban descansando en una loma cercana. —Don Cristóbal era muy valiente. Es preciso enterrarlo con los honores de un gran guerrero —dijo Guaybaná.

Pero cuando los de la comitiva india llegaron al sitio del combate, encontraron que Guanina ya estaba allí, besándole y lavándole la cara a su amante, tratando inútilmente de devolverle la vida. Volvieron los indios e informaron a Guaybaná.

—Está bien. Respeten el dolor de Guanina, amigos míos. Mañana será sacrificada sobre la tumba de su amante para poder acompañarlo en la otra vida.

Pero no fue necesario. Cuando volvieron los indios al lugar de la batalla, encontraron a Guanina ya muerta, descansando su cabeza sobre el pecho del hidalgo español. Fueron enterrados juntos al pie de un árbol grande. Brotaron después sobre esta tumba rojas amapolas y lirios blancos. Y dicen los campesinos del lugar que al atardecer se escuchan entre la brisa dulces cantos de amor. Se cree que son las almas de Don Cristóbal y de Guanina que, fieles a su gran amor, salen de la tumba para mirar la puesta del sol y besarse a los rayos de la luna.

D. **¿Cierto, falso o no se sabe?** Según las instrucciones de tu maestro(a), indica si los siguientes comentarios son ciertos, falsos o si no se puede saber a base del texto.

1. Don Cristóbal trataba mejor a los indios que sus compatriotas porque estaba enamorado de una india.
2. Don Cristóbal se equivocó al revelar la ruta de su viaje a Guaybaná.
3. Todos los indios lucharon con valentía y sin miedo.
4. Guanina se quitó la vida para acompañar a su amado en la otra vida.
5. El elemento histórico conservado en esta leyenda es la historia de amor entre un caballero español y una doncella india.

AMPLIEMOS NUESTRA COMPRENSIÓN

E. **Extensión.** Responde a las siguientes preguntas según las instrucciones de tu maestro(a).

1. Si fueras a pintar un cuadro de estos mitos, ¿usarías acuarelas, óleo o carbón? Explica tu respuesta.

2. Escribe un epitafio para los novios o para Guanina y don Cristóbal.

F. **Flor semántica.** Trabajando en parejas, busquen en los dos relatos anteriores cinco palabras o frases que pertenezcan a cada una de las categorías de las siguientes flores semánticas.

MODELO:

EXPLOREMOS EL LENGUAJE

LA ORACIÓN: SUJETO Y PREDICADO

Lee estas afirmaciones acerca de «Los novios» y «Guanina».

1. Ixtaccíhuatl y Popocatépetl eran jóvenes enamorados aztecas.
2. Otro guerrero engañó al jefe azteca.
3. Los dos jóvenes se convirtieron en volcanes.
4. Don Cristóbal de Sotomayor amaba a Guanina.
5. Luchó valientemente.
6. Los indios enterraron a don Cristóbal.

Como toda oración, éstas tienen dos partes: sujeto y predicado.

- El **sujeto** consta de un nombre de una persona, un lugar, una cosa o un animal de lo cual se dice algo.

  Ejemplos: Ixtaccíhuatl y Popocatépetl, otro guerrero, los indios

- En español, muchas veces no es necesario expresar el sujeto porque está implícito (se sabe) en la forma del verbo. En la oración «Luchó valientemente.», por ejemplo, sabemos que el sujeto es **don Cristóbal** porque el verbo es **luchó** y no otra forma como **luché, luchaste** o **lucharon**.

- El **predicado** es todo lo que se dice del sujeto en una oración.

  Ejemplos: engañó al jefe azteca, se convirtieron en volcanes, enterraron a don Cristóbal

G. **Análisis lingüístico.** Analiza las siguientes oraciones, indicando el sujeto y el predicado.

1. El emperador recibió noticias.
2. Tienes razón.
3. Todos miraron a la princesa.
4. Los indios recibieron maltrato.
5. Los caciques de Boriquén decidieron luchar.
6. Las almas de don Cristóbal y Guanina salen de la tumba.

CREEMOS LITERATURA

H. **Ensayo.** Utiliza el cuadro de comparación y contraste del ejercicio *B* y la flor semántica del ejercicio *F* para escribir un ensayo comparando las dos leyendas.

- **Primer párrafo:** exposición. Incluye la información de los personajes centrales y su procedencia.
- **Segundo párrafo:** semejanzas. Describe los parecidos entre las dos leyendas.
- **Tercer párrafo:** diferencias. Describe las diferencias entre las dos leyendas.
- **Cuarto párrafo:** conclusión. Resume todo lo dicho con otras palabras.

I. **Poema cinquain.** Escribe un poema sobre el tema de una de las leyendas de esta lección o algún aspecto de las dos leyendas como pueden ser los volcanes o la creación de las flores. También puedes escribir sobre la leyenda misma como forma de literatura.

¡Ojo! El **cinquain** es una forma poética que consta de cinco versos que siguen el patrón en la página 38.

- Verso 1: un sustantivo (el nombre de una persona, un animal, un lugar o una cosa/concepto)
- Verso 2: dos palabras que lo/la describen
- Verso 3: tres verbos (palabras que expresan acción)
- Verso 4: una frase corta de cuatro palabras
- Verso 5: un sinónimo del sustantivo del primer verso

MODELO:

doncella
joven bella
amaba sufría murió
se convirtió en flor
inocente

La creación
(hace mucho tiempo)

ALISTÉMONOS PARA LEER

En los mitos intervienen dioses y personajes sobrenaturales.
Todas las civilizaciones han creado sus propios mitos para
explicar los fenómenos que no logran comprender. El siguiente
es un mito de los indios taínos de Puerto Rico que explica el
origen del hombre.

A. Ramillete de ideas. Dibuja un diagrama en forma de ramillete y anota cuatro ideas acerca de cómo se creó el universo.

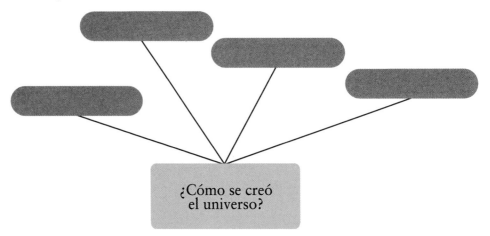

¿Cómo se creó el universo?

VOCABULARIO CLAVE DEL TEXTO

Familiarízate con el vocabulario clave del texto según las indicaciones de tu maestro(a).

tribu   inspirado   aldea

fértil   oculto

*L*EAMOS ACTIVAMENTE

B. Organizador de referencias.

- Copia el siguiente cuadro en tu cuaderno de clase.
- Complétalo a medida que vayas leyendo el mito «La creación (hace mucho tiempo)».

	¿Quién(es) era(n)?	¿Cómo era(n)?	¿Qué hacía(n)?
los taínos			
los caribes			
Yucajú			
Juracán			

La creación (hace mucho tiempo)

MITO PUERTORRIQUEÑO

Cuando llegaron los españoles a Puerto Rico, encontraron indios que se llamaban taínos. Los taínos tenían su propia cultura, su propio idioma y sus propias tradiciones. Y tenían también enemigos. Éstos eran los caribes, otra tribu que venía de América del Sur. Los caribes habían ocupado otras islas al sureste de Puerto Rico y empezaban a invadir Puerto Rico mismo.

Aquí presentamos algunas de las creencias de los taínos:

En el principio Atabei creó el cielo, la tierra y los otros cuerpos celestes.

Atabei siempre había existido. Atabei era la madre original. Atabei era la gran fuerza creadora.

Pero no había vida. No había luz. Todo estaba como en un profundo sueño. Y durante mucho tiempo todo continuó así.

Pero Atabei por fin se dio cuenta de que algo faltaba. Y tuvo dos hijos que formó de elementos mágicos e invisibles del espacio. Los dos hijos se llamaron Yucajú y Guacar. Y Yucajú se preocupó porque no había luz ni vida en la creación. Atabei estaba contenta porque Yucajú podía ahora terminar su obra.

Y Yucajú creó el sol y la luna para alumbrar la tierra. Tomó piedras preciosas de la tierra y las puso en el cielo. Y estas piedras

UNIDAD 1

ayudaron a la luna a alumbrar de noche. La tierra fue fértil y en ella crecieron plantas y árboles.

Yucajú creó entonces animales y pájaros para vivir entre las plantas y los árboles.

Entonces Yucajú decidió crear algo nuevo, algo diferente, algo entre un animal y un dios. Y así formó el primer hombre y la primera alma, o *jupía*. Y llamó al primer hombre Locuo. Locuo se sintió contento en la tierra, feliz entre tanta belleza. Y se arrodilló para dar gracias a Yucajú.

Guacar vio con envidia toda la obra de su hermano. Se fue a un lugar oculto y durante un tiempo no hizo nada. Pero no pudo

soportar la envidia y empezó a hacerle daños a la obra de Yucajú.
Y cambió de nombre, convirtiéndose en el terrible dios del mal,
Juracán.

Juracán movía los vientos. A veces los movía con tanta fuerza
que destruían la obra de Yucajú. Arrancaba los árboles y mataba a
los animales. Locuo ya no se sentía tan contento pues tenía miedo.
Ya no podía gozar tanto de las bellezas de la tierra.

Además de enviar vientos fuertes, Juracán hacía temblar la tierra.
Esto era uno de sus juegos favoritos. En uno de los temblores más
fuertes dividió el continente americano. Así se formaron las Antillas.

Pero Locuo continuó viviendo en la tierra y Yucajú creó otros
dioses para ayudarlo. Locuo aprendió a hacer imágenes de estos

dioses que él llamaba cemíes. Y Yucajú le dio a Locuo el fuego y así aprendió a cocinar sus comidas. Aprendió a hacer el casabe de la yuca. Pero Locuo vivía solo en la tierra. Un día, se sintió inspirado de tanta belleza que había en la naturaleza, y se abrió el ombligo, dando paso a dos criaturas que eran como él. Eran un hombre y una mujer. El hombre se llamó Guaguyona, y la mujer Yaya. Y los hijos y nietos de Guaguyona y Yaya poblaron la tierra.

Pero los descendientes de Guaguyona y Yaya sufrieron mucho porque Juracán mandaba inundaciones y vientos fuertes. Y mandaba maboyas o espíritus malos, que causaban problemas en la vida diaria de los hombres. Las maboyas rompían las canoas en el río, tiraban piedras sobre las casas y escondían la pelota con que se jugaba. Y causaban también enfermedades y problemas entre los hombres.

Así se explicaron los taínos los fenómenos de la naturaleza y el origen del bien y del mal. Los caribes, que llegaron desde otras islas al sureste de Puerto Rico, eran malos. Eran feroces guerreros que en sus ataques destrozaban las aldeas taínas y se llevaban a las mujeres. A éstos los taínos consideraban agentes de Juracán.

Y si Juracán mandaba a los caribes, tal vez Yucajú mandaría gente buena para ayudar a rechazar a los caribes.

Así, cuando llegaron los españoles a Puerto Rico, los taínos sin duda pensaron que éstos eran los que Yucajú mandaba.

Y se equivocaron.

C. **Resumen.** Resume los puntos importantes del mito «La creación», copiando las siguientes oraciones en tu cuaderno y completándolas a base de la lectura.

1. Dos fenómenos naturales explicados en el mito son _____ y _____.

2. La palabra moderna _____ tiene su origen en el nombre del Dios del mal.

3. Yucajú proporcionó al mundo _____ y _____.

4. Para los taínos, Juracán y Yucajú representan _____.

5. Cuando llegaron los españoles a Puerto Rico, los taínos esperaron que fueran _____.

AMPLIEMOS NUESTRA COMPRENSIÓN

D. **Consideraciones hipotéticas.**

- Reflexiona sobre las siguientes preguntas hipotéticas.

- Contesta en oraciones completas según las instrucciones de tu maestro(a).

1. Si el mito de la creación tomara lugar en Alaska u otro sitio de mucho frío en vez de la zona caribeña, ¿qué elementos del mito se cambiarían? ¿Qué elementos no se cambiarían?

2. Si no hubieran llegado los españoles a Puerto Rico, ¿cómo podría haber cambiado la historia taína?

E. Afiche colaborativo.

- Trabajando en grupos de cuatro, seleccionen un pasaje de la lectura.

- Dibujen un afiche que lo represente.

- Inventen un título para el dibujo y escríbanlo en el afiche.

- Presenten el afiche a la clase.

APUNTES LITERARIOS

LOS MITOS

El **mito** es una historia que presenta explicaciones que el hombre se da acerca de los fenómenos que no alcanza a comprender. En ellos intervienen dioses y personajes maravillosos que realizan actos sobrenaturales. Los temas se refieren al origen de la vida, fenómenos de la naturaleza y relaciones entre el hombre y su medio ambiente.

EXPLOREMOS EL LENGUAJE

PALABRAS VARIABLES Y NO VARIABLES

En todos los idiomas existen palabras que están formadas por una o varias partes. Se llaman **palabras variables** porque pueden variar en forma. Los nombres, las palabras que los describen y las palabras de acción son palabras variables, como puedes comprobar en las siguientes citas de «La creación (hace mucho tiempo)».

- «Pero Atabei por fin se **dio** cuenta de que algo **faltaba**.»

- «Y **estas piedras ayudaron** a la **luna** a **alumbrar** de **noche**.»

Las **palabras invariables** nunca varían de forma. Siempre son iguales. Las palabras que describen una acción y las que enlazan partes de la oración son palabras invariables. Observa las palabras invariables en la siguientes citas de «La creación (hace mucho tiempo)».

- «Pero Locuo continuó viviendo **en la** tierra y Yucajú creó otros dioses **para** ayudarlo.»
- «**Los** caribes, **que** llegaron **desde** otras islas **al** sureste **de** Puerto Rico, eran malos.»

F. **Identificación lingüística.**
- En tu cuaderno, copia el párrafo de introducción que se encuentra en la primera página de la lección 4.
- Subraya las palabras variables.

   MODELO: *En los <u>mitos intervienen dioses</u> y <u>personajes...</u>*

CREEMOS LITERATURA

G. **Ensayo crítico.** En el ejercicio *E*, los grupos de la clase hicieron un afiche y lo presentaron a la clase. Escoge la presentación del grupo que más te haya gustado para escribir un ensayo crítico. Tu ensayo debe incluir tres párrafos según el siguiente formato.

- **Primer párrafo:** Cita a los miembros del grupo y describe su afiche.
- **Segundo párrafo:** Escribe una evaluación positiva de la presentación: sus puntos fuertes y por qué te gustó el afiche.
- **Tercer párrafo:** Resume lo dicho con otras palabras concluyendo con un comentario alentador para el grupo.

H. Un monumento a Yucajú.

Eres un(a) escultor(a) de renombre mundial y el gobierno de Puerto Rico te ha contratado para hacer un monumento a Yucajú. Escribe tres párrafos acerca de tu proyecto según el siguiente modelo.

- **Primer párrafo:** Describe la escultura, los materiales, el aspecto físico de Yucajú, las dimensiones de la escultura, etcétera.

- **Segundo párrafo:** Explica la inscripción (las palabras que se escribirán al pie del monumento) y su significado.

- **Tercer párrafo:** Comenta cómo será la ceremonia de presentación, nombrando a los personajes y artistas que asistirían y/o tomarían parte.

LECCIÓN 5

La trampa del coyote

Alistémonos para leer

Uno de los temas más comunes en los mitos de los pueblos primitivos es el de cómo el hombre consiguió el fuego. En esta lección vas a leer una versión de este mito.

«Toto», Frank Romero

A. Visualización. Tu maestro(a) va a leer en voz alta la descripción de una escena. Mientras él (ella) lee, cierra los ojos y trata de visualizarla en tu mente.

VOCABULARIO CLAVE DEL TEXTO

Familiarízate con el vocabulario clave del texto según las indicaciones de tu maestro(a).

> convocar
>
> lerdo
>
> tizón
>
> ubicar
>
> zambullirse

LEAMOS ACTIVAMENTE

B. Lectura—Enseñanza recíproca. Ésta es una estrategia de lectura que te ayudará a leer más eficientemente. Con esfuerzo, perseverancia y tiempo lograrás dominar esta técnica.

La trampa del coyote

J. J. Gómez Palacios

El dios Kareya hizo a todos los hombres y los animales, pero no quiso que tuviesen fuego. Para asegurarse de que no robarían ni una brasa, lo encerró en un cofre y lo dio a guardar a dos viejas brujas.

Pero el coyote era amigo de los hombres y prometió ayudarlos. Primero convocó a todos los animales, desde el puma hasta la rana. Después los ubicó en fila a lo largo de un camino; era el camino que iba desde el pueblo de los indios hasta la región en que vivían las brujas. Hizo una fila muy larga, que empezaba con los animalitos más débiles ubicados cerca del pueblo, y terminaba con los animales más fuertes cerca de la casa de las viejas.

Después, el coyote fue a la vivienda de las brujas, como quien va de visita.

—¡Buenas noches! —les dijo—. ¡Qué nochecita tan fría! ¿Me dejarían sentarme junto al fuego?

Las brujas lo dejaron pasar y él se echó junto al fuego; al rato apoyó la cabeza entre las patas y se hizo el dormido, pero con el rabillo del ojo vigiló a las guardianas del fuego. Inútilmente esperó a que se durmieran; esas dos no dormían jamás, ni de día ni de noche, y el coyote se dio cuenta de que robar el fuego era más difícil de lo que él pensaba.

Al día siguiente se despidió y se fue muy tranquilo para que no sospechasen nada. Pero apenas se alejó de la casa corrió a buscar un indio y le dijo lo que tenía que hacer:

—Esta tarde volveré a la casa. Cuando yo esté allí, entrarás tú haciendo como si quisieras robar el fuego.

Esa tarde el coyote volvió a la casa y saludó a las viejas:

—Buenas tardes, hoy hace más frío que ayer. ¿Me dejarían calentarme junto al fuego?

Las brujas no sospecharon del coyote y lo dejaron entrar. Al poco rato se abrió la puerta y entró el indio, que se abalanzó sobre el fuego.

En seguida las viejas lo sacaron corriendo por una puerta, y entonces el coyote aprovechó para robar el tizón y salió por la otra puerta con el fuego entre los dientes.

Las brujas guardianas vieron un resplandor de chispas, se dieron cuenta de la trampa y se volvieron para perseguir al coyote.

El coyote casi volaba, pero las brujas no eran lerdas; ya estaban por alcanzarlo cuando el coyote, cansadísimo, llegó al lugar donde le esperaba el puma y le arrojó el fuego.

El puma se echó a correr con el tizón entre los dientes, y las brujas detrás del puma. El puma corrió como loco hasta el sitio donde lo esperaba el oso y le arrojó el tizón; siguió la carrera el oso y las brujas detrás del oso. El oso se lo entregó al lobo, que siguió

disparado, y las brujas detrás del lobo. El lobo se lo dio al zorro, el zorro al perro, el perro al conejo, y las incansables brujas siempre pisándoles los talones.

La ardilla estaba penúltima en la fila, y cuando recibió el fuego, corrió tan rápida que se le quemó la cola y el lomo (por eso tiene la cola enroscada sobre el cuerpo y dos manchas negras sobre los hombros). Corrió la ardilla, y las brujas detrás. La rana estaba la última en la fila porque era la más lerda; cuando la ardilla le arrojó el fuego, la rana se lo tragó y saltó hacia el agua. En el momento de zambullirse, una de las brujas la agarró de la cola y se la cortó (por eso las ranas no tienen cola). Nadó la rana bajo el agua ¡y las brujas allí se quedaron muertas de rabia!

Por fin, la rana salió a la superficie y escupió el tizón sobre un tronco seco. Los indios dicen que por esa razón, cuando se frotan dos maderas, se produce fuego.

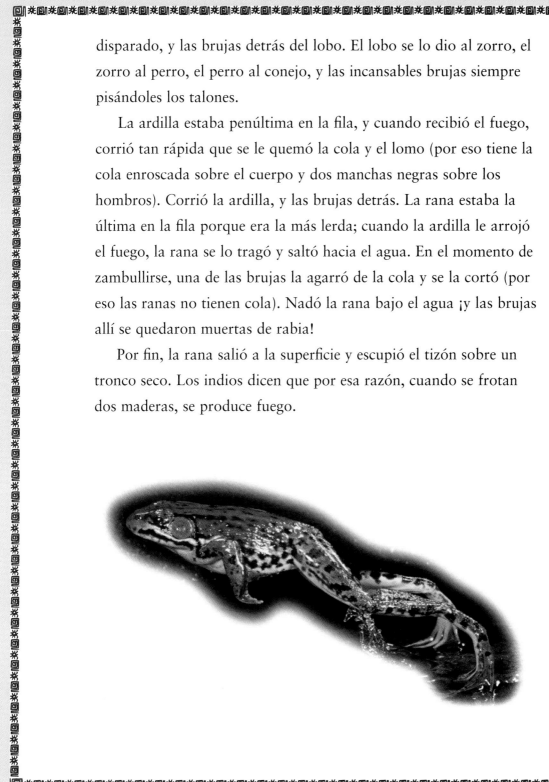

AMPLIEMOS NUESTRA COMPRENSIÓN

C. **Cuadro de secuencia de acciones.** Trabajando con un(a) compañero(a), copia y completa el cuadro siguiente.

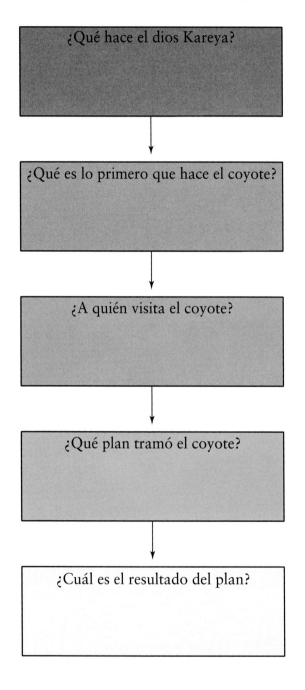

¿Qué hace el dios Kareya?

¿Qué es lo primero que hace el coyote?

¿A quién visita el coyote?

¿Qué plan tramó el coyote?

¿Cuál es el resultado del plan?

D. Reflexiona.

1. ¿Qué tipo de dios crees que era Kareya? ¿Por qué?

2. ¿A qué animal podría Kareya haber confiado el fuego en vez de las brujas? Justifica tu respuesta.

3. ¿Por qué crees que el coyote ubicó a los animales en fila con los más fuertes cerca de la casa de las brujas y los más débiles cerca del pueblo?

4. ¿Cuál fue la trampa del coyote?

5. Si «La trampa del coyote» fuera un mito de Alaska, ¿cómo podría titularse? Justifica tu respuesta.

E. Trabajo en parejas.

1. Haz una lista de los animales que intervienen en esta historia en el orden en que aparecen.

2. Ordena estas palabras de mayor a menor amplitud geográfica: planeta, pueblo, rancho, ciudad, nación, universo, provincia, región, capital, municipio, continente, estado.

F. Diálogo colaborativo. En grupos escriban el diálogo que tuvo lugar en cada una de las siguientes escenas. Cada grupo se encargará de uno diferente. Al finalizar se hará una representación secuencial de los diálogos.

1. El dios Kareya les cuenta a las dos brujas que ha creado a los hombres y animales y les pide que guarden el fuego.

2. El coyote promete a los hombres conseguirles el fuego, y les cuenta su plan.

3. El coyote y las brujas se reúnen por primera y segunda vez en casa de éstas.

4. Los animales que roban el fuego tratan de protegerlo de las brujas.

EXPLOREMOS EL LENGUAJE|

LOS PREFIJOS Y LOS SUFIJOS

Los **prefijos** son grupos de letras que se colocan como primera sílaba de una palabra para cambiarle el significado. Por ejemplo, el prefijo **super** significa superioridad. Considera la diferencia entre **mercado** y **supermercado.**

Las siguientes citas de «La trampa del coyote» contienen palabras con prefijos.

- «Para asegurarse de que no robarían ni una brasa, lo **encerró** en un cofre…»
- «Al día siguiente se **despidió** y se fue muy tranquilo…»
- «…se dieron cuenta de la trampa y se volvieron para **perseguir** al coyote.»
- «El oso se lo entregó al lobo, que siguió **disparado**…»

G. Cuadro de prefijos. Rellena el siguiente cuadro de prefijos.

Prefijos	Significados	Ejemplo 1	Ejemplo 2
1. ante-, pre-	anterioridad	anteayer	prever
2. bene-	bueno, bien	beneficio	
3. co-, con-, com-		compañía	
4. des-, in-, a-	negación		
5. ex-, extra-	exterioridad	exponer	
6. re-		rehacer	recortar
7. sobre-, super-	superioridad	sobrevolar	superhombre
8. sub-		subsuelo	

Los **sufijos**, como los prefijos, son grupos de letras que se colocan como otra sílaba de una palabra para variar el significado, pero se colocan al final de la palabra. Como los prefijos, los sufijos modifican el significado de la palabra. Los sufijos más corrientes son los diminutivos, los aumentativos y los despectivos.

H. **Análisis de sufijos.** Explica el significado del sustantivo que aparece **en negrita**, utilizando tus propias palabras.

1. Las brujas vivían en una **casa** en las afueras del pueblo.

2. Las brujas vivían en una **casita** en las afueras del pueblo.

3. Las brujas vivían en una **casucha** en las afueras del pueblo.

4. Las brujas vivían en un **caserón** en las afueras del pueblo.

Ahora identifica las formas del sustantivo **casa** según el sufijo.

5. diminutivo:

6. aumentativo:

CREEMOS LITERATURA

I. **Otra versión de «La trampa del coyote».** Utilizando el cuadro de secuencia de acciones (ejercicio C) y el diálogo colaborativo que hiciste con tu grupo, vas a escribir tu propia versión del mito que acabas de leer. Escribe una narración en secuencia usando el cuadro. Coloca el diálogo en el sitio apropiado.

J. **La venganza de las brujas.** En otra versión de este mismo mito, puede que las brujas no murieran de rabia, sino tuvieran que volver a su casa sin el fuego y con la rabia de haber sido engañadas. ¿Cómo se vengarían del coyote y sus cómplices? Escribe un cuento que describa la venganza de las brujas. Ordena tu historia adaptando el cuadro de secuencia de acciones (ejercicio C) de la siguiente manera.

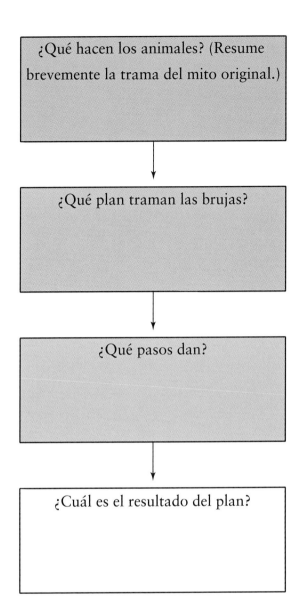

¿Qué hacen los animales? (Resume brevemente la trama del mito original.)

¿Qué plan traman las brujas?

¿Qué pasos dan?

¿Cuál es el resultado del plan?

CONCLUSIÓN DE LA UNIDAD

Como puedes ver, desde el comienzo de la historia, el hombre siempre se ha preocupado por encontrar el sentido de su vida. En esa eterna búsqueda de soluciones, la literatura plantea una serie de alternativas que dan una respuesta a nuestros interrogantes.

SÍNTESIS Y CONEXIÓN DE CONCEPTOS

A. **Investiga y recoge.**

- Pregunta a tus padres, a otros familiares o a tus vecinos qué leyendas, mitos o tradiciones recuerdan.
- Investiga con qué propósito la gente se contaba estas historias.
- Luego compartirás tus descubrimientos con tus compañeros.

B. **Cuatro en turno.** Trabajando en grupos de cuatro, comparte con tus compañeros una de las narraciones que escuchaste y la enseñanza que deja.

C. **Consenso y dibujos en secuencia.** De común acuerdo seleccionen una de las cuatro historias.

- Señalen sus cuatro momentos más importantes.
- Cada alumno se encargará de ilustrar uno de esos momentos y sintetizarlo en unas pocas oraciones al pie del dibujo.
- Los dibujos serán organizados en secuencias y exhibidos en el salón de clase.

D. **Visita a la galería.** Cada grupo seleccionará un(a) representante para que se pare junto a la obra del grupo y conteste las preguntas de sus compañeros. El resto de la clase

circulará apreciando las distintas secuencias y haciendo
preguntas y comentarios.

E. **Árbol de conexiones.** Como repaso de esta unidad, clasifica
los conceptos aprendidos.

■ Copia y llena el siguiente diagrama.

■ Luego, compártelo con un(a) compañero(a).

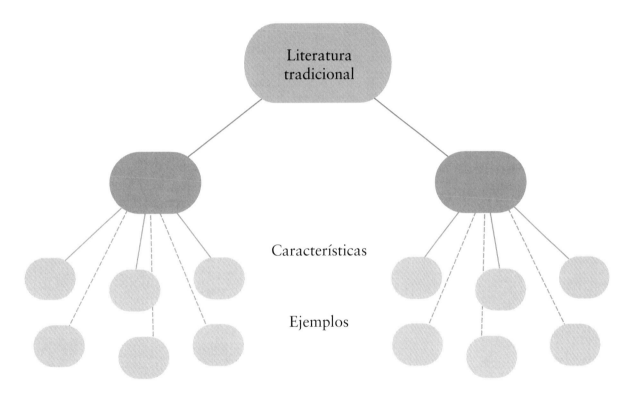

Literatura
tradicional

Características

Ejemplos

MÁS HORIZONTES CREATIVOS

F. **Una leyenda.** En esta unidad, hemos leído dos leyendas
populares («Los tres consejos» y «La comadre Sebastiana»).
Ahora te toca a ti escribir una leyenda según las siguientes
especificaciones.

■ Los personajes de tu leyenda serán modernos.

■ Como toda leyenda, tendrá una moraleja.

Paso 1: La pre-escritura. Contesta las siguientes preguntas en tu cuaderno.

1. ¿Dónde y cuándo va a tomar lugar la leyenda?
2. ¿Quiénes van a ser los protagonistas?
3. ¿Cuáles serán los eventos principales?
4. ¿Qué moraleja va a tener tu leyenda?

Paso 2: El borrador. Ahora puedes escribir la leyenda.

1. Empieza con la exposición.
- Incluye dónde y cuándo toma lugar la leyenda (número 1 de la pre-escritura).
- Describe el protagonista principal (número 2 de la pre-escritura).

2. La parte principal sigue a la exposición.
- Desarrolla la historia (número 3 de la pre-escritura).

3. La conclusión da finalidad a tu leyenda (número 4 de la pre-escritura).

Paso 3: La revisión del manuscrito. Trabajando con un(a) compañero(a), revisa tu trabajo según el siguiente criterio.

1. ¿Tiene introducción, parte principal y conclusión?
2. ¿Has organizado tus ideas según las instrucciones?
3. ¿Has utilizado el vocabulario nuevo que has aprendido?
4. ¿Tiene sentido lo que has escrito?
5. ¿Has seguido las reglas de puntuación?
6. ¿Estás seguro(a) de que no faltan ni sobran letras en algunas palabras?
7. ¿Estás seguro(a) de no haber intercambiado letras?

Si has contestado «no» a alguna pregunta:

- comparte tu trabajo y el criterio de revisión con un(a) compañero(a);
- discutan las partes menos fuertes de tu trabajo;
- escucha las sugerencias de tu compañero(a) y apunta sus ideas;
- ofrécele sugerencias para mejorar su trabajo según el criterio de revisión;
- si tienen alguna palabra cuya ortografía (cómo se escribe) les presenta dificultad, consulten el diccionario.

¡Ojo! Tu maestro(a) no es un diccionario.

Una vez que estés contento(a) con tu trabajo:
- cópialo de nuevo en limpio;
- guárdalo en tu cuaderno o tu portafolio.

Paso 4: La copia final.

- Escribe tu copia final utilizando las sugerencias de tu compañero(a).
- Guárdala en tu cuaderno o tu portafolio para otra revisión más adelante y/o publicación en tu portafolio.

UNIDAD 2

Nuestra vida en comunidad

El hombre es un ser social. Su vida se desenvuelve en el seno de la comunidad, en relación con los demás seres humanos. Aunque estas relaciones pueden ser armoniosas y llenas de satisfacciones, en muchas ocasiones surgen conflictos que debemos solucionar para formar una sociedad más unida y solidaria.

«Sombra y sol», Allan Rohan Crite

Los relatos de esta unidad muestran las
experiencias de diversos personajes en su
trato con los seres que los rodean.

LECCIÓN 1

Don Juanito

Alistémonos para leer

En la vida de cada comunidad existen ciertos personajes que destacan no por su poder político ni su posición profesional, sino por el estrecho enlace que tienen con la vida diaria de la comunidad. El poeta chicano Jesús Maldonado nos ofrece un retrato de Don Juanito, un personaje a quien todos hemos conocido de una forma u otra en nuestro barrio.

A. Recuerdos de mi barrio. Todos guardamos recuerdos especiales de un sitio, sea la vecindad donde crecimos u otro lugar que hemos visitado.

- Piensa en un lugar que recuerdas con cariño.
- ¿Cómo es ese sitio? Cierra los ojos e intenta recordar todos los detalles: las personas, los olores, las calles, los sonidos, etcétera.
- Después copia las siguientes frases convirtiéndolas en oraciones completas con las descripciones de tu lugar.

1. En (nombre de tu lugar) se ven…
2. Huele a…
3. Se oye…
4. Guardo un cariño especial por este sitio porque…

B. Dos a la suerte.

- Cuando dé la señal tu maestro(a), circula por el salón de clase con la descripción que escribiste en el ejerciclo *A*.
- A la segunda señal, comparte lo que has escrito con el (la) compañero(a) más cercano(a).

VOCABULARIO CLAVE DEL TEXTO

Familiarízate con el vocabulario clave del texto según las indicaciones de tu maestro(a).

serenata
moyete
marranito
polvorón
empanada

LEAMOS ACTIVAMENTE

C. **Primera lectura.** Mientras tu maestro(a) lee el poema «Don Juanito», cierra los ojos e intenta visualizar a Don Juanito en su ambiente.

D. **Segunda lectura.** Tu maestro(a) leerá el poema una segunda vez. Durante esta lectura, debes hacer anotaciones según las instrucciones en el ejercicio *E*.

E. **Cuatro preguntas.**

- Copia el siguiente cuadro en tu cuaderno.
- Durante la segunda lectura de «Don Juanito», rellena el cuadro con palabras o frases que respondan a la palabra interrogativa.

¿Quién?	
¿Qué?	
¿Cuándo?	
¿Dónde?	

F. **Cuatro a la vez.** Van a compartir lo que han escrito arriba en grupos de cuatro.

- Pásale tu papel al (a la) compañero(a) de la derecha.
- Recibe el papel de la persona a la izquierda.
- Lee lo que ha escrito tu compañero(a).
- Repitan el proceso hasta que todos hayan leído los cuatro papeles.
- Añade lo que has aprendido de tus compañeros en tu propio trabajo.

Don Juanito

JESÚS MALDONADO

¡Pan!

  ¡pan calientito!

    moyetes, marranitos, polvorones

¡Pan!

  ¡pan calientito!

Dulce voz of don Juanito

    acompañada by early tortolitas

        cooing songs

7 o'clock serenata

    bajo Tejas skies

  inviting mamases to their doors

    platos in their hands

        esperando la llegada de don Juanito

          basketful of campechanas, empanadas,

            revolcadas, marranitos

And like a daily ritual

    en la tarde

        la hora de la merienda

    don Juanito's voz

        would sing again

¡Pan!

  ¡pan calientito!

70 year old viejito

«Luis Muñoz Marín», Francisco Rodón

carrying en su canastota

el dorado corazón

de nuestra gente

Old man con sus pasitos ciertos

regalando su corazón al barrio

loved by all

a legend in his time

un recuerdo del pasado

un eco resonando en el viento

¡Pan!

¡pan calientito!

«¡Aquí, don Juanito!»

«¡Ahí voy!»

«Buenos días, don Juanito.»

«Buenos días, doña Luz.»

«¿A ver, de acuáles quiere?»

«Traigo besitos, cuernitos,

marranitos...»

«Déme tres moyetes, dos empanadas,

un daime de polvorones.»

«¿A cómo los marranitos?»

«A dos por un nicle.»

«Déme quince centavos de marranitos.»

«¿Cuánto es?»

«Son cuatro reales.»

«Y aquí tiene unos besitos de pilón.»

«Munchas gracias, don Juanito.»

«No hay de qué.»

Soon don Juanito's voice would fill the air again
¡Pan!
¡pan calientito!
Lejos de mi Tejas
los cantos are but echos
slowly fading
slowly dying
Pero somewhere
en el viento, de mañanas frescas
en un barrio de Aztlán
don Juanito's cantos
apenas van amaneciendo.
¡Pan!
¡pan calientito!
moyetes, marranitos,
polvorones...

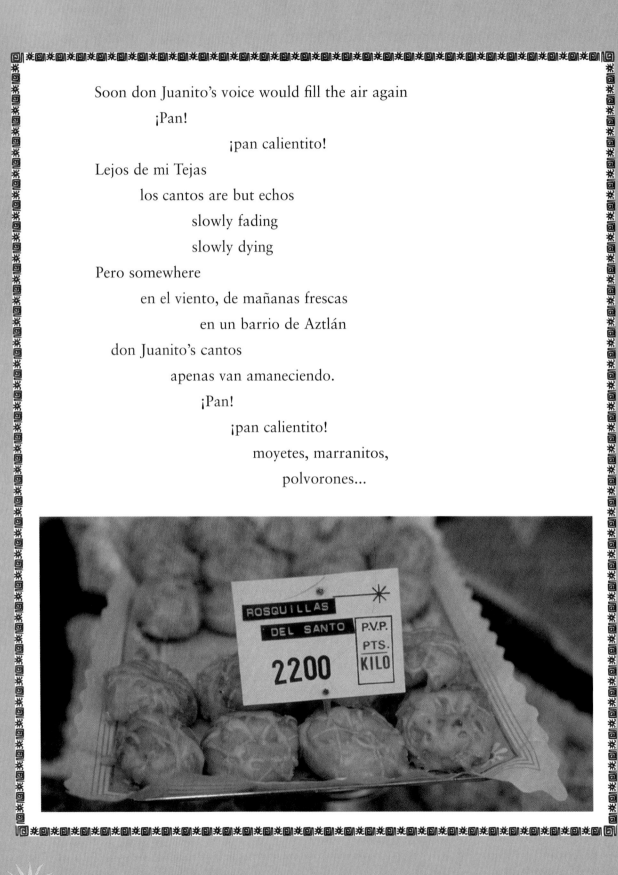

Conozcamos al autor

JESÚS MALDONADO   Jesús Maldonado nació en Mission, Tejas, el 18 de septiembre de 1944, uno de once hermanos. Su familia se trasladó a Corpus Christi donde logró terminar los estudios secundarios a pesar de los obstáculos económicos y sociales que tuvo que enfrentar. Se graduó de Southwest Texas State University realizando sus estudios de maestría en Washington University.

Jesús Maldonado se dedica mayormente a la poesía aunque ha escrito crítica literaria y cuentos. Su poesía ha sido publicada en *Entre Nosotros, El Grito y Literatura Chicana: Texto y Contexto*. Su poesía, como vemos en «Don Juanito», refleja fielmente la lengua y cultura de la población tejana de habla hispana.

Jesús Maldonado escribe bajo el seudónimo «El Flaco».

AMPLIEMOS NUESTRA COMPRENSIÓN

G. **Análisis del personaje.** Contesta las siguientes preguntas utilizando las anotaciones que hiciste en el ejercicio *D*.

1. ¿Cómo describirías a don Juanito a una persona ciega?
2. ¿Qué representaba don Juanito para el poeta? ¿Y para el barrio?
3. En tu opinión, ¿pertenecen los personajes como don Juanito al pasado? Explica tu respuesta.

H. **Dibuja.** Vas a hacer un mapa o un dibujo de ese sitio especial que describiste en el ejercicio *A*. Incluye:

- las calles y los nombres;
- la casa y los nombres de las personas que viven allí;
- algunos detalles del lugar: árboles, tiendas, parques, etcétera;
- sitios donde han ocurrido hechos significativos para ti o para la comunidad: el lugar donde sucedió un accidente, donde te encuentras con tu novio(a), donde jugabas con tus amigos, etc.

I. **Descripción de un lugar.** Usando el dibujo que realizaste en el ejercicio *H* y tus apuntes del ejercicio *A*, escribe una composición que describa ese sitio por el que guardas tanto cariño.

EXPLOREMOS EL LENGUAJE

EL SUSTANTIVO

Todos los idiomas cuentan con palabras que nombran a personas, lugares, cosas y conceptos. Este tipo de palabra se llama **sustantivo**. Lee los siguientes versos de «Don Juanito», estudiando con cuidado los sustantivos.

- «¡**Pan**!//¡**pan** calientito!//**moyetes, marranitos, polvorones**».
- «en la **tarde**//la **hora** de la **merienda**//don Juanito's **voz**...»
- «carrying en su **canastota**//el dorado **corazón**//de nuestra **gente**...»

Los sustantivos son palabras variables. Varían en número (singular y plural) y en género (masculino o femenino). Algunos sustantivos que se encuentran en el poema «Don Juanito», por ejemplo, se clasifican de la siguiente forma.

Masculino singular	Femenino singular	Masculino plural	Femenino plural
pan	voz	moyetes	revolcadas
corazón	serenata	platos	campechanas
barrio	canastota	pasitos	empanadas
viento	gente	cantos	mañanas

J. Categorización lingüística.

- Formula cuatro listas de sustantivos relacionados con tu vecindad.

- Indica el número y género de las palabras de cada lista.

Lista 1: Cinco establecimientos comerciales

MODELO: *churrería (femenino singular)*

Lista 2: Cinco lugares públicos

MODELO: *parque (masculino singular)*

Lista 3: Cinco trabajadores comunitarios

MODELO: *bomberos (masculino plural)*

Lista 4: Cinco cosas que se ven en la vecindad

MODELO: *flores (femenino plural)*

CREEMOS LITERATURA

K. Programa de televisión. Inventa una serie televisiva basada en tu barrio, el sitio que has descrito o un personaje del barrio. Describe tu programa, incluyendo:

- el tipo de programa: telenovela, programa de humor, programa de variedades;

- los actores/actrices/presentadores;

- los temas que tratarías;

- el título del programa.

L. Poema Clerihew. Un poema *Clerihew* se basa en un nombre y cuenta una pequeña historia sobre esa persona en cuatro versos.

- Escoge a una persona que tú recuerdas de tu barrio, una persona que tenga para ti el mismo significado que don Juanito para Jesús Maldonado.
- Escribe cuatro versos con rima en los versos dos y cuatro.
- El poema se estructura de la siguiente manera.

    Versos 1 y 2: Da el nombre de la persona y un detalle sobre él (ella).

    Versos 3 y 4: Completa la «historieta» con más información.

MODELO:

> *Pepe el frutero en la esquina de Evangelista*
> *Peras, manzanas y fresas, melones hasta kiwis*
> *él vendía*
> *Personaje querido de mi lejana infancia*
> *trianera*
> *Ahora tan lejos del Betis me pregunto ¿de*
> *Pepe qué sería?*

Once

ALISTÉMONOS PARA LEER

La gente a veces actúa inconscientemente, sin darse cuenta del daño que puede causarle a otras personas. En el cuento «Once» de Sandra Cisneros se presenta una de estas situaciones para reflexionar.

A. Escritura en el diario. Todos hemos tenido en nuestras vidas momentos vergonzosos en que hubiéramos querido que nos «tragara la tierra».

- Piensa en uno de esos momentos.
- Descríbelo en tu diario. Tendrás cinco minutos.

B. Comparte. Siéntate con un(a) compañero(a).

- Compartan lo que escribieron.
- Digan qué les enseñó esa experiencia.

VOCABULARIO CLAVE DEL TEXTO

Familiarízate con el vocabulario clave del texto según las indicaciones de tu maestro(a).

repiquetear	barda
embonar	sarnoso
regazo	

LEAMOS ACTIVAMENTE

C. Escucha y piensa. Vas a escuchar un cuento titulado «Once». Mientras lo escuchas, ten presente las siguientes preguntas. Las mismas serán discutidas al finalizar el cuento.

1. ¿Quién es la protagonista de esta historia?
2. ¿Cuál es el tema central?

Once

....

SANDRA CISNEROS

TRADUCCIÓN DE LILIANA VALENZUELA

Lo que no entienden acerca de los cumpleaños y lo que nunca te dicen es que cuando tienes once, también tienes diez y nueve y ocho y siete y seis y cinco y cuatro y tres y dos y uno. Y cuando te despiertas el día que cumples once años esperas sentirte once, pero no te sientes. Abres los ojos y todo es tal como ayer, sólo que es hoy. Y no te sientes como si tuvieras once para nada. Todavía te sientes como si tuvieras diez. Y sí los tienes—debajo del año que te vuelve once.

Como algunos días puede que digas algo estúpido, y ésa es la parte de ti que todavía tiene diez. O tal vez algunos días necesitas sentarte en el regazo de tu mamá porque tienes miedo, y ésa es la parte de ti que tiene cinco. Y tal vez un día cuando ya eres grande tal vez necesitas llorar como si tuvieras tres, y está bien. Eso es lo que le digo a Mamá cuando está triste y necesita llorar. Tal vez se siente como si tuviera tres.

Porque el modo como uno se hace viejo es un poco como una cebolla o los anillos adentro de un tronco de árbol o como mis muñequitas de madera que embonan una adentro de la otra, cada año adentro del siguiente. Así es como es tener once años.

No te sientes once. No luego luego. Tarda varios días, hasta semanas, a veces hasta meses antes de que dices once cuando te preguntan. Y no te sientes inteligente once, no hasta que casi ya tienes doce. Así es.

Sólo que hoy quisiera no tener tan sólo once años repiqueteando adentro de mí como centavitos en una caja de Curitas. Hoy quisiera tener ciento dos años en lugar de once porque si tuviera ciento dos hubiera sabido qué decir cuando la Srta. Price puso el suéter rojo sobre mi escritorio. Hubiera sabido cómo decirle que no era mío en lugar de quedarme sentada ahí con esa cara y con nada saliendo de mi boca.

«¿De quién es ésto?» dice la Srta. Price, y levanta el suéter arriba en el aire para que toda la clase lo vea. «¿De quién? Ha estado metido en el ropero durante un mes.»

«Mío no», dice todo el mundo. «Mío no».

«Tiene que ser de alguien», la Srta. Price sigue diciendo, pero nadie se puede acordar. Es un suéter feo con botones de plástico rojos y un cuello y unas mangas todas estiradas como si lo pudieras usar para una cuerda de saltar. Tal vez tiene mil años y aún si fuera mío no lo diría.

Tal vez porque soy flaquita, tal vez porque no le caigo bien, esa estúpida de Sylvia Saldívar dice, «Creo que es de Raquel». Un suéter feo como ése, todo raído y viejo, pero la Srta. Price le cree. La Srta. Price agarra el suéter y lo pone justo en mi escritorio, pero cuando abro la boca no sale nada.

«Ese no es, yo no, tú no estás…No es mío», digo por fin con una vocecita que tal vez era yo cuando tenía cuatro.

«Claro que es tuyo», dice la Srta. Price. «Me acuerdo que lo usaste una vez.» Porque ella es más grande y la maestra, tiene la razón y yo no.

No es mío, no es mío, no es mío, pero la Srta. Price ya está pasando a la página treinta y dos, y al problema de matemáticas número cuatro. No sé por qué pero de repente me siento enferma adentro, como si la parte de mí que tiene tres quisiera salir por mis ojos, sólo que los aprieto duro y muerdo con mis dientes bien duro y me trato de acordar que hoy tengo once, once. Mamá me está haciendo un pastel para hoy en la noche, y cuando Papá venga a casa todos van a cantar feliz cumpleaños, feliz cumpleaños a ti.

Pero cuando el mareo se me pasa y abro los ojos, el suéter rojo todavía está ahí parado como una montañota roja. Muevo el suéter rojo para la esquina de mi escritorio con mi regla. Muevo mi lápiz y libros y goma tan lejos de él como sea posible. Hasta muevo mi silla un poquito a la derecha. No es mío, no es mío, no es mío.

En mi cabeza estoy pensando cuánto falta para el recreo, cuánto falta hasta que pueda agarrar el suéter rojo y tirarlo por encima de la barda de la escuela, o dejarlo ahí colgado sobre un parquímetro, o hacerlo bolita y aventarlo en el callejón. Excepto que cuando acaba la clase de matemáticas la Srta. Price dice fuerte y enfrente de todos, «Vamos, Raquel, ya basta», porque ve que empujé el suéter rojo hasta la orillita de mi escritorio y está colgado sobre la orilla como una cascada, pero no me importa.

«Raquel», dice la Srta. Price. Lo dice como si estuviera enojada. «Ponte ese suéter inmediatamente y déjate de tonterías.»

«Pero no es…»

«¡Ahora mismo!» dice la Srta. Price.

Es cuando quisiera no tener once, porque todos los años dentro de mí—diez, nueve, ocho, siete, seis, cinco, cuatro, tres, dos y uno— están empujando por detrás de mis ojos cuando pongo un brazo por una manga del suéter que huele a requesón, y luego el otro brazo a través de la otra y me paro con mis brazos separados como si el suéter me hiciera daño y sí, todo sarnoso y lleno de gérmenes que ni siquiera son míos.

Ahí es cuando todo lo que he estado guardando adentro desde esta mañana, desde cuando la Srta. Price puso el suéter en mi escritorio, por fin sale, y de repente estoy llorando enfrente de todo el mundo. Quisiera ser invisible pero no lo soy. Tengo once y hoy es mi cumpleaños y estoy llorando como si tuviera tres enfrente de todos. Pongo mi cabeza sobre el escritorio y entierro mi cara en mis brazos estúpidos de suéter de payaso. Mi cara toda caliente y la baba saliéndose de mi boca porque no puedo parar los ruiditos de animal que salen de mí, hasta que ya no quedan lágrimas en mis ojos, y sólo está mi cuerpo temblando como cuando tienes hipo, y toda la cabeza me duele como cuando bebes leche demasiado aprisa.

Pero lo peor sucede justo antes de que suene la campana para el recreo. Esa estúpida Phyllis López, que es todavía más tonta que Sylvia Saldívar, ¡dice que se acuerda que el suéter rojo es de ella! Me lo quito inmediatamente y se lo doy a ella, sólo que la Srta. Price hace de cuenta como si no pasara nada.

Hoy tengo once años. Hay un pastel que Mamá está haciendo para hoy, y cuando Papá llegue a casa del trabajo nos lo comeremos. Va a haber velitas y regalos y todos van a cantar feliz cumpleaños, feliz cumpleaños a ti, Raquel, sólo que ya es demasiado tarde.

Hoy tengo once años. Tengo once, diez, nueve, ocho, siete, seis, cinco, cuatro, tres, dos y uno, pero quisiera tener ciento dos. Quisiera tener cualquier cosa menos once, porque hoy quiero estar ya lejos, lejos como un globo que se escapó, como una pequeña *o* en el cielo, tan chiquitita chiquitita que tienes que cerrar los ojos para verla.

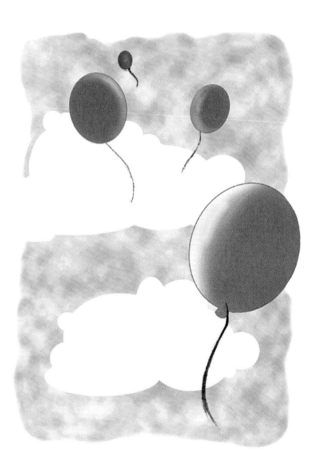

D. **Identifica.** Según las instrucciones de tu maestro(a), contesta las preguntas.

1. ¿Quién es la protagonista de esta historia?
2. ¿Cuál es el tema central?

Conozcamos a la autora

SANDRA CISNEROS

Nacida de madre mexico-americana y padre mexicano, Sandra Cisneros se crió entre dos culturas en dos ambientes muy diferentes: Chicago y México, D.F. Las numerosas mudanzas familiares no le permitieron el lujo de formar amistades, así que la joven Sandra se refugiaba en la lectura.

La obra de Sandra Cisneros se basa en sus propias experiencias como muchacha en una familia de siete hijos y sin recursos económicos. Escribe de personas verdaderas que ha conocido personalmente a través de los años y de los temas por los cuales más se preocupa como el feminismo, la opresión, la religión y el amor. Sus obras principales incluyen *The House on Mango Street*, honrado en 1985 con el premio Before Columbus American Book Award, *Woman Hollering Creek* y *Wicked, Wicked Ways*.

AMPLIEMOS NUESTRA COMPRENSIÓN

E. **Análisis del personaje.** Contesta las siguientes preguntas según las instrucciones de tu maestro(a).

1. Completa la siguiente descripción: Raquel es como
_____ (nombre de una flor, una fruta, un animal) porque _____.

2. Nombra dos cualidades de Raquel que no comparte la Srta. Price.

3. Si el cuento se titulara «Catorce», ¿cómo variaría el cuento?

F. **Cuadro de tres columnas.**

- Lee el cuento que te asigne tu maestro(a).
- En la columna de la izquierda anota algunas citas del cuento que te den pistas sobre el narrador: ¿quién es?, ¿cuántos años tiene?, ¿qué piensa de la situación?, etc.
- En la segunda columna escribe tu interpretación de la cita.
- Al terminar la lectura completa la tercera columna en un grupo de tres o cuarto. Deberán escribir una descripción lo más completa posible del narrador del cuento y de cómo nos presenta los hechos.

Cuento:		
Citas del cuento	Mi interpretación	Conclusiones del grupo acerca del narrador

G. Cartelón colaborativo. Como producto final de ejercicio F, cada grupo preparará un cartelón colaborativo.

- Copien la primera y tercera columnas del cuadro según el consenso del grupo.
- Incluyan todas las ideas del grupo.

H. Punto de vista. «Once» está narrado desde el punto de vista de la protagonista Raquel.

- En equipos de cuatro escriban un monólogo, presentando el punto de vista de otro personaje del cuento.

1. La señorita Price
2. Sylvia Saldívar
3. Phyllis López

- Después, cada equipo presentará su monólogo a la clase.

APUNTES LITERARIOS

OBRAS NARRATIVAS

«Once» es una obra narrativa. Las obras narrativas son aquéllas que nos cuentan una historia. Las novelas, cuentos y leyendas pertenecen al género narrativo. Los elementos esenciales de estas obras son:

- Tema: La idea central de la obra o el mensaje del autor.
- Ambiente: Los elementos como el paisaje, lugar geográfico y social en que se desarrolla una historia, época en que sucede y tiempo que transcurre dentro de ella.
- Personajes: Cada uno de los seres humanos, sobrenaturales o simbólicos que toman parte en la acción de una obra literaria.
- Argumento: Conjunto de hechos que se narran en una obra.

APUNTES LITERARIOS

- Conflicto: 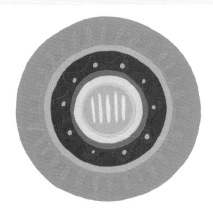 Problema central que se plantea en una obra literaria.

- Punto de vista: Según quién sea el narrador de la obra, así será el punto de vista. La obra puede estar narrada en primera persona desde el punto de vista de un personaje o puede estar narrada en tercera persona por alguien que está fuera de la historia.

EXPLOREMOS EL LENGUAJE

EL PRONOMBRE

Las palabras de la oración que señalan una persona o cosa sin nombrarla son pronombres. El **pronombre** sustituye al nombre de la persona o cosa a la cual se refiere. Considera esta cita de «Once» en la cual los pronombres se escriben en negrita.

- «Ese no es, **yo** no, **tú** no estás… No es mío», digo por fin con una vocecita que tal vez era **yo** cuando tenía cuatro».

- «Porque **ella** es más grande y la maestra, tiene la razón y **yo** no».

- «Muevo mi lápiz y libros y goma tan lejos de **él** como sea posible».

Los **pronombres personales** denotan las personas gramaticales: primera, segunda y tercera persona del singular o del plural.

- La primera persona es la persona que habla.
- La segunda persona es la persona a quien se habla.
- La tercera persona es la persona de quien se habla.

I. Red de personas gramaticales.

- Copia la siguiente red en tu cuaderno.
- Complétala con las palabras que faltan.

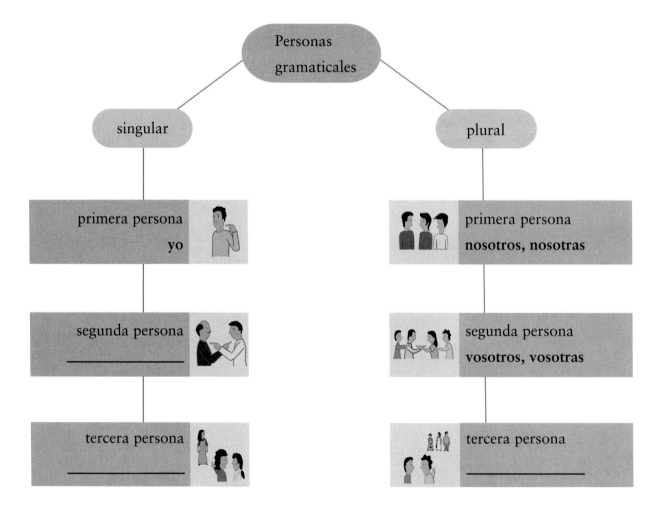

CREEMOS LITERATURA

J. Una tarjeta de felicitaciones.

- Diseña una tarjeta de cumpleaños para Raquel.
- Tanto el dibujo como el mensaje deben tener como fin animarla después de la mala experiencia de la escuela en el día de su cumpleaños.

K. Narrativa personal. Utilizando la escritura en el diario que hiciste al principio de esta lección (ejercicio *A*), escribe una narrativa personal sobre tu experiencia. Sigue los pasos siguientes para desarrollar tu narrativa.

- Define la situación: el ambiente, el conflicto y las personas involucradas.
- Describe tus emociones y preocupaciones.
- Explica cómo pudiste resolver el problema.

Masa

Alistémonos para leer

El siguiente poema presenta reflexiones que hace su autor César Vallejo, un poeta peruano, acerca de la solidaridad humana.

A. **Red semántica.** Tu maestro(a) empezará la red en la pizarra de la clase. El tema de la red es «la guerra».

- Piensa en las palabras que asocias con el tema.
- Comparte tus ideas con tus compañeros de clase en turno.
- El (La) maestro(a) escribirá sus asociaciones en la pizarra.
- Se repite el mismo proceso con las palabras contribuidas.

VOCABULARIO CLAVE DEL TEXTO

Familiarízate con el vocabulario clave del texto según las indicaciones de tu maestro(a).

combatiente	clamar
cadáver	incorporarse
acudir	

LEAMOS ACTIVAMENTE

B. **Primera lectura.** Lee silenciosamente el poema y reflexiona acerca del conflicto al que se refiere Vallejo y su desenlace.

C. **Segunda lectura.** El (La) maestro(a) leerá el poema en voz alta. Mientras lee, cierra los ojos e imagina la escena que se describe en el poema.

D. Interpretación poética.

- Copia el siguiente cuadro en tu cuaderno.
- Con un(a) compañero(a), lee el poema una tercera vez.
- Completa el cuadro con la información que falta.

Tema	¿De qué trata el poema?	
Evento	¿Qué acontecimiento provocó la redacción del poema?	
Oyente	¿A quién se dirige el poeta?	
Propósito	¿Con qué fin se ha escrito el poema?	
Voz	¿Quién habla en el poema?	

Conozcamos al autor

CÉSAR VALLEJO

Nacido en el Perú en 1892 de familia pobre mestiza, César Vallejo se destacó como uno de los grandes renovadores de la poesía hispanoamericana. Después de estar preso por su activismo político, se exilió en el extranjero donde escribió su poesía dedicada principalmente a las preocupaciones sociales y humanas: el dolor, la soledad y, sobre todo, la solidaridad.

Vallejo pertenece al movimiento literario vanguardista. Entre sus poemarios más conocidos: *Los heraldos negros* (1918), *Poemas humanos* (1939) y del mismo año, *España, aparta de mí este cáliz,* al cual pertenece el poema «Masa».

Masa

CÉSAR VALLEJO

Al fin de la batalla,
y muerto el combatiente, vino hacia él un hombre
y le dijo: «¡No mueras, te amo tanto!»
Pero el cadáver, ¡ay! siguió muriendo.

Se le acercaron dos y repitiéronle:
«¡No nos dejes! ¡Valor! ¡Vuelve a la vida!»
Pero el cadáver, ¡ay! siguió muriendo.

Acudieron a él veinte, cien, mil, quinientos mil,
clamando: «¡Tanto amor y no poder nada contra la muerte!»
Pero el cadáver, ¡ay! siguió muriendo.

Le rodearon millones de individuos,
con un ruego común: «¡Quédate hermano!»
Pero el cadáver, ¡ay! siguió muriendo.

Entonces todos los hombres de la tierra
le rodearon; les vio el cadáver triste, emocionado;
incorporóse lentamente,
abrazó al primer hombre; echóse a andar…

Ramírez Fajardo, Alfonso. *Fiesta*. 1942. Watercolor on paper, 18½ × 24¼″ (47 × 61.6 cm). The Museum of Modern Art, New York. Inter-American Fund. Photograph © 2000 The Museum of Modern Art, New York.

AMPLIEMOS NUESTRA COMPRENSIÓN

APUNTES LITERARIOS

TONO

Cuando se habla del **tono** de una poesía nos referimos a la impresión general o sentimiento que ésta produce en el lector. Algunos poemas pueden hacerte sentir alegría o euforia; otros son serios o tristes, humorísticos o románticos.

E. Análisis del tono. Piensa y contesta.

1. ¿Cómo es el tono del poema «Masa»? ¿Qué sentimientos te inspira?

2. Copia en tu cuaderno algunos versos que contribuyen a producir este tono.

EXPLOREMOS EL LENGUAJE

LOS ARTÍCULOS

Los artículos son palabras que acompañan al sustantivo. Indican número y género.

F. Observaciones lingüísticas.

1. Estudia la primera estrofa de «Masa», fijándote en los **artículos**.

> Al fin de **la** batalla,
> y muerto **el** combatiente, vino hacia él **un** hombre
> y le dijo: «¡No mueras, te amo tanto!»
> Pero **el** cadáver, ¡ay! siguió muriendo.

2. Ahora copia las definiciones del artículo en tu cuaderno, completando los espacios en blanco.

a. En español hay cuatro formas del **artículo definido.** Son: el, _____, _____ y las. El artículo definido indica una cosa, persona, animal, lugar o concepto específico.

b. También hay cuatro formas del **artículo indefinido.** Sus formas son: _____, una, unos y _____. El artículo indefinido indica una cosa, persona, animal, lugar o concepto no específico.

c. Cuando el artículo definido _____ sigue la preposición **de,** se convierte en **del.**

d. Cuando el artículo definido **el** sigue la preposición **a,** se convierte en _____.

G. **Práctica.** Completa el siguiente párrafo con los artículos que falten según las instrucciones de tu maestro(a).

_____ poema «Masa» destaca como _____ de los poemas más leídos de _____ literatura hispánica. _____ razones de su popularidad son numerosas. _____ tema trata un asunto de toda _____ sociedad humana y, por supuesto, _____ belleza _____ lenguaje es admirada por los lectores. Como es _____ caso de la gran poesía _____ mundo, cada oyente interpreta _____ poema según sus circunstancias personales. Sin embargo, quizás sea _____ tremendo sentido de compasión humana reflejado en _____ poema que asegurará su sitio en el tesoro literario del mundo hispano durante los siglos venideros.

CREEMOS LITERATURA

H. Diálogo.

- Escribe un diálogo entre César Vallejo y otra persona que pudiera haber tomado lugar justamente antes de que el poeta escribiera «Masa».

- ¿De qué estarían hablando? ¿Le habrá ocurrido algo al poeta para que sintiera la necesidad de escribir el poema? ¿Habría leído un artículo de periódico o habría sido una experiencia personal?

- Utiliza tus apuntes del ejercicio *D* para ayudarte a analizar los motivos de Vallejo.

I. Análisis de tono.

Utilizando el ejercicio *E* como apuntes de pre-escritura, junto con el ejercicio *D*, desarrolla un ensayo analítico. Puedes utilizar el siguiente esquema.

Párrafo 1: Define el tema de tu ensayo. Incluye la definición de tono.

Párrafo 2: Describe el tono del poema incluyendo los sentimientos que te inspira.

Párrafo 3: Cita un verso que contribuye a producir este tono. Explica su significado tal como tú lo entiendas.

Párrafo 4: Cita otro verso que contribuye a producir el tono explicando su significado.

Párrafo 5: Conclusión. Resume lo dicho con otras palabras terminando con una oración definitiva y fuerte.

LECCIÓN 4

Poema con niños

ALISTÉMONOS PARA LEER

Uno de los problemas más difíciles que enfrentamos en nuestra vida en comunidad es la discriminación que sienten algunos grupos o individuos frente a otros. Esta discriminación es causada por la intolerancia, que está basada en la ignorancia. Las dos siguientes selecciones, la de esta lección y la de la lección siguiente, presentan dos tipos diferentes, aunque lamentablemente comunes, de discriminación.

A. Piensa, anota y comparte.

- Haz una lista de nombres despectivos o epítetos que los estudiantes usan para estereotipar a otros.
- Comparte tu lista con dos o tres compañeros.

B. El diario.

- Escribe en tu diario por qué crees que la gente usa estos términos para referirse a otros y qué consecuencias trae esto.
- Comparte con tu grupo lo que escribiste.

C. Cuadro anticipatorio. En la obra de teatro que vas a leer hay cuatro personajes: un chino, un negro, un blanco y un judío.

- Copia en tu cuaderno el siguiente cuadro anticipatorio.
- Trabajando con un(a) compañero(a), llena la primera columna del cuadro.

	De este grupo sé que...	Ahora pienso que...
Chinos		
Negros		
Blancos		
Judíos		

VOCABULARIO CLAVE DEL TEXTO

Familizarízate con el vocabulario clave del texto según las indicaciones de tu maestro(a).

aguardar   autoritario   botica   fonda   valla

LEAMOS ACTIVAMENTE

D. Lectura dramatizada. En grupos de cinco preparen la lectura dramatizada de la sección que te asigne el (la) maestro(a) para presentarla a la clase en forma secuencial.

Poema con niños

NICOLÁS GUILLÉN

La escena, en un salón familiar. La madre, blanca, y su hijo. Un niño negro, uno chino, uno judío, que están de visita. Todos de doce años más o menos. La madre, sentada, hace labor, mientras a su lado, ellos juegan con unos soldaditos de plomo.

PRIMERA PARTE

La Madre *(dirigiéndose al grupo)*: ¿No ven? Aquí están mejor que allá, en la calle… No sé cómo hay madres despreocupadas, que dejan a sus hijos solos todo el día por esos mundos de Dios. *(Se dirige al niño negro.)* Y tú, ¿cómo te llamas?

El Negro: ¿Yo? Manuel. *(señalando al chino)* Y éste se llama Luis. *(señalando al judío)* Y éste se llama Jacobo…

La Madre: Oye, ¿sabes que estás enterado, eh? ¿Vives cerca de aquí?

El Negro: ¿Yo? No, señora. *(señalando al chino)* Ni éste tampoco. *(señalando al judío)* Ni éste…

El Judío: Yo vivo por allá por la calle de Acosta, cerca de la Terminal. Mi papá es zapatero. Yo quiero ser médico. Tengo una hermanita que toca el piano, pero como en casa no hay piano, siempre va a casa de una amiga suya, que tiene un piano de cola… El otro día le dio un dolor…

La Madre: ¿Al piano de cola o a tu hermanita?

El Judío: *(ríe)* No; a la amiga de mi hermanita. Yo fui a buscar al doctor…

La Madre: ¡Ajá! Pero ya se curó, ¿verdad?

El Judío: Sí; se curó en seguida; no era un dolor muy fuerte…

La Madre: ¡Qué bueno! *(dirigiéndose al niño chino)* ¿Y tú? A ver, cuéntame. ¿Cómo te llamas tú?

El Chino: Luis…

La Madre: ¿Luis? Verdad, hombre, si hace un momento lo había chismeado el pícaro de Manuel. ¿Y qué, tú eres chino de China, Luis? ¿Tú sabes hablar en chino?

El Chino: No, señora; mi padre es chino, per yo no soy chino. Yo soy cubano, y mi mamá también.

El Hijo: ¡Mamá! ¡Mamá! *(señalando al chino)* El padre de éste tenía una fonda, y la vendió.

La Madre: ¿Sí? ¿Y cómo lo sabes tú, Rafaelito?

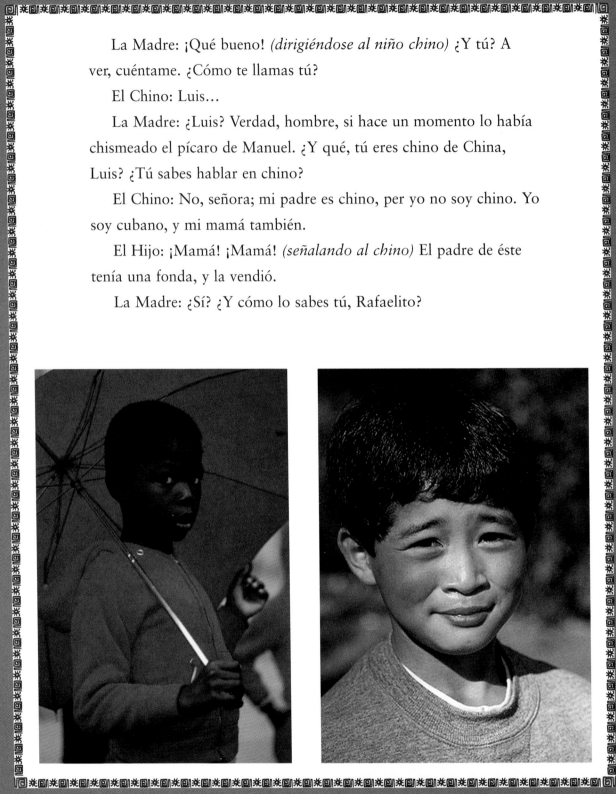

El Hijo *(señalando al chino):* Porque éste me lo dijo. ¿No es verdad, Luis?

El Chino: Verdad, yo se lo dije, porque mamá me lo contó.

La Madre: Bueno, a jugar, pero sin pleitos, ¿eh? No quiero disputas. Tú, Rafael, no te cojas los soldados para ti solo, y dales a ellos también…

El Hijo: Sí, mamá, si ya se los repartí. Tocamos a seis cada uno. Ahora vamos a hacer una parada, porque los soldados se marchan a la guerra.

La Madre: Bueno, en paz, y no me llames, porque estoy por allá dentro… *(Vase.)*

SEGUNDA PARTE

Los niños, solos, hablan mientras juegan con sus soldaditos.

El Hijo: Estos soldados me los regaló un capitán que vive ahí enfrente. Me los dio el día de mi santo.

El Negro: Yo nunca he tenido soldaditos como los tuyos. Oye: ¿no te fijas en que todos son iguales?

El Judío: ¡Claro! Porque son de plomo. Pero los soldados de verdad...

El Hijo: ¿Qué?

El Judío: ¡Pues que son distintos! Unos son altos y otros más pequeños. ¿Tú no ves que son hombres?

El Negro: Sí, señor; los hombres son distintos. Unos son grandes, como éste dice, y otros son más chiquitos. Unos negros y otros blancos, y otros amarillos *(señalando al chino)* como éste... Mi maestra dijo en la clase el otro día que los negros son menos que los blancos... ¡A mí me dio una pena!

El Judío: Sí... También un alemán que tiene una botica en la calle de Compostela me dijo que yo era un perro, y que a todos los de mi raza los debían matar. Yo no lo conozco, ni nunca le hice nada. Y ni mi mamá ni mi papá tampoco... ¡Tenía más mal carácter!

El Chino: A mí me dijo también la maestra, que la raza amarilla era menos que la blanca... La blanca es la mejor.

El Hijo: Sí; yo lo leí en un libro que tengo; un libro de geografía. Pero dice mi mamá que eso es mentira; que todos los hombres y todos los niños son iguales. Yo no sé cómo va a ser, porque fíjate que ¿no ves? yo tengo la carne de un color, y tú *(Se dirige al chino.)* de otro, y tú *(Se dirige al negro.)* de otro, y tú *(Se dirige al judío.)* y tú. ¡Pues mira qué cosa! ¡Tú no, tú eres blanco igual que yo!

El Judío: Es verdad; pero dicen que como tengo la nariz, así un poco... no sé... un poco larga, pues que soy menos que otras gentes que la tienen más corta. ¡Un lío! Yo me fijo en los hombres y en otros muchachos por ahí, que también tienen la nariz larga, y nadie les dice nada...

El Chino: ¡Porque son cubanos!

El Negro *(dirigiéndose al chino)*: Sí... Tú también eres cubano, y tienes los ojos prendidos como los chinos.

El Chino: ¡Porque mi padre era chino, animal!

El Negro: ¡Pues entonces tú no eres cubano! ¡Y no tienes que decirme animal! ¡Vete para Cantón!

El Chino: ¡Y tú vete para África, negro!

El Hijo: ¡No griten, que viene mamá, y luego nos va a pelear!

El Judío: ¿Pero tú no ves que este negro le dijo chino?

El Negro: ¡Cállate, tú, judío, perro, que tu padre es zapatero y tu familia…

El Judío: Y tú, carbón de piedra, y tú, mono, y tú… *(Todos se enredan a golpes, con gran escándalo. Aparece la madre corriendo.)*

TERCERA PARTE

La Madre: ¡Pero qué es eso! ¿Se han vuelto locos? ¡A ver, Rafaelito, ven aquí! ¿Qué es lo que pasa?

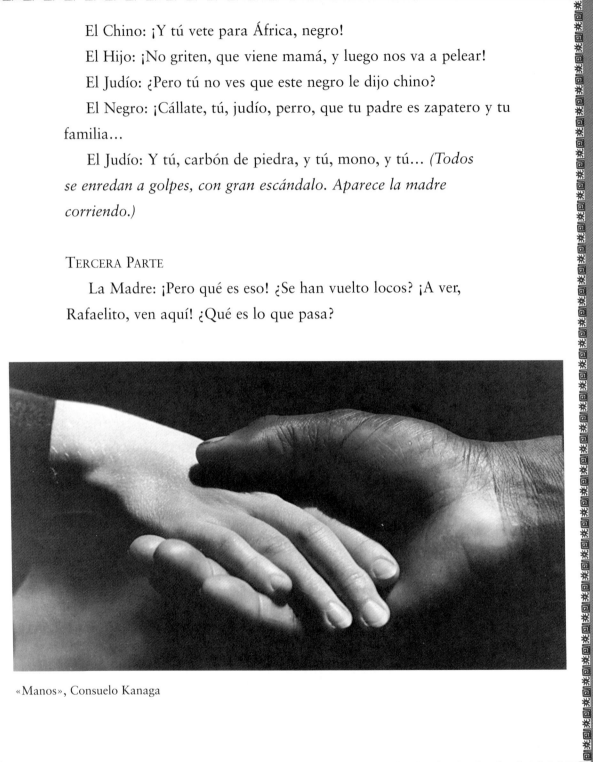

«Manos», Consuelo Kanaga

El Hijo: Nada, mamá, que se pelearon por el color…

La Madre: ¿Cómo por el color? No te entiendo…

El Hijo: Sí, te digo que por el color, mamá…

El Chino *(señalando al negro):* ¡Señora, porque éste me dijo chino, y que me fuera para Cantón!

El Negro: Sí, y tú me dijiste negro, y que me fuera para África…

La Madre *(riendo):* ¡Pero hombre! ¿Será posible? ¡Si todos son lo mismo!

El Judío: No, señora; yo no soy igual a un negro…

El Hijo: ¿Tú ves, mamá, como es por el color?…

El Negro: Yo no soy igual a un chino.

El Chino: ¡Míralo! ¡Ni yo quiero ser igual a ti!

El Hijo: ¿Tú ves, mamá, tú ves?

La Madre *(autoritariamente):* ¡Silencio! ¡Sentarse y escuchar!

(Los niños obedecen, sentándose en el suelo, próximos a la madre, que comienza:)

La sangre es un mar inmenso
que baña todas la playas…
Sobre sangre van los hombres,
navegando en sus barcazas:
reman, que reman, que reman,
¡nunca de remar descansan!
Al negro de negra piel
la sangre el cuerpo le baña;
la misma sangre, corriendo,
hierve bajo carne blanca.
¿Quién vio la carne amarilla,

cuando las venas estallan,

sangrar sino con la roja

sangre con que todos sangran?

¡Ay del que separa niños,

porque a los hombres separa!

El sol sale cada día,

va tocando en cada casa,

da un golpe con su bastón,

y suelta una carcajada…

¡Que salga la vida al sol,

de donde tantos la aguardan,

y veréis cómo la vida

corre de sol empapada!

La vida saltando,

la vida suelta y sin vallas,

vida de la carne negra,

vida de la carne blanca,

y de la carne amarilla,

con sus sangres desplegadas…

(Los niños, fascinados, se van levantando, y rodean a la madre, que los abraza formando un grupo con ellos, pegados a su alrededor. Continúa:)

Sobre sangre van los hombres

navegando en sus barcazas:

reman, que reman, que reman,

¡nunca de remar descansan!

Ay de quien no tenga sangre,

porque de remar acaba,

y si acaba de remar,

dan con su cuerpo en la playa,

un cuerpo seco y vacío,

un cuerpo roto y sin alma,

¡un cuerpo roto y sin alma!

E. **Resumir y reflexionar.** Decide si las siguientes afirmaciones son probables (P) o improbables (I) a base de la historia. Si no hay bastante información en la historia, responde FI (falta información).

1. _____ La ciudad donde viven los niños está dividida en barrios étnicos.

2. _____ Los muchachos han aprendido los insultos raciales de los adultos a su alrededor.

3. _____ Los padres del niño negro inmigraron de África.

4. _____ En Cuba existen problemas raciales similares a los que tenemos en los Estados Unidos.

5. _____ Hubo una gran ola de inmigrantes chinos que llegaron a Cuba desde el Cantón.

Conozcamos al autor

NICOLÁS GUILLÉN

Nicolás Guillén nació en Cuba en 1902 de sangre española y africana. Fiel a los ideales comunistas de joven, se instaló en París, pero volvió a su tierra natal tras el triunfo de Fidel Castro. Sus temas preferidos tratan temas sociales, sobre todo el entendimiento racial y la igualdad entre todas las personas.

La poesía de Guillén combina el folklore negro del Caribe y el romance castellano para definir la literatura afrocubana. Destaca el ritmo de su lenguaje, el uso del habla local y su maestría de la técnica poética. Entre sus obras más importantes destacan *Motivos del son* (1930) y *Sóngoro cosongo* (1931).

Nicolás Guillén murió en 1989.

AMPLIEMOS NUESTRA COMPRENSIÓN

F. **Completa y comparte.** Ahora que has terminado la lectura, regresa al cuadro anticipatorio del ejercicio C y completa la segunda columna. Comparte tus respuestas con un(a) compañero(a).

G. **Análisis del tema.**

- Lee otra vez la definición de «tema» de una obra literaria (página 90).
- Cópiala en tu cuaderno.

H. **Tres en turno.** Comparte oralmente con la clase tu respuesta a la siguiente pregunta: ¿Cuál es el mensaje que el autor de esta historia nos quiere comunicar?

I. **Afiche colaborativo.** Después de llegar a un consenso, en grupos preparen un cartelón ilustrando el tema de esta historia.

- Pongan un título.
- Hagan una ilustración.
- Escojan una cita del texto para explicar su ilustración.

¡Ojo! Recuerden que las citas se escriben entre comillas.

EXPLOREMOS EL LENGUAJE

EL ADJETIVO

Aprendimos en la Lección 1 de esta unidad que los sustantivos son palabras que sirven para nombrar a personas, lugares, cosas y conceptos. El sustantivo es una parte del lenguaje; por tanto, el sustantivo es común a todos los idiomas. También existen palabras en todas las lenguas para describir a personas, lugares, cosas y conceptos. En español estas palabras se llaman **adjetivos calificativos.**

La colocación de los sustantivos y los adjetivos calificativos varía de un idioma a otro. En español normalmente se coloca el adjetivo calificativo detrás del sustantivo, pero algunas veces se coloca delante.

J. Deducción lingüística. Lee las siguientes citas de «Poema con niños» y formula una regla sobre la colocación de los sustantivos y los adjetivos calificativos en español.

- «No sé cómo hay madres **despreocupadas,** que dejan a sus hijos solos todo el día por esos mundos de Dios».
- «¡Tenía más **mal** carácter!»
- «Tú también eres cubano, y tiene los ojos **prendidos** como los chinos».
- «Al negro de **negra** piel...»

Regla: Sustantivos y adjetivos calificativos. Se coloca el adjetivo descriptivo delante del **sustantivo** cuando se quiere dar énfasis...

_____.

En español contamos con otro tipo de adjetivo: los **adjetivos determinativos.** Tal como indica el nombre, los **adjetivos determinativos** determinan, o sea, fijan la persona, cosa, lugar o concepto a que se refiere.

- «La madre, sentada, hace labor, mientras a **su** lado, ellos juegan con **unos** soldaditos de plomo».
- «**Estos** soldados me los regaló un capitán que vive ahí enfrente. Me los dio el día de **mi** santo».
- «¿Pero tú no ves que **este** negro le dijo chino?»

CREEMOS LITERATURA

K. Tú eres el crítico. Cuando tu maestro(a) haya colgado los afiches colaborativos que hicieron en el ejercicio *I*, escoge uno que no sea el de tu grupo y escribe un análisis crítico. Puedes utilizar el siguiente esquema para tu ensayo.

Párrafo 1: Empieza con una explicación del propósito de tu ensayo incluyendo el título del afiche. Describe el dibujo y la cita escogida por el grupo. Explica por qué o por qué no crees que el cartelón y la cita ilustran (no ilustran) el tema de la historia.

Párrafo 2: Describe dos puntos fuertes del afiche.

Párrafo 3: Ofrece dos sugerencias para mejorar el afiche.

Párrafo 4: Conclusión. Resume tus ideas expresadas en los tres párrafos anteriores utilizando palabras diferentes. Termina con una expresión de apoyo por el esfuerzo de tus compañeros.

L. Una carta de protesta. Los chicos de «Poema con niños» hacen varias referencias a adultos de su comunidad con prejuicios raciales, como el boticario de la calle Compostela y la maestra del niño negro. Escribe una carta a uno de estos adultos protestando el mal ejemplo que dan a los jóvenes con quienes tienen contacto regularmente.

LECCIÓN 5

Los chicos

Alistémonos para leer

En el cuento «Los chicos» la escritora española Ana María Matute nos muestra un ejemplo de la discriminación de clases sociales.

A. **Diagrama espina.** Piensa por un momento en la siguiente pregunta y luego copia y llena el diagrama que sigue: ¿Cuáles son las causas por las cuales se discrimina a otros?

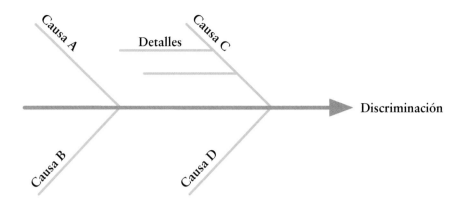

B. **Solución de un problema.** El (La) maestro(a) le entregará a cada grupo una tarjeta donde está escrito un caso de discriminación que ha sucedido en la vida real. Cada grupo tendrá un caso diferente. En grupos, discutan el caso y lleguen a un consenso sobre cuál sería la solución más acertada al problema. Expliquen las razones de su decisión. Luego presenten a la clase sus conclusiones.

VOCABULARIO CLAVE DEL TEXTO

Familiarízate con el vocabulario clave del texto según las indicaciones de tu maestro(a).

alquilar   andrajos
audaz   chabola
fanfarrón   harapiento
opaco   pavor
sigilo

LEAMOS ACTIVAMENTE

C. Cuadro de personajes.

■ Copia el siguiente cuadro en tu cuaderno.

■ A medida que vayas leyendo o escuchando el cuento, anota los puntos importantes en los apartados correspondientes.

	Los chicos	El grupo de la narradora
Apariencia física		
Familia		
Vivienda		
Acciones		

Los chicos

Ana María Matute

Eran sólo cinco o seis, pero así, en grupo, viniendo carretera adelante, se nos antojaban quince o veinte. Llegaban casi siempre a las horas achicharradas de la siesta, cuando el sol caía de plano contra el polvo y la grava desportillada de la carretera vieja, por donde ya no circulaban camiones ni carros, ni vehículo alguno. Llegaban entre una nube de polvo, que levantaban sus pies, como las pezuñas de caballos. Los veíamos llegar y el corazón nos latía de prisa. Alguien, en voz baja, decía: «¡Que vienen los chicos...!» Por lo general, nos escondíamos para tirarles piedras, o huíamos.

Porque nosotros temíamos a los chicos como al diablo. En realidad, eran una de las mil formas del diablo, a nuestro entender. Los chicos harapientos, malvados, con los ojos oscuros y brillantes como cabezas de alfiler negro. Los chicos descalzos y callosos, que tiraban piedras de largo alcance, con gran puntería, de golpe más seco y duro que las nuestras. Los que hablaban un idioma entrecortado, desconocido, de palabras como pequeños latigazos, de risas como salpicaduras de barro. En casa nos tenían prohibido terminantemente entablar relación alguna con esos chicos. En realidad, nos tenían prohibido salir del prado, bajo ningún pretexto. (Aunque nada había tan tentador, a nuestros ojos, como saltar el muro de piedras y bajar al río que, al otro lado, huía verde y oro, entre los juncos y los chopos.) Más allá, pasaba la carretera vieja, por donde llegaban casi siempre aquellos chicos distintos, prohibidos.

Los chicos vivían en los alrededores del Destacamento Penal. Eran los hijos de los presos del Campo, que redimían sus penas en la obra del pantano. Entre sus madres y ellos habían construido una extraña aldea de chabolas y cuevas, adosadas a las rocas, porque no se podían pagar el alojamiento en la aldea, donde, por otra parte, tampoco eran deseados. «Gentuza, ladrones, asesinos…», decían las gentes del lugar. Nadie les hubiera alquilado una habitación. Y tenían que estar allí. Aquellas mujeres y aquellos niños seguían a sus presos, porque de esta manera vivían del jornal que, por su trabajo, ganaban los penados.

Para nosotros, los chicos eran el terror. Nos insultaban, nos apedreaban, deshacían nuestros huertecillos de piedra y nuestros juguetes, si los pillaban sus manos. Nosotros los teníamos por seres de otra raza, mitad monos, mitad diablos. Sólo de verlos nos venía un temblor grande, aunque quisiéramos disimularlo.

El hijo mayor del administrador era un muchacho de unos trece años, alto y robusto, que estudiaba el bachillerato en la ciudad. Aquel verano vino a casa de vacaciones, y desde el primer día capitaneó nuestros juegos. Se llamaba Efrén y tenía unos puños rojizos, pesados como mazas, que imponían un gran respeto. Como era mucho mayor que nosotros, audaz y fanfarrón, le seguíamos a donde él quisiera.

El primer día que aparecieron los chicos de las chabolas, en tropel, con su nube de polvo, Efrén se sorprendió de que echáramos a correr y saltáramos el muro en busca de refugio.

—Sois cobardes —nos dijo—. ¡Esos son pequeños!

No hubo forma de convencerle de que eran otra cosa: de que eran algo así como el espíritu del mal.

—Bobadas —dijo. Y sonrió con una manera torcida y particular, que nos llenó de admiración.

Al día siguiente, cuando la hora de la siesta, Efrén se escondió entre los juncos del río. Nosotros esperábamos, ocultos detrás del muro, con el corazón en la garganta. Algo había en el aire que nos llenaba de pavor. (Recuerdo que yo mordía la cadenilla de la medalla y que sentía en el paladar un gusto de metal raramente frío. Y se oía el canto crujiente de las cigarras entre la hierba del prado.) Echados en el suelo, el corazón nos golpeaba contra la tierra.

Al llegar, los chicos escudriñaron hacia el río, por ver si estábamos buscando ranas, como solíamos. Y para provocarnos empezaron a silbar y a reír de aquella forma de siempre, opaca y humillante. Ése era su juego: llamarnos, sabiendo que no apareceríamos. Nosotros seguimos ocultos y en silencio. Al fin, los chicos abandonaron su idea y volvieron al camino, trepando terraplén arriba. Nosotros estábamos anhelantes y sorprendidos, pues no sabíamos lo que Efrén quería hacer.

Mi hermano mayor se incorporó a mirar por entre las piedras y nosotros le imitamos. Vimos entonces a Efrén deslizarse entre los juncos como una gran culebra. Con sigilo trepó hacia el terraplén, por donde subía el último de los chicos, y se le echó encima.

Con la sorpresa, el chico se dejó atrapar. Los otros ya habían llegado a la carretera y cogieron piedras, gritando. Yo sentí un gran temblor en las rodillas, y mordí con fuerza la medalla. Pero Efrén no se dejó intimidar. Era mucho mayor y más fuerte que aquel diablillo negruzco que retenía en sus brazos, y echó a correr arrastrando a su prisionero hacia el refugio del prado, donde le aguardábamos. Las piedras caían a su alrededor y en el río, salpicando de agua aquella hora abrasada. Pero Efrén saltó ágilmente sobre las pasaderas, y arrastrando al chico, que se revolvía furiosamente, abrió la empalizada y entró con él en el prado. Al verlo perdido, los chicos de la carretera dieron media vuelta y echaron a correr, como gazapos, hacia sus chabolas.

Sólo de pensar que Efrén traía a una de aquellas furias, y estoy segura de que mis hermanos sintieron el mismo pavor que yo. Nos arrimamos al muro, con la espalda pegada a él, y un gran frío nos subía por la garganta.

Efrén arrastró al chico unos metros, delante de nosotros. El chico se revolvía desesperado e intentaba morderle las piernas, pero Efrén levantó su puño enorme y rojizo, y empezó a golpearle la cara, la cabeza y la espalda. Una y otra vez, el puño de Efrén caía, con un ruido opaco. El sol brillaba de un modo espeso y grande, sobre la hierba y la tierra. Había un gran silencio. Sólo oíamos el jadeo del chico, los golpes de Efrén y el fragor del río, dulce y fresco, indiferente, a nuestras espaldas. El canto de las cigarras parecía haberse detenido. Como todas las voces.

Efrén estuvo mucho rato golpeando al chico con su gran puño. El chico, poco a poco, fue cediendo. Al fin, cayó al suelo de rodillas, con las manos apoyadas en la hierba. Tenía la carne oscura, del color del barro seco, y el pelo muy largo, de un rubio mezclado de vetas negras, como quemado por el sol. No decía nada y se quedó así, de rodillas. Luego, cayó contra la hierba, pero levantando la cabeza, para no desfallecer del todo. Mi hermano mayor se acercó despacio, y luego nosotros.

Parecía mentira lo pequeño y lo delgado que era. «Por la carretera parecían mucho más altos», pensé. Efrén estaba de pie a su lado, con sus grandes y macizas piernas separadas, los pies calzados con gruesas botas de ante. ¡Qué enorme y brutal parecía Efrén en aquel momento!

—¿No tienes aún bastante? —dijo en voz muy baja, sonriendo. Sus dientes, con los colmillos salientes, brillaron al sol—. Toma, toma…

Le dio con la bota en la espalda. Mi hermano mayor retrocedió un paso y me pisó. Pero yo no podía moverme: estaba como clavada en el suelo. El chico se llevó la mano a la nariz. Sangraba, no se sabía si de la boca o de dónde.

Efrén nos miró.

—Vamos —dijo—. Éste ya tiene lo suyo.

Y le dio con el pie otra vez.

—¡Lárgate, puerco! ¡Lárgate en seguida!

Efrén se volvió, grande y pesado, despacioso, hacia la casa. Muy seguro de que le seguíamos.

Mis hermanos, como de mala gana, como asustados, le obedecieron. Sólo yo no podía moverme, no podía, del lado del chico. De pronto, algo raro ocurrió dentro de mí. El chico estaba allí, tratando de incorporarse, tosiendo. No lloraba. Tenía los ojos muy achicados, y su nariz, ancha y aplastada, vibraba extrañamente.

Estaba manchado de sangre. Por la barbilla le caía la sangre, que empapaba sus andrajos y la hierba.

Súbitamente me miró. Y vi sus ojos de pupilas redondas, que no eran negras sino de un pálido color de topacio, transparentes, donde el sol se metía y se volvía de oro. Bajé los míos, llena de una vergüenza dolorida.

El chico se puso en pie, despacio. Se debió herir en una pierna, cuando Efrén lo arrastró, porque iba cojeando hacia la empalizada. No me atreví a mirar su espalda, renegrida y desnuda entre los desgarrones. Sentí ganas de llorar, no sabía exactamente por qué. Únicamente supe decirme: «Si sólo era un niño. Si era nada más que un niño, como otro cualquiera».

Conozcamos a la autora

ANA MARÍA MATUTE

Ana María Matute figura entre las escritoras españolas más importantes de las letras femeninas hispanas. Nacida en Barcelona en 1926, pasó los años de su infancia entre la Ciudad Condal y Mancilla de la Sierra, donde estuvo largas temporadas con sus abuelos maternos. Sus experiencias infantiles, sobre todo la horrible vivencia de la Guerra Civil española de 1936–1939, se ven vívidamente reflejadas en su narrativa.

La mayoría de la obra matutiana se centra en el mundo infantil. Los niños y los adolescentes de su obra generalmente se encuentran marginados por razones de su condición física, social o familiar. Entre las obras más conocidas de Matute se incluyen *Primera memoria* (1959) por el cual fue concedida el Premio Nadal, *Los chicos, Historias de la Altamira, Los soldados lloran de noche* y *Fiesta al Noroeste*.

Ana María Matute fue incorporada a la Real Academia de la Lengua Española en 1995. Vive actualmente en París y Barcelona.

AMPLIEMOS NUESTRA COMPRENSIÓN

D. Red literaria.

- Repasa los elementos narrativos en los **Apuntes literarios**, páginas 90–91.

- Completa la siguiente red literaria con los elementos narrativos de «Los chicos».

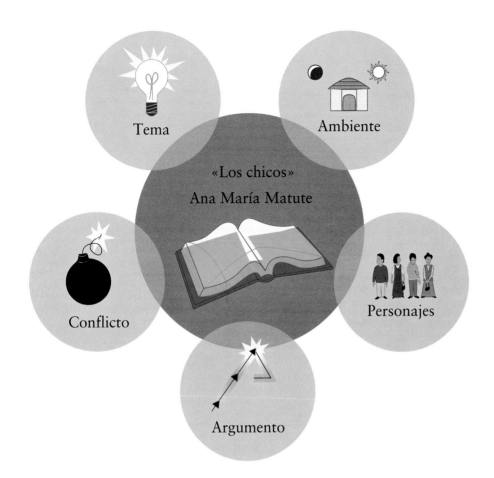

Tema

Ambiente

«Los chicos»
Ana María Matute

Conflicto

Personajes

Argumento

E. **Análisis del punto de vista.** «Los chicos» está narrado desde el punto de vista de la niña que acompaña a los chicos ricos del pueblo. ¿Crees que la historia sería diferente si la contara otro personaje, por ejemplo, Efrén o uno de los hijos de los penados? Con dos o tres compañeros, examinen las posibilidades diferentes.

F. **Diálogo colaborativo.** En grupos van a escribir un diálogo tomando el punto de vista que les asigne el (la) maestro(a). Unos van a escribir un diálogo entre los chicos del pueblo y otros van a escribir el diálogo que pudo ocurrir entre los hijos de los penados. Cualquiera que sea el punto de vista que les toque, pónganse en el puesto de los personajes y presenten los hechos como los hubieran contado ellos.

EXPLOREMOS EL LENGUAJE

LA CONCORDANCIA

Concordar quiere decir coincidir o conformar. En la gramática española, la **concordancia** se refiere a la conformidad entre ciertas palabras en cuanto al género y al número, o sea, masculino/femenino y singular/plural. Los adjetivos y los artículos tienen que **concordar** con los sustantivos que modifican.

> **MODELO:** *chicos*
>
> *género: masculino*
>
> *número: plural (se refiere a dos muchachos o más)*

Cuando Matute se refiere a los muchachos, usa el artículo masculino plural (**los**) y todos los adjetivos también: harapientos, malvados, descalzos, callosos, etcétera.

G. **Aplicación.** Completa estas oraciones con las palabras apropiadas según las instrucciones entre paréntesis.

> **MODELO:** <u>Los</u> *chicos, según la niña, tiraban piedras*
> (artículo)
>
> *de* <u>largo alcance</u> ...
> (adjetivo calificativo/sustantivo)

1. _____ chicos eran hijos de _____
   (adjetivo determinativo)   (sustantivo)

   _____ que vivían en _____ cerca del
   (adjetivo calificativo)   (sustantivo)

   penal.

2. Con _____ _____ de Efrén al pueblo, cambió
   (artículo definido) (sustantivo)

   _____ suerte de los chicos _____.
   (artículo definido)   (adjetivo calificativo)

3. Efrén era _____ muchacho _____ y pudo
   (artículo indefinido)   (adjetivo calificativo)

   hacerle _____ al chico.
   (sustantivo)

4. Con _____ palabras termina _____ historia:
   (adjetivo determinativo)   (artículo definido)

   «Si era nada más que _____ niño, como
                              (artículo indefinido)

   _____ cualquiera».
   (adjetivo determinante)

CREEMOS LITERATURA

H. **Cápsula histórica.** Una cápsula histórica es una caja u otro tipo de recipiente en el cual se guarda alguna cosa propia de los tiempos en que se vive. El recipiente se entierra en algún sitio para que sea descubierto en el futuro. Si fueras a meter una copia de «Los chicos» en una cápsula histórica, ¿cuál sería la explicación que incluirías con ella?

- Escribe una carta a los futuros desenterradores de la cápsula histórica.

- Explica por qué la historia «Los chicos» representa algunos de los problemas y las frustraciones de la humanidad del siglo XX.

- Justifica tus razones con ejemplos concretos de la historia.

I. **Otra versión de «Los chicos».** En el ejercicio *E* hiciste un análisis del punto de vista que después se ilustró en el diálogo colaborativo de los grupos. Elige uno de esos puntos de vista y cuenta la historia de «Los chicos» de nuevo.

- Cambia el título según el punto de vista del personaje elegido.

- Recuerda que el único elemento de la narrativa que debes cambiar es el punto de vista.

- Utiliza la red literaria para recordar los otros elementos de la narrativa.

CONCLUSIÓN DE LA UNIDAD

La solidaridad con las personas a nuestro alrededor forma la base de nuestra vida en comunidad. A través de la literatura vemos reflejadas las angustias y las alegrías que constituyen la convivencia humana.

SÍNTESIS Y CONEXIÓN DE CONCEPTOS

A. Diario de doble entrada. Haz un repaso mental de las obras presentadas en esta unidad.

- Escoge la lectura que más te haya impresionado.
- Dibuja un diario de doble entrada.
- En la columna de la izquierda anota el problema presentado en la lectura.
- En la columna de la derecha, anota tus reacciones, sentimientos, opiniones, sugerencias de solución, etcétera.

B. Carta a un personaje. Escribe una carta a un personaje de uno de los cuentos de esta unidad.

- En tu carta le dirás lo que piensas de su situación, si estás de acuerdo con sus acciones, o puedes decirle cómo habrías reaccionado tú en su lugar.
- Comparte alguna experiencia similar que tú hayas tenido.

MÁS HORIZONTES CREATIVOS

C. Carta de bienvenida a la comunidad escolar.

Además de la comunidad geográfica, étnica o racial a la que pertenecemos, los estudiantes y los maestros también vivimos en la comunidad de la escuela. En nuestra comunidad escolar tenemos alegrías y problemas similares a los de la sociedad en general.

Todos hemos sido nuevos estudiantes en una escuela y para todos ha sido una experiencia memorable, sea por buenos recuerdos o malos. Seguramente te acuerdas de experiencias tuyas como nuevo(a) estudiante. Escribe sobre ellas en tu diario o en una hoja aparte.

Incorporarse a una comunidad escolar desconocida resulta difícil para todos, pero más aún para los que han tenido que entrar como estudiante nuevo en una escuela donde la lengua principal no es la suya. Como miembros establecidos de esta comunidad, ¿qué podemos hacer para acomodar a los recién llegados? ¿Cómo podemos participar activamente para que sus recuerdos de los primeros días en su nueva escuela sean lo más agradables posibles?

Vas a escribir una carta de bienvenida a un nuevo estudiante de habla hispana a tu escuela siguiendo los pasos de la escritura.

Paso 1: La pre-escritura.

Lee lo que has escrito en tu diario sobre tus propias experiencias como nuevo(a) estudiante. Después completa el cuadro.

Lo que yo no sabía	
Lo que habría querido saber	
Lo que necesita saber un nuevo estudiante a nuestra escuela	

Paso 2: El borrador. Escribe el borrador incluyendo lo siguiente.

1. Introducción:
   a. Dale la bienvenida al nuevo estudiante.
   b. Preséntate como autor(a) de la carta y compañero(a) comunitario(a).
   c. Explica la propuesta (el porqué) de tu carta.
2. Parte principal. Incluye en tres párrafos separados:
   a. una descripción positiva de la comunidad escolar;
   b. información sobre tres aspectos de la vida de la escuela que debe saber (utiliza el cuadro de pre-escritura).
3. Conclusión. Ofrece tu ayuda, invitándole quizás a almorzar contigo y tus amigos, o a llevarle a dar una vuelta por la escuela para que conozca mejor el edificio y el plano.
4. Firma la carta.

Paso 3: La revisión del manuscrito.

1. La revisión del contenido. Intercambia tu carta con tu compañero(a) y revisa su trabajo contestando las siguientes preguntas en una hoja aparte.
   a. Si fueras un(a) nuevo(a) estudiante, ¿te agradaría recibir esta carta? ¿Por qué o por qué no?
   b. ¿Piensas que detalla adecuadamente tres aspectos principales de la vida armoniosa dentro de tu comunidad escolar? Explica tu respuesta.
   c. ¿Cuáles son los tres puntos más fuertes de la carta? Explica tu respuesta.
   d. ¿Cuáles son los dos puntos más débiles? Escribe una sugerencia para mejorar cada uno de ellos.
2. La revisión mecánica. Ahora, utilizando el siguiente criterio, revisa tu trabajo.
   a. ¿Tiene introducción, parte principal y conclusión?
   b. ¿Has organizado tus ideas en párrafos?

c. ¿Estás seguro(a) de que todas las palabras están escritas correctamente?

d. ¿Son apropiados los registros lingüísticos que has empleado?

Paso 4: La copia final. Escribe tu copia final utilizando las sugerencias de tu compañero(a).

Paso 5: La publicación. Una vez que estés contento(a) con tu carta, prepara la copia para publicación en la computadora. Haz una copia de tu carta para dar a la oficina de consejeros para que puedan hacer copias y distribuirlas a los nuevos estudiantes de habla hispana que lleguen a la escuela. Puedes guardar otra copia en tu portafolio o en un disquete.

«Fraternidad», Diego Rivera

UNIDAD 3

La experiencia migrante

En todas las épocas el hombre ha emprendido largas y peligrosas travesías en busca de mejores condiciones de vida. Algunos migrantes alcanzan al final de su camino esa tierra prometida donde forjarse un futuro mejor para sí y para los suyos, otros nunca lo logran. En ambos casos, todos han tenido que sufrir dolorosas experiencias que quedan grabadas en la memoria para siempre.

«El reto», David Álfaro Siqueiros

LECCIÓN 1

Cajas de cartón

ALISTÉMONOS PARA LEER

El protagonista del cuento «Cajas de cartón» de Francisco Jiménez sufre muy temprano en su vida la dolorosa experiencia de tener que renunciar a sus sueños.

A. Piensa, anota y comparte.

- Piensa en una experiencia en tu vida en que tuviste que abandonar algo o a alguien.

- Escribe durante cinco minutos sobre esa experiencia. ¿Cómo te sentiste?

- Comparte lo que has escrito con tu compañero(a).

B. Trabajo de equipo.
El cuento que van a leer se titula «Cajas de cartón». En grupos, anoten tres ideas de lo que se imaginan que va a tratar el cuento.

C. Ideas novedosas solamente.
Los grupos compartirán con la clase evitando repetir ideas que ya hayan sido expresadas por otros grupos.

VOCABULARIO CLAVE DEL TEXTO

Familiarízate con el vocabulario clave del texto según las indicaciones de tu maestro(a).

bracero   comején
disminuir   instintivamente
magullado   muchedumbre
roer   surco
pupitre

LEAMOS ACTIVAMENTE

D. Lectura oral.
Vas a leer la primera parte del cuento en voz alta bajo la dirección del (de la) maestro(a).

E. Diagrama T.

- Copia el diagrama T en tu cuaderno.
- Mientras lees el cuento, haz anotaciones personales que se te ocurran a lo largo de la lectura.

Recuerdos míos que surgen con el texto	Preguntas que se me ocurren
MODELO: *Mi familia también ha tenido que cambiar de casa muchas veces. Siempre es una experiencia difícil.*	*¿Cuánto tiempo hará que vinieron de México?*

Cajas de cartón

Francisco Jiménez

PRIMERA PARTE

Era a fines de agosto. Ito, el contratista, ya no sonreía. Era natural. La cosecha de fresas terminaba, y los trabajadores, casi todos braceros, no recogían tantas cajas de fresas como en los meses de junio y julio.

Cada día el número de braceros disminuía. El domingo sólo uno —el mejor pizcador— vino a trabajar. A mí me caía bien. A veces hablábamos durante nuestra media hora de almuerzo. Así es como aprendí que era de Jalisco, de mi tierra natal. Ese domingo fue la última vez que lo vi.

Cuando el sol se escondía detrás de las montañas, Ito nos señaló que era hora de ir a casa. «Ya es horra», gritó en su español mocho. Ésas eran las palabras que yo ansiosamente esperaba doce horas al día, todos los días, siete días a la semana, semana tras semana, y el pensar que no las volvería a oír me entristeció.

Por el camino rumbo a casa, Papá no dijo una palabra. Con las dos manos en el volante miraba fijamente hacia el camino. Roberto, mi hermano mayor, también estaba callado. Echó para atrás la cabeza y cerró los ojos. El polvo que entraba de fuera lo hacía toser repetidamente.

Era a fines de agosto. Al abrir la puerta de nuestra chocita, me detuve. Vi que todo lo que nos pertenecía estaba empacado en cajas de cartón. De repente sentí aún más el peso de las horas, los días, las semanas, los meses de trabajo. Me senté sobre una caja, y se me

«Nuestro pan diario», Ramón Frades

llenaron los ojos de lágrimas al pensar que teníamos que mudarnos a Fresno.

Esa noche no pude dormir, y un poco antes de las cinco de la madrugada Papá, que a la cuenta tampoco había pegado los ojos en toda la noche, nos levantó. A los pocos minutos los gritos alegres de mis hermanitos, para quienes la mudanza era una gran aventura, rompieron el silencio del amanecer. Los ladridos de los perros pronto los acompañaron.

Mientras empacábamos los trastes del desayuno, Papá salió para encender la «Carcanchita». Ése era el nombre que Papá le puso a su viejo Plymouth negro del año '38. Lo compró en una agencia de carros usados en Santa Rosa en el invierno de 1949. Papá estaba muy orgulloso de su carro. «Mi carcanchita» lo llamaba cariñosamente. Tenía derecho a sentirse así. Antes de comprarlo, pasó mucho tiempo mirando otros carros. Cuando al fin escogió la «Carcanchita», la examinó palmo a palmo. Escuchó el motor, inclinando la cabeza de lado a lado como un perico, tratando de detectar cualquier ruido que pudiera indicar problemas mecánicos. Después de satisfacerse con la apariencia y los sonidos del carro, Papá insistió en saber quién había sido el dueño. Nunca lo supo, pero compró el carro de todas maneras. Papá pensó que el dueño debía haber sido alguien importante porque en el asiento de atrás encontró una corbata azul.

Papá estacionó el carro enfrente a la choza y dejó andando el motor. «Listo», gritó. Sin decir palabra, Roberto y yo comenzamos a acarrear las cajas de cartón al carro. Roberto cargó las dos más grandes, y yo las más chicas. Papá luego cargó el colchón ancho sobre la capota del carro y lo amarró con lazos para que no se volara con el viento en el camino.

Todo estaba empacado menos la olla de Mamá. Era una olla vieja y galvanizada que había comprado en una tienda de segunda en Santa María el año que yo nací. La olla estaba llena de abolladuras y mellas, y mientras más abollada estaba, más le gustaba a Mamá. «Mi olla» la llamaba orgullosamente.

Sujeté abierta la puerta de la chocita mientras Mamá sacó cuidadosamente su olla, agarrándola por las dos asas para no derramar los frijoles cocidos. Cuando llegó al carro, Papá tendió las manos para ayudarle con ella. Roberto abrió la puerta posterior del carro y Papá puso la olla con mucho cuidado en el piso detrás del asiento. Todos subimos a la «Carcanchita». Papá suspiró, se limpió el sudor de la frente con las mangas de la camisa, y dijo con cansancio: «Es todo».

Mientras nos alejábamos, se me hizo un nudo en la garganta. Me volví y miré nuestra chocita por última vez.

Al ponerse el sol llegamos a un campo de trabajo cerca de Fresno. Ya que Papá no hablaba inglés, Mamá le preguntó al capataz si necesitaba más trabajadores. «No necesitamos a nadie», dijo él, rascándose la cabeza. «Pregúntele a Sullivan. Mire, siga este mismo camino hasta que llegue a una casa grande y blanca con una cerca alrededor. Allí vive él».

Cuando llegamos allí, Mamá se dirigió a la casa. Pasó por la cerca, por entre filas de rosales hasta llegar a la puerta. Tocó el timbre. Las luces del portal se encendieron y un hombre alto y fornido salió. Hablaron brevemente. Cuando el hombre entró en la casa, Mamá se apresuró hacia el carro. «¡Tenemos trabajo! El señor nos permitió quedarnos allí toda la temporada», dijo un poco sofocada de gusto y apuntando hacia un garaje viejo que estaba cerca de los establos.

El garaje estaba gastado por los años. Roídas de comejenes, las paredes apenas sostenían el techo agujereado. No tenía ventanas y el piso de tierra suelta ensabanaba todo de polvo.

Esa noche, a la luz de una lámpara de petróleo, desempacamos las cosas y empezamos a preparar la habitación para vivir. Roberto enérgicamente se puso a barrer el suelo, Papá llenó los agujeros de las paredes con periódicos viejos y con hojas de lata. Mamá les dio de comer a mis hermanitos. Papá y Roberto entonces trajeron el colchón y lo pusieron en una de las esquinas del garaje. «Viejita», dijo Papá, dirigiéndose a Mamá, «tú y los niños duerman en el colchón. Roberto, Panchito y yo dormiremos bajo los árboles».

Muy tempranito por la mañana al día siguiente, el señor Sullivan nos enseñó dónde estaba su cosecha y, después del desayuno, Papá, Roberto y yo nos fuimos a la viña a pizcar.

A eso de las nueve, la temperatura había subido hasta cerca de cien grados. Yo estaba empapado de sudor y mi boca estaba tan seca que parecía como si hubiera estado masticando un pañuelo. Fui al final del surco, cogí la jarra de agua que habíamos llevado y comencé a beber. «No tomes mucho; te vas a enfermar», me gritó Roberto. No había acabado de advertirme cuando sentí un gran dolor de estómago. Me caí de rodillas y la jarra se me deslizó de las manos.

Solamente podía oír el zumbido de los insectos. Poco a poco me empecé a recuperar. Me eché agua en la cara y el cuello y miré el lodo negro correr por los brazos y caer a la tierra que parecía hervir.

«Barrio Tokyo», Myrna Báez

Todavía me sentía mareado a la hora del almuerzo. Eran las dos de la tarde y nos sentamos bajo un árbol grande de nueces que estaba al lado del camino. Papá apuntó el número de cajas que habíamos pizcado. Roberto trazaba diseños en la tierra con un palito. De pronto vi palidecer a Papá que miraba hacia el camino. «Allá viene el camión de la escuela», susurró alarmado. Instintivamente, Roberto y yo corrimos a escondernos entre las viñas. El camión amarillo se paró frente a la casa del señor Sullivan. Dos niños muy limpiecitos y bien vestidos se apearon. Llevaban libros bajo sus brazos. Cruzaron la calle y el camión se alejó. Roberto y yo salimos de nuestro escondite y regresamos a donde estaba Papá. «Tienen que tener cuidado», nos advirtió.

Después del almuerzo volvimos a trabajar. El calor oliente y pesado, el zumbido de los insectos, el sudor y el polvo hicieron que la tarde pareciera una eternidad. Al fin las montañas que rodeaban el valle se tragaron el sol. Una hora después estaba demasiado oscuro para seguir trabajando. Las parras tapaban las uvas y era muy difícil ver los racimos. «Vámonos», dijo Papá señalándonos que era hora de irnos. Entonces tomó un lápiz y comenzó a figurar cuánto habíamos ganado ese primer día. Apuntó números, borró algunos, escribió más. Alzó la cabeza sin decir nada. Sus tristes ojos sumidos estaban humedecidos.

Cuando regresamos del trabajo, nos bañamos afuera con el agua fría bajo una manguera. Luego nos sentamos a la mesa hecha de cajones de madera y comimos con hambre la sopa de fideos, las papas y tortillas de harina blanca recién hechas. Después de cenar nos acostamos a dormir, listos para empezar a trabajar a la salida del sol.

Al día siguiente, cuando me desperté, me sentía magullado, me dolía todo el cuerpo. Apenas podía mover los brazos y las piernas. Todas las mañanas cuando me levantaba me pasaba lo mismo hasta que mis músculos se acostumbraron a ese trabajo.

Era lunes, la primera semana de noviembre. La temporada de uvas se había terminado y yo ya podía ir a la escuela. Me desperté temprano esa mañana y me quedé acostado mirando las estrellas y saboreando el pensamiento de no ir a trabajar y de empezar el sexto grado por primera vez ese año. Como no podía dormir, decidí levantarme y desayunar con Papá y Roberto. Me senté cabizbajo frente a mi hermano. No quería mirarlo porque sabía que él estaba triste. Él no asistiría a la escuela hoy, ni mañana, ni la próxima semana. No iría hasta que se acabara la temporada de algodón, y eso sería en febrero. Me froté las manos y miré la piel seca y manchada de ácido enrollarse y caer al suelo.

F. Diagrama «mente abierta».

■ Tu maestro(a) te entregará un diagrama «mente abierta», como el que aparece a continuación.

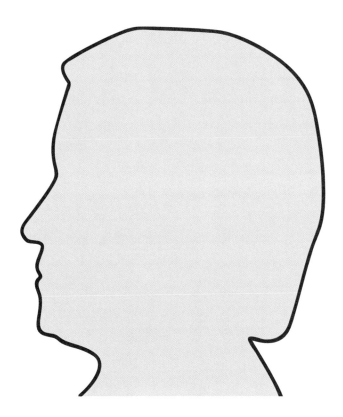

■ Dentro del diagrama vas a representar al personaje central de este cuento: ¿Qué está pensando? ¿Qué piensa de sí mismo? ¿Qué quiere? ¿Qué siente? ¿Cuáles son sus aspiraciones?, etc.

■ Puedes hacer esto por medio de dibujos, símbolos o palabras y frases sacadas de la historia.

■ Arriba del diagrama escribe el nombre del personaje.

G. Lectura silenciosa. Vas a leer la segunda parte del cuento silenciosamente.

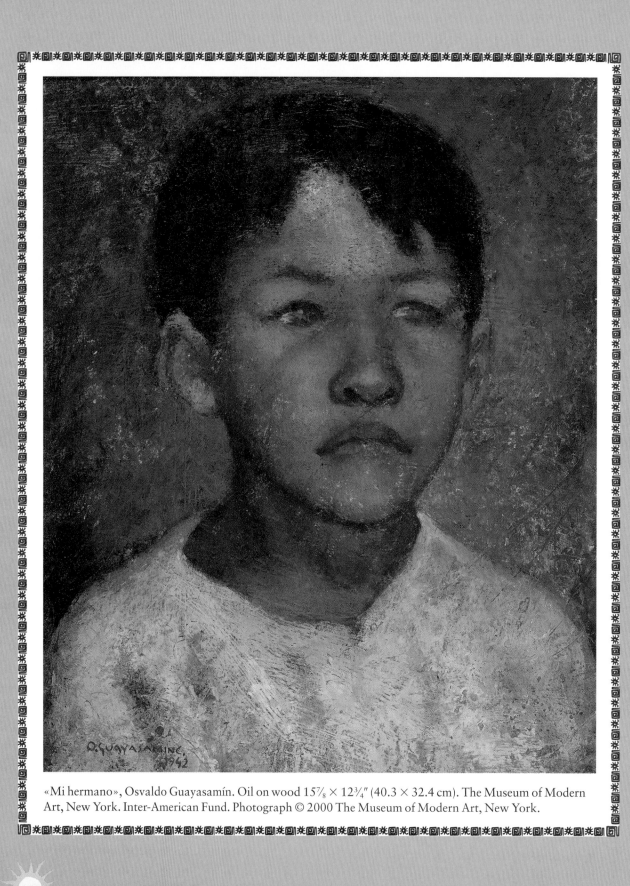

«Mi hermano», Osvaldo Guayasamín. Oil on wood 15⅞ × 12¾″ (40.3 × 32.4 cm). The Museum of Modern Art, New York. Inter-American Fund. Photograph © 2000 The Museum of Modern Art, New York.

Cuando Papá y Roberto se fueron a trabajar, sentí un gran alivio. Fui a la cima de una pendiente cerca de la choza y contemplé a la «Carcanchita» en su camino hasta que desapareció en una nube de polvo.

Dos horas más tarde, a eso de las ocho, esperaba el camión de la escuela. Por fin llegó. Subí y me senté en un asiento desocupado. Todos los niños se entretenían hablando o gritando.

Estaba nerviosísimo cuando el camión se paró delante de la escuela. Miré por la ventana y vi una muchedumbre de niños. Algunos llevaban libros, otros juguetes. Me bajé del camión, metí las manos en los bolsillos, y fui a la oficina del director. Cuando entré oí la voz de una mujer diciéndome: «May I help you?» Me sobresalté. Nadie me había hablado inglés desde hacía meses. Por varios segundos me quedé sin poder contestar. Al fin, después de mucho esfuerzo, conseguí decirle en inglés que me quería matricular en el sexto grado. La señora entonces me hizo una serie de preguntas que me parecieron impertinentes. Luego me llevó a la sala de clase.

El señor Lema, el maestro de sexto grado, me saludó cordialmente, me asignó un pupitre y me presentó a la clase. Estaba tan nervioso y tan asustado en ese momento cuando todos me miraban que deseé estar con Papá y Roberto pizcando algodón. Después de pasar la lista, el señor Lema le dio a la clase la asignatura de la primera hora. «Lo primero que haremos esta mañana, es terminar de leer el cuento que comenzamos ayer», dijo con entusiasmo. Se acercó a mí, me dio su libro y me pidió que leyera. «Estamos en la página 125», me dijo. Cuando lo oí, sentí que toda la sangre se me subía a la cabeza, me sentí mareado. «¿Quisieras leer?», me preguntó en un tono indeciso. Abrí el libro a la página 125. Mi boca estaba seca. Mis ojos se me comenzaron a aguar. El señor Lema entonces le pidió a otro niño que leyera.

Durante el resto de la hora me empecé a enojar más y más conmigo mismo. Debí haber leído, pensaba yo.

Durante el recreo me llevé el libro al baño y lo abrí a la página 125. Empecé a leer en voz baja, pretendiendo que estaba en clase. Había muchas palabras que no sabía. Cerré el libro y volví a la sala de clase.

El señor Lema estaba sentado en su escritorio. Cuando entré me miró sonriéndose. Me sentí mucho mejor. Me acerqué a él y le pregunté si me podía ayudar con las palabras desconocidas. «Con mucho gusto», me contestó.

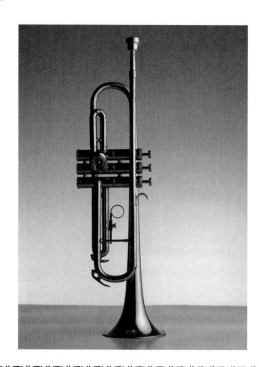

El resto del mes pasé mis horas del almuerzo estudiando ese inglés con la ayuda del buen señor Lema.

Un viernes durante la hora del almuerzo, el señor Lema me invitó a que lo acompañara a la sala de música. «¿Te gusta la música?», me preguntó. «Sí, muchísimo», le contesté entusiasmado, «me gustan los corridos mexicanos». El sonido me hizo estremecer. Me encantaba ese sonido. «¿Te gustaría aprender a tocar este instrumento?», me preguntó. Debió haber comprendido la expresión en mi cara porque antes que yo respondiera, añadió: «Te voy a enseñar a tocar esta trompeta durante las horas del almuerzo».

Ese día casi no podía esperar el momento de llegar a casa y contarles las nuevas a mi familia. Al bajar del camión me encontré con mis hermanitos que gritaban y brincaban de alegría. Pensé que era porque yo había llegado, pero al abrir la puerta de la chocita, vi que todo estaba empacado en cajas de cartón…

H. Diagrama «mente abierta».

- Revisa y completa tu diagrama «mente abierta».
- ¿Qué más aprendiste sobre Panchito después de leer la segunda parte del cuento?

I. Análisis del personaje.
En uno o dos párrafos explica el significado de los símbolos, imágenes, dibujos y/o palabras que incluiste en tu diagrama «mente abierta» y di por qué los escogiste.

Conozcamos al autor

FRANCISCO JIMÉNEZ

Francisco Jiménez nació en San Pedro Tlaquepaque en el estado de Jalisco (México) en 1943. Cuando tenía cuatro años, su familia se trasladó a los Estados Unidos para establecerse en California, donde sus padres pudieron encontrar trabajo. A pesar de las adversidades tanto económicas como sociales que debían enfrentar los jóvenes en sus circunstancias en aquellos tiempos, Jiménez no sólo terminó la escuela secundaria, sino que ganó varias becas para continuar sus estudios en la universidad. Se graduó de la University of Santa Clara en 1966 y se trasladó a Nueva York para hacer un programa de maestría en Columbia University, donde recibió el doctorado en 1989.

Francisco Jiménez es un autor bilingüe dedicado tanto a la tarea académica como a la creativa. Ha ganado varios galardones por su trabajo incluyendo un premio del *Arizona Quarterly* por «Cajas de cartón». Actualmente Francisco Jiménez enseña español en Santa Clara University, California, y sigue con su vida literaria.

AMPLIEMOS NUESTRA COMPRENSIÓN

J. Composición. Imagínate qué le pasó a Panchito en los años que siguieron.

- Comienza tu composición con las palabras: «Han pasado veinte años y...»

- Trata de describir vívidamente a Panchito: ¿Cómo se ve? ¿Dónde está? ¿Qué está haciendo? ¿En qué trabaja?

- Usa tu imaginación, pero básate en datos concretos que aparezcan en la historia.

- Utiliza el diagrama y los párrafos que escribiste arriba para especular sobre lo que le pasó al personaje.

K. Cuatro en turno. Comparte con tus compañeros de equipo la continuación del cuento que escribiste en el ejercicio J. Luego tu maestro(a) les leerá la historia de Panchito.

L. Trabajo de equipo. En grupos de cuatro van a hacer un cartelón representando uno de los temas del cuento.

- Deben llegar a un consenso sobre cuál tema van a representar y cómo lo van a representar (pueden usar dibujos, símbolos, colores, etc.).

- Además deben escoger una cita del cuento que ilustre ese tema.

- Luego presentarán sus trabajos a la clase.

EXPLOREMOS EL LENGUAJE

EL VERBO

Un **verbo** es una palabra que expresa acción, sea física, mental o emocional. Observa las siguientes citas de «Cajas de cartón».

- «La cosecha de fresas **terminaba,** y los trabajadores, casi todos braceros, no **recogían** tantas cajas de fresas como en los meses de junio y julio».
- «Mientras **empacábamos** los trastes del desayuno, Papá **salió** para **encender** la 'Carcanchita'».
- «Un viernes durante la hora del almuerzo, el señor Lema me **invitó** a que lo **acompañara** a la sala de música».

LAS PARTES DEL VERBO

El verbo en español tiene dos partes: la raíz y la terminación.

- La **raíz** expresa el significado principal del verbo.
- La **terminación** indica el tiempo, número, persona o modo.

  MODELO: *comiste*

  Com- (la raíz) indica la acción de alimentarse. Puede combinarse con un sinfín de terminaciones para cambiar el tiempo, número, persona o modo del verbo. O sea, de la misma raíz vienen: **comíamos, comieran, comerá, comido, comiendo,** *etcétera.*

  -iste (la terminación) indica que la persona que comía fuiste tú y la acción de comer tomó lugar en el pasado.

EL INFINITIVO

El nombre del verbo es el infinitivo.

- En español el infinitivo siempre termina en **-ar, -er** o **-ir.**
- El infinitivo sólo indica el nombre del verbo; no denota tiempo, número, persona o modo del verbo.

M. Identificación lingüística.

- Copia las siguientes citas de «Cajas de cartón» en tu cuaderno.
- Subraya los verbos.
- Encierra los infinitivos en un círculo.

MODELO: *El polvo que <u>entraba</u> de fuera lo <u>hacía</u>* (toser.)

1. «'Mi olla' la llamaba orgullosamente».
2. «Las luces del portal se encendieron y un hombre alto y fornido salió».
3. «Muy tempranito por la mañana al día siguiente, el señor Sullivan nos enseñó dónde estaba su cosecha y, después del desayuno, Papá, Roberto y yo nos fuimos a la viña a pizcar».
4. «'¿Quisieras leer?', me preguntó en un tono indeciso».
5. «Al bajar del camión me encontré con mis hermanitos que gritaban y brincaban de alegría».

CREEMOS LITERATURA

N. Veinte años después. En el ejercicio *J* hiciste una composición sobre la vida de Panchito veinte años después. Revisa tu trabajo según el siguiente criterio para producir una redacción mejor.

- **Organización:** ¿Empiezas con un resumen de la vida de Panchito según el cuento? ¿Incluyes detalles de su vida basado en sus experiencias infantiles?

- **Gramática:** ¿Hay concordancia entre todas las partes de la composición? ¿Puedes añadir adjetivos para adornar más tu narrativa?

- **Vocabulario:** ¿Utilizas el español estándar en tu composición? ¿Has sustituido anglicismos con palabras españolas? ¿Utilizas el vocabulario nuevo que has aprendido en esta lección y las lecciones anteriores?

O. Un poema de consuelo. ¿Conoces a una persona que ha tenido que abandonar algo o a alguien como Panchito? Quizás tengas a un(a) amigo(a) que haya pasado por una experiencia difícil recientemente. Escríbele un poema de consuelo siguiendo el patrón.

Verso 1: Un mandato suave

Verso 2: Otro mandato suave

Verso 3: Una afirmación que consuela

Verso 4: Se repite el mandato del verso 2.

Versos 5–8: Se explica, sugiere o simpatiza para que se sienta mejor el sujeto; debe haber algo de rima entre dos versos por lo menos.

Verso 9: Se repite el mandato del verso 2.

MODELO: *Tranquilízate, Panchito,*
todo se resolverá.
Tienes a tu familia que te quiere.
Todo se resolverá.
En el amanecer de otro día
lejos de las viñas y el ajo,
del dolor del arduo trabajo
una nueva vida te espera.
Todo se resolverá.

El trabajo en el campo

ALISTÉMONOS PARA LEER

A través de la lectura de «El trabajo en el campo» de Rose Del Castillo Guilbault podemos ver las experiencias de otra familia dedicada al trabajo agrícola.

A. Entrevista en tres etapas.

1. ¿Cuál es el trabajo más duro que te has realizado en tu vida?

2. ¿Por qué tuviste que hacer ese trabajo?

3. ¿Qué te enseñó esa experiencia?

VOCABULARIO CLAVE DEL TEXTO

Familiarízate con el vocabulario clave del texto según las indicaciones de tu maestro(a).

escéptico	gesticular	aletargar	insidioso
cuadrilla	escollo	emanar	enfático

LEAMOS ACTIVAMENTE

B. **Flor semántica.** Mientras lees la historia «El trabajo en el campo», utiliza la flor semántica para tomar apuntes, llenándola con palabras que correspondan a cada una de las categorías.

Verbos

Sustantivos

Adjetivos que describen el físico de las personas

Adjetivos que describen cómo son las cosas

Adjetivos que describen cómo se sienten las personas

C. **Lectura oral.** Leerás «El trabajo en el campo» en voz alta. Vas a practicar la técnica de hacer «buenas preguntas».

El trabajo en el campo

ROSE DEL CASTILLO GUILBAULT

TRADUCCIÓN DE RUTH BARRAZA

El «fil» era como mi padre y sus amigos lo llamaban: un anglicismo para referirse al campo, a la siembra. Los primeros trabajos que tuve fueron en el «fil». Yo crecí en el valle de Salinas donde, si eres joven y mexicano, los únicos trabajos que puedes conseguir durante el verano son en la agricultura.

Aunque no hay absolutamente nada romántico acerca del trabajo en los campos, en cambio sí ofrece un ambiente fértil donde aprender importantes lecciones para la vida sobre el trabajo, los valores familiares y lo que significa para un mexicano crecer en los Estados Unidos. Los campos eran el escenario donde las verdades de la vida eran representadas: las luchas, dificultades, humillaciones, el humor, la amistad y la compasión. Para muchos jóvenes mexicanos el trabajo en el campo representa prácticamente un rito de pasaje.

Puedo recordar con desagradable claridad la primera vez que trabajé en el campo. Fue durante el verano del año en que cumplí los once años. Me sentía desalentada y aburrida. Quería salir de vacaciones, como muchos de mis compañeros de clase, pero mis padres no podían darse ese lujo.

Mi madre se mostró muy comprensiva; ella también anhelaba ver a su familia en México, así que se le ocurrió la idea de que podíamos ganar los 50 pesos que necesitábamos para pagar el boleto en el autobús de la Greyhound hasta Mexicali, si las dos

trabajábamos en la cosecha del ajo que estaba a punto de empezar en la granja donde vivíamos.

El primer escollo que teníamos que vencer para ganar ese dinero era convencer a mi padre, un mexicano muy tradicional, de que nos dejara trabajar. Él había sido muy enfático en ese punto con mi madre. Para él, una esposa que trabajaba, significaba que el hombre era incapaz de sostener a su familia.

Hasta el día de hoy, no tengo ni idea de cómo hizo para convencerlo. Tal vez fue el hecho de que el trabajo era muy corto —cinco días— o tal vez fue porque no habíamos podido ir a México en más de un año. Mi padre sabía que mi madre necesitaba hacer una visita anual a sus familiares. En todo caso, nos prometió que hablaría con su jefe al día siguiente para pedirle que nos permitiera formar parte de la cuadrilla de recolección del ajo.

El jefe se mostró escéptico acerca de emplearnos. No porque tuviera reparos en contratar a una mujer y a una niña, sino porque le preocupaba nuestra inexperiencia y falta de vigor. Después de todo, éste era un trabajo de hombres y, además, él tenía un plazo que cumplir. ¿Qué sucedería si nosotras retrasábamos la recolección y él tenía que pagar un día extra a un trabajador?

—¿Desde cuándo es la recolección del ajo tal arte? —replicó mi madre, cuando mi padre le comunicó esa noche las reservas del jefe. Pero enseguida le dijo que el jefe había decidido darnos una oportunidad.

Empezamos inmediatamente, a las seis de la mañana del día siguiente. La mañana de agosto era fría y gris, aún cubierta por una neblina húmeda. Nos pusimos varias capas de ropa para protegernos del frío de la madrugada: una camiseta, una chaqueta, una sudadera;

a medida que el sol fuera calentando nos iríamos quitando ropa. Nos envolvimos bufandas alrededor de la cabeza y luego nos cubrimos con gorros tejidos. Éste era nuestro uniforme de trabajo en el campo, y es el mismo uniforme que todavía usan los hombres y mujeres que se pueden ver cuando se viaja por los valles de California.

Un capataz nos mostró la forma correcta de recoger el ajo. «Enganchen el saco en este cinturón especial. Así sus manos quedarán libres para recoger el ajo y echarlo en el saco».

Observamos cuidadosamente mientras él se acomodaba el saco a la cintura y caminaba lentamente por el surco, inclinándose ligeramente mientras sus manos giraban como una máquina segadora, haciendo que los bulbos volaran del suelo hasta el saco.

—Fácil —dijo enderezando su saco.

Y yo aprendí que era fácil hasta cuando el saco comenzaba a llenarse. Entonces, no sólo no se quedaba en el gancho del cinturón, sino que se volvía tan pesado que era imposible para una niña de once años poder arrastrarlo.

Me pasé toda la mañana probando distintas formas de mantener el saco alrededor de la cintura. Traté de atarlo a diferentes partes del cuerpo con la bufanda. Pero fue inútil: cuando estaba lleno hasta cierto nivel, era simplemente imposible moverlo. Así que recurrí a un método más laborioso pero efectivo. Arrastraba el saco con las dos manos, luego iba y venía corriendo, recogiendo puñados de ajo que depositaba en el saco estacionario. Debo de haber parecido muy tonta.

Escuché risas en los campos distantes. Miré a mi alrededor, preguntándome cuál sería el chiste, y lentamente me di cuenta de que se reían de mí. Me dio un vuelco el estómago cuando escuché el impaciente crujido de las botas del capataz detrás de mí. ¿Me iría a decir que me fuera a casa?

—No, no, no lo estás haciendo bien —gesticuló violentamente enfrente de mí.

—Pero no puedo hacerlo de la misma forma en que usted lo hace. El saco es muy pesado —le expliqué.

De repente se escucharon voces de hombre:

—¡Déjala, hombre! Déjala que lo haga a su manera.

El capataz se encogió de hombros, volteó los ojos, y se alejó murmurando entre dientes. Mi madre se me acercó sonriendo. Era la hora del almuerzo.

Después del almuerzo, el sol de la tarde me aletargó. El sudor me corría por la espalda haciendo que me picara la piel y poniéndome pegajosa. Era desalentador ver cómo todos me pasaban. La tarde se arrastraba tan pesadamente como el saco que llevaba.

Al final del día me sentía como si alguien me hubiera puesto una plancha caliente entre los hombros.

Los días siguientes se convirtieron en una confusión de músculos adoloridos y bulbos de ajo. Los surcos parecían estirarse como elásticos, expandiéndose cada día que pasaba. La sonrisa de mi madre y sus palabras de ánimo, que me aliviaban en los primeros días, ya no me confortaban.

Aun en casa me sentía dominada por el insidioso ajo. Se me introducía en la piel y en la ropa. No importaba cuánto me restregara, el ajo parecía emanar de mis poros y el olor me sofocaba en el sueño.

En la que sería mi última mañana de trabajo, simplemente no pude levantarme de la cama. Tenía el cuerpo tan adolorido que el más ligero movimiento lanzaba oleadas de dolor por mis músculos. Tenía las piernas vacilantes de tanto agacharme y sentía como si los hombros me los hubieran separado. Todo mi cuerpo era un dolor palpitante. ¡El campo me había vencido!

—Simplemente no puedo hacerlo —le dije llorando a mi madre, y las lágrimas me sabían a ajo.

—Vale la pena trabajar para conseguir todo lo que vale la pena tener —me dijo suavemente.

—No me importan las vacaciones. Estoy cansada. No vale la pena —le dije llorando.

—Sólo faltan unas pocas hileras. ¿Estás segura de que no puedes terminar? —insistió mi madre.

Pero para mí, esas pocas hileras podían muy bien haber sido ciento. Me sentía muy mal por haberme dado por vencida después de trabajar tanto, pero, francamente, no me parecía justo tener que pagar un precio tan alto para ir de vacaciones. Después de todo, mis amigos no tenían que hacerlo.

Mi madre estuvo muy callada todo el día. Yo había olvidado que se trataba de sus vacaciones también. Mi padre se sorprendió de encontrarnos sentadas y arregladas cuando llegó a casa. Escuchó en silencio las explicaciones de mi madre. Y, después de una pausa, dijo:

—Bueno, si todos trabajamos, podemos todavía terminar esta noche los surcos que faltan, justo dentro del plazo.

Al mirar los ojos de mi padre, enrojecidos y rodeados de un círculo de polvo, sus cabellos polvorientos y su overol manchado de

lodo, me sentí sobrecogida por un extraño sentimiento de lástima y gratitud al mismo tiempo. Por la inclinación de sus hombros, me daba cuenta de que estaba cansado de su agotador trabajo en el campo. Y, terminar lo que faltaba del nuestro, representaba poco menos que un acto de amor.

Me sentía hecha pedazos. La idea de enfrentarme nuevamente al campo, me aterrorizaba. Pero no dije nada, y me tragué mi repugnancia hasta que se me formó un nudo en la garganta.

Esa noche de verano, los tres trabajamos codo a codo, bromeando, hablando, riendo, mientras terminábamos el trabajo. Cuando terminamos de colocar el último saco de ajo, ya había oscurecido y nosotros nos habíamos quedado silenciosos. Las últimas luces del atardecer me hicieron sentir tan apacible como el alivio de saber que el trabajo estaba finalmente concluido.

Trabajé todos los veranos siguientes; algunos en el campo (nunca más en la recolección del ajo), y más adelante en las empacadoras de vegetales, siempre al lado de mi madre. El trabajar juntas creó entre nosotras un lazo muy especial. Y, a través de esta relación, y de mi relación con otras familias mexicanas arrojadas a esta sociedad agrícola, recibí una educación tan sólida y rica como la tierra que trabajamos.

D. Análisis literario.

1. Escribe tres adjetivos que describan el ambiente de la historia.

2. ¿Cuál símbolo utilizarías para representar el tema de este cuento? Explica tu respuesta.

3. Si se fuera a hacer una película de «El trabajo en el campo», ¿a qué compañera de clase elegirías para representar a Rosa? ¿Y a sus padres? Explica tu respuesta.

4. ¿En qué te pareces a Rosa? Si no te pareces en nada, explica las diferencias entre tú y ella.

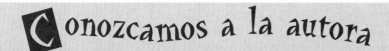

Conozcamos a la autora

ROSE DEL CASTILLO GUILBAULT

Nacida en Ciudad Obregón, estado de Sonora, México, Rose Del Castillo Guilbault se crió en el mundo migratorio del campo californiano. Estudió en la Universidad Estatal de San José y después en Pepperdine University.

Además de ser autora, Del Castillo Guilbault ha trabajado en la prensa, la radio y la televisión, sirviendo en varias organizaciones al nivel estatal y nacional. Ha sido galardonada por sus logros profesionales tanto como por sus esfuerzos humanitarios en numerosas ocasiones.

AMPLIEMOS NUESTRA COMPRENSIÓN

E. Diálogo colaborativo. En grupos de cuatro van a escribir el diálogo que tuvo lugar en una de las siguientes escenas. El (La) maestro(a) les dirá cuál escena le corresponde a cada grupo. Al finalizar se hará una representación secuencial de los libretos.

1. El diálogo que tuvo lugar entre Rosa, su padre y su madre antes de que ellas comenzaran a trabajar.

2. El diálogo que tuvo lugar entre el capataz, Rosa y su madre la primera mañana de trabajo.

3. El diálogo que tuvo lugar entre Rosa y su madre la mañana del último día de trabajo.

4. El diálogo que tuvo lugar entre Rosa, la madre y el padre cuando éste llega a casa en la tarde del último día y las encuentra arregladas sin haber ido a trabajar.

EXPLOREMOS EL LENGUAJE

RESUMEN

F. **Inventario de lo aprendido.** Como repaso, identifica los siguientes términos con referencia a la forma verbal.

1. infinitivo 2. raíz 3. terminación

TIEMPO Y MODO

Tiempo

El pasado, el presente y el futuro son los **tiempos** fundamentales del verbo.

> **MODELO:** «Los primeros trabajos que **tuve fueron** en el fil». *(tiempo pasado)*
>
> «... si **eres** joven y mexicano, los únicos trabajos que **puedes** conseguir durante el veranos **son** en la agricultura». *(tiempo presente)*
>
> «Así sus manos **quedarán** libres para recoger el ajo y echarlo en el saco». *(tiempo futuro)*

Hay muchos tiempos simples y compuestos para expresar acciones presentes, pasadas o futuras.

Modo

Para decidir qué forma del verbo usar en una oración, hay varias consideraciones que hacemos inconscientemente. Primero, ¿a qué persona nos referimos? Después, ¿cuándo toma lugar la acción que expresamos? Finalmente, tenemos que decidirnos por el **modo**. Hay tres modos: 1. el modo indicativo; 2. el modo imperativo; 3. el modo subjuntivo.

1. El modo indicativo expresa acciones reales.

   MODELO: «*Puedo recordar con desagradable claridad la primera vez que trabajé en el campo*».

   «*Hasta el día de hoy, no **tengo** ni idea de cómo **hizo** para convencerlo*».

   «*¿Desde cuándo **es** la recolección del ajo tal arte? —replicó mi madre*».

2. El modo imperativo expresa una orden.

   MODELO: «***Enganchen** el saco en este cinturón especial*».

   «*¡**Déjala**, hombre!*»

3. El modo subjuntivo principalmente expresa deseo, duda, consejo y ruego.

   MODELO: «*¡Déjala que lo **haga** a su manera*».

   «*...era convencer a mi padre... de que nos **dejara** trabajar*».

G. **Práctica.** En tu cuaderno escribe lo siguiente.

1. Cinco oraciones en el modo indicativo que resuman la historia «El trabajo en el campo».

   MODELO: *La historia de Rosa es la de muchos jóvenes mexicoamericanos.*

2. Dos oraciones en el modo indicativo dirigidas a Rosa.

   MODELO: *Guarda tu recuerdo siempre.*

3. Tres oraciones dirigidas a Rosa en el modo subjuntivo.

   MODELO: *Ojalá que fueras amiga mía.*

CREEMOS LITERATURA

H. **Una narrativa.** Utilizando las palabras de la flor semántica del ejercicio *B,* escribe una nueva historia. Puede ser autobiográfica o ficticia. Utiliza el siguiente mapa de ideas para organizar los elementos narrativos de tu historia.

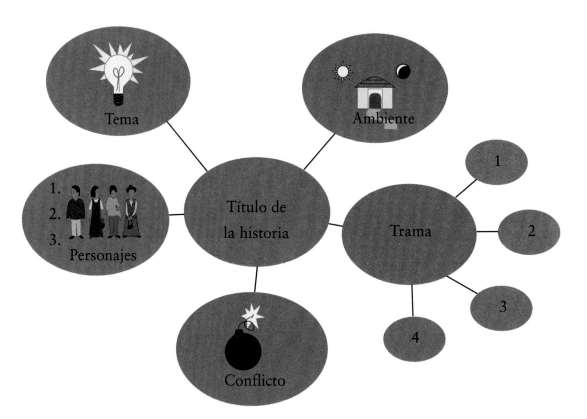

I. **Una carta.** Escribe una carta de Rosa («El trabajo en el campo») a Panchito («Cajas de cartón»). Incluye el punto de vista de ella hacia las circunstancias que comparten los dos. Si quieres, puedes escribir la carta dirigida a Rosa y escrita por Panchito.

Los inocentes

ALISTÉMONOS PARA LEER

Un bello ejemplo de la narrativa neoyorriqueña es el cuento «Los inocentes» de Pedro Juan Soto.

A. **Entrevista.** Vas a entrevistar a un familiar o amigo(a) que haya emigrado de otro país. Copia el siguiente diagrama para anotar la información.

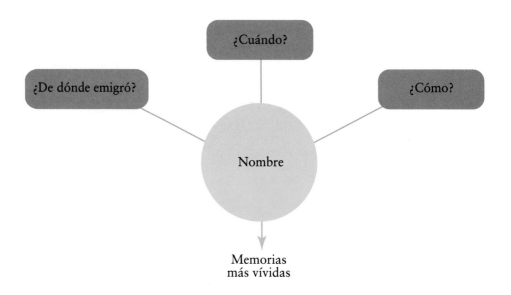

1.

2.

3.

VOCABULARIO CLAVE DEL TEXTO

Familiarízate con el vocabulario clave del texto según las indicaciones de tu maestro(a).

ahuyentar

desmoronar

ajetreo

magro

tiznado

chamuscado

ᴸEAMOS ACTIVAMENTE

B. **Diario de doble entrada.** Copia en tu cuaderno el siguiente cuadro. Mientras tu maestro(a) lee el cuento, haz las siguientes anotaciones.

- En la columna de la izquierda copia pasajes del cuento que te parezcan interesantes o que se relacionen contigo de alguna manera.

- En la columna de la derecha escribe tus reacciones a cada pasaje que has seleccionado.

- Tus reacciones pueden indicar lo que significa el fragmento, algo que te hizo recordar, lo que no entiendes, qué sentimientos te inspira o cualquier otro comentario que quieras anotar.

Título del cuento:	
Pasajes del cuento	**Mis reacciones**
MODELO: *«y no oler cuando queman los cacharros en el solar sin gente que me haga burla»*	*Parece que habla un niño pequeño.*

Los inocentes

PEDRO JUAN SOTO

PRIMERA PARTE

treparme frente al sol en aquella nube con las palomas sin caballos
sin mujeres y no oler cuando queman los cacharros en el solar sin
gente que me haga burla

Desde la ventana, vistiendo el traje hecho y vendido para
contener a un hombre que no era él, veía las palomas revolotear en
el alero de enfrente.

o con puertas y ventanas siempre abiertas tener alas

Comenzaba a agitar las manos y a hacer ruido como las palomas
cuando oyó la voz a sus espaldas.

—Nene, nene.

La mujer acartonada estaba sentada a la mesa (debajo estaba la maleta de tapas frágiles, con una cuerda alrededor por única llave), y le observaba con sus ojos vivos, derrumbada en la silla como una gata hambrienta y abandonada.

—Pan —dijo él.

Dándole un leve empujón a la mesa, la mujer retiró la silla y fue a la alacena. Sacó el trozo de pan que estaba al descubierto sobre las cajas de arroz y se lo llevó al hombre, que seguía manoteando y haciendo ruido.

ser paloma

—No hagah ruido, Pipe.

Él desmoronó el trozo de pan sobre el alféizar, sin hacer caso.

—No hagah ruido, nene.

Los hombres que jugaban dominó bajo el toldo de la bodega ya miraban hacia arriba.

Él dejó de sacudir la lengua.

sin gente que me haga burla

—A pasiar a la plaza —dijo.

—Sí, Holtensia viene ya pa sacalte a pasiar.

—A la plaza.

—No, a la plaza no. Se la llevaron. Voló.

Él hizo pucheros. Atendió de nuevo al revoloteo de la palomas.

no hay plaza

—No, no fueron lah palomah —dijo ella—. Fue el malo, el diablo.

—Ah.

—Hay que pedirle a Papadioh que traiga la plaza.

—Papadioh —dijo él mirando hacia afuera— trai la plaza y el río. . .

—No, no. Sin abrir la boca —dijo ella—. Arrodíllate y háblale a Papadioh sin abrir la boca.

Él se arrodilló frente al alféizar y enlazó las manos y miró por encima de las azoteas.

yo quiero ser paloma

Ella miró hacia abajo: al ocio de los hombres en la mañana del sábado y al ajetreo de las mujeres en la ida o la vuelta del mercado.

SEGUNDA PARTE

Lenta, pesarosa, pero erguida, como si balanceara un bulto en la cabeza, echó a andar hacia la habitación donde la otra, delante del espejo, se quitaba los ganchos del pelo y los amontonaba sobre el tocador.

—No te lo lleveh hoy, Holtensia.

La otra la miró de reojo.

—No empieceh otra veh, mamá. No le va pasal na. Lo cuidan bien y no noh cuehta.

Saliendo de los ganchos, el cabello se hacía una mota negra sobre las orejas.

—Pero si yo lo sé cuidal. Eh mi hijo. ¿Quién mejol que yo?

Hortensia estudió en el espejo la figura magra y menuda.

—Tú ehtáh vieja, mamá.

Una mano descarnada se alzó en el espejo.

—Todavía no ehtoy muerta. Todavía puedo velar por él.

—No eh eso.

Los bucles seguían apelmazados a pesar de que ella trataba de aflojárselos con el peine.

—Pipe'h inocente —dijo la madre, haciendo de las palabras agua para un mar de lástima—. Eh un nene.

Hortensia echó el peine a un lado. Sacó un lápiz del bolso que mantenía abierto sobre el tocador y comenzó a ennegrecer las cejas escasas.

—Eso no se cura —dijo al espejo—. Tú lo sabeh. Por eso lo mejor...

—En Puerto Rico no hubiera pasao ehto.

—En Puerto Rico era dihtinto —dijo Hortensia, hablando por encima del hombro—. Lo conocía la gente. Pero en Niu Yol la gente no se ocupa y uno no conoce al vecino. La vida eh dura. Yo me paso los añoh cose que cose y todavía sin casalme.

Buscando el lápiz labial, vio en el espejo cómo se descomponía el rostro de la madre.

—Pero no eh por eso tampoco. El ehtá mejol atendío allá.

—Eso diceh tú —dijo la madre.

Hortensia tiró los lápices y el peine dentro del bolso y lo cerró. Se dio vuelta: blusa porosa, labios grasientos, cejas tiznadas, bucles apelmazados.

—Dehpuéh di un año aquí, merecemoh algo mejor.

—Él no tiene la culpa de lo que noh pase a nosotrah.

—Pero si se queda aquí, la va tenel. Fíjate.

Se abalanzó sobre la madre para cogerle un brazo y alzarle la manga que no pasaba del codo. Sobre los ligamentos caídos había una mancha morada.

—Ti ha levantao ya la mano y yo en la factoría no estoy tranquila pensando qué'htará pasando contigo y con él. Y si ya pasao ehto...

—Fue sin querel —dijo la madre, bajando la manga y mirando al piso al mismo tiempo que torcía el brazo para que Hortensia la soltara.

—¿Sin querel y te tenía una mano en el cuello? Si no agarro la botella, sabe Dioh. Aquí no hay un hombre, que li haga frente y yo m'ehtoy acabando, mamá y tú le tieneh miedo.

—Eh un nene —dijo la madre con su voz mansa, ahuyentando el cuerpo como un caracol.

Hortensia entornaba los ojos.

—No vengah con eso. Yo soy joven y tengo la vida por delante y él no. Tú también ehtáh cansá y si él se fuera podríah vivil mejor los añoh que te quedan y tú lo sabeh pero no ti atreveh a decirlo porque creeh que'h malo pero yo lo digo por ti *tú ehtáh cansá* y por eso filmahte loh papeleh porque sabeh que'n ese sitio lo atienden máh bien y tú entonceh podráh sentalte a ver la gente pasar por la calle y cuando te dé la gana puedeh pararte y salir a pasiar como elloh pero prefiereh creer que'h un crimen y que *yo* soy la criminal pa tú quedar como madre sufrida y *hah sido una madre sufrida* eso no se te puede quital pero tieneh que pensar en ti y en mí. Que si el caballo lo tumbó a loh diez añoh...

La madre salía a pasos rápidos, como empujada, como si la habitación misma la soplara fuera, mientras Hortensia decía:

—...y los otroh veinte los ha vivío así tumbao...

Y se volvía para verla salir, sin ir tras ella, tirándose sobre el tocador donde ahora sentía que sus puños martillaban un compás para su casi grito.

—...nosotroh loh hemoh vivío con él.

Y veía en el espejo el histérico dibujo de carnaval que era su rostro.

—Ehtá bien —dijo Hortensia—, llévalo en la mano.

Él volvió a caminar hacia la puerta y la madre lo siguió, encogiéndose un poco ahora y conteniendo los brazos que querían estirarse hacia él.

Hortensia la detuvo.

—Mamá, lo van a cuidal.

—Que no lo mal...

—No. Hay médicoh. Y tú... cada do semanah. Yo te llevo.

Ambas se esforzaban por mantener firme la voz.

—Recuéhtate, mamá.

—Dile que se quede... no haga ruido y que coma de to.

—Sí.

Hortensia abrió la puerta y miró fuera para ver si Pipe se había detenido en el rellano. Él se entretenía escupiendo sobre la baranda de la escalera y viendo caer la saliva.

—Yo vengo temprano, mamá.

La madre estaba junto a la silla que ya sobraba, intentando ver al hijo a través del cuerpo que bloqueaba la entrada.

—Recuéhtate, mamá.

La madre no respondió. Con las manos enlazadas enfrente, estuvo rígida hasta que el pecho y los hombros se convulsionaron y comenzó a salir el llanto hiposo y delicado.

Hortensia tiró la puerta y bajó con Pipe a toda prisa. Y ante la inmensa claridad de un mediodía de junio, quiso huracanes y eclipses y nevadas.

*y no hay gallos y no hay perros y no hay campanas y no hay viento
del río y no hay timbre de cine y el sol no entra aquí y no me gusta*

—Ya —dijo la madre inclinándose para barrer con las manos las
migajas del alféizar. La muchachería azotaba y perseguía una pelota
de goma en la calle.

*y la frialdad duerme se sienta camina con uno aquí dentro y no
me gusta*

—Ya, nene, ya. Di amén.

—Amén.

Lo ayudó a incorporarse y le puso el sombrero en la mano, viendo
que ya Hortensia, seria y con los ojos irritados, venía hacia ellos.

—Vamoh, Pipe. Dali un beso a mamá.

Puso el bolso en la mesa y se dobló para recoger la maleta. La
madre se abalanzó al cuello de él —las manos como tenazas— y besó
el rostro de avellana chamuscada y pasó los dedos sobre la piel que
había afeitado esta mañana.

—Vamoh —dijo Hortensia cargando bolso y maleta.

Él se deshizo de los brazos de la madre y caminó hacia la puerta
meciendo la mano que llevaba el sombrero.

—Nene, ponte'l sombrero —dijo la madre, y parpadeó para que
él no viera las lágrimas.

Dándose vuelta, él alzó y dejó encima del cabello envaselinado
aquello que por lo chico parecía un juguete, aquello que quería
compensar el desperdicio de tela en el traje.

—No, que lo deje aquí —dijo Hortensia.

Pipe hizo pucheros. La madre tenía los ojos fijados en Hortensia
y la mandíbula le temblaba.

C. Sinopsis. Contesta las siguientes preguntas en forma de párrafo.

- ¿Cuántos años tiene Pipe?
- ¿Dónde vive su familia? ¿De dónde emigraron?
- ¿Adónde lo lleva Hortensia?
- ¿Adónde quiere ir Pipe? ¿Por qué?
- ¿Por qué no quiere la mamá de Pipe que se lo lleve?

Conozcamos al autor

PEDRO JUAN SOTO

Pedro Juan Soto nació en Puerto Rico en 1928 y allí pasó su infancia y adolescencia. Vino a Nueva York para ingresar en la universidad y conocer por sí mismo el ambiente en el cual se desarrollaba la vida diaria de más de un millón de puertorriqueños. Después de recibirse de la universidad, Soto sirvió en el ejército estadounidense en la guerra de Corea.

Soto pertenece a una generación de escritores puertorriqueños cuyas obras enfocan las injusticias sufridas por las personas con menos recursos económicos y políticos tanto en la isla como en Nueva York. Los problemas de los neoyorriqueños, puertorriqueños que residen permanentemente en Nueva York, junto con sus experiencias en Corea forman el núcleo temático de la obra de Pedro Juan Soto.

Aunque Soto también es educador, habiendo enseñado en la Universidad de Puerto Rico, se dedica profesionalmente a su literatura.

AMPLIEMOS NUESTRA COMPRENSIÓN

D. **Tres en turno.** Comparte tus anotaciones en el diario de doble entrada con tus compañeros de grupo.

E. **Piensa e ilustra.** Piensa en las imágenes que te formaste en la mente mientras se leía el cuento.

- Haz una ilustración que muestre lo que te imaginaste.
- Escribe una oración explicativa debajo del dibujo. Puedes escoger una cita del cuento.
- Comparte tu ilustración con un(a) compañero(a).

F. **Colcha de retazos.** En una hoja de papel sin líneas haz un dibujo que represente la experiencia migrante de la persona que entrevistaste en el ejercicio *A*.

- Debes además escribir una sola palabra que exprese el sentimiento más fuerte que experimentó esta persona, por ejemplo, angustia, esperanza, etcétera.
- Formen una colcha en la cartelera con todos los dibujos de la clase. Usen tiras de cartulina de distintos colores para marcar la separación entre un dibujo y otro.

EXPLOREMOS EL LENGUAJE

PERSONA Y NÚMERO

1. En la gramática como en la narrativa, se llama **primera persona** a la persona que habla. Observa las siguientes citas de «Los inocentes».

- «**yo quiero** ser paloma»

- «**Yo soy** joven y tengo la vida por delante...»

2. Se llama **segunda persona** a la que se habla.

- «—Eso **diceh tú** —dijo la madre».
- «Nene, **ponte'l** sombrero...»

3. La **tercera persona** se refiere a cualquier persona, animal o cosa de la que se dice algo.

- «**Él hizo** pucheros».
- «**Ella miró** hacia abajo...»

Las **tres personas gramaticales** pueden ser en singular o en plural. Cuando nos referimos al número gramatical, nos referimos a la forma singular o plural.

G. **Apoyo de estudio.** Copia el siguiente cuadro en tu cuaderno rellenando los espacios blancos.

		Número	
		Singular	Plural
Persona	1ª persona	Yo leo	Nosotros(as) leemos
	2ª persona	—	Vosotros(as) leéis*
	3ª persona	—	—

ELIPSIS

El **elipsis** es un fenómeno lingüístico a través el cual se elimina el verbo, el sujeto o ambos.

H. Deducción lingüística.

- Estudia estas citas del texto a las cuales se han añadido las formas elípticas entre paréntesis.

*Esta forma de la segunda persona plural se utiliza en algunas partes de España.

■ Copia las reglas sobre el uso del elipsis en tu cuaderno rellenando los espacios con la información que falta.

1. «(él) Comenzaba a agitar las manos y a hacer ruido como las palomas cuando (él) oyó la voz a sus espaldas».

2. «(él) Atendió de nuevo al revoloteo de las palomas».

3. «Todavía (yo) puedo velar por él».

   Regla 1. Es posible utilizar el elipsis de un pronombre o un nombre cuando se reconoce la persona gramatical por

   _____.

4. «La madre se abalanzó al cuello de él... y (ella) besó el rostro de avellana chamuscada y (ella) pasó los dedos sobre la piel que (ella) había afeitado esta mañana».

5. «Hortensia tiró la puerta y (ella) bajó con Pipe a toda prisa. Y ante la inmensa claridad de un mediodía de junio, (ella) quiso huracanes y eclipses y nevadas».

   Regla 2. También se elimina el nombre o pronombre porque _____.

CREEMOS LITERATURA

I. **Una biografía.** Utilizando tus apuntes de la entrevista que le hiciste a un familiar o amigo(a) que emigró de otro país (ejercicio *A*), escribe una breve biografía de la persona entrevistada incluyendo sobre todo los detalles de su experiencia migratoria. Asegúrate de que tu biografía tenga lo siguiente:

1. **Exposición:** Incluye el nombre del (de la) entrevistado(a) y la información que escribiste en los tres cuadrados interrogativos.

2. **Desarrollo:** Utiliza las memorias más vívidas que te explicó el (la) entrevistado(a). Dedica un párrafo a cada una.

3. **Conclusión:** Escribe sobre tus impresiones personales del (de la) entrevistado(a).

J. Un poema biográfico.

■ Elige uno de los personajes del cuento.

■ Escribe tres adjetivos que lo (la) describen.

■ Escribe el nombre de uno(a) de sus parientes (madre, padre, etcétera).

■ Escribe tres sustantivos o frases que expresen cosas que parecen gustarle.

■ Escribe tres sustantivos o frases que expresen cosas que parecen disgustarle.

■ Escribe un sustantivo (¡una sola palabra!) que estimas ser sinónimo con el personaje.

■ Copia el bosquejo del poema colocando tus respuestas en el espacio correspondiente.

■ Cuando termines, escribe un poema autobiográfico u otro poema biográfico sobre un(a) amigo(a) o familiar.

MODELO: *Mami*
cansada, cariñosa, decaída
Madre de Pipe y Hortensia
A quien le encanta
cuidar de su hijo, sus vecinos en Puerto Rico, la vida que dejó atrás
Y quien se desanima por
su vida en Nueva York, el porvenir de su hijo, la vida de su hija
Pobrecilla.

¡Al partir!

Alistémonos para leer

La partida suele ser una experiencia emotiva, sobre todo cuando uno deja la tierra donde ha vivido felizmente. En este poema la poetisa cubana Gertrudis Gómez de Avellaneda nos describe su tristeza en la hora de abandonar su país natal.

A. Lista de recuerdos.

- Piensa en un lugar donde has vivido o que has visitado.

- Durante dos minutos, escribe una lista de palabras y frases cortas que te recuerdan ese sitio.

VOCABULARIO CLAVE DEL TEXTO

Familiarízate con el vocabulario clave del texto según las indicaciones de tu maestro(a).

opaco	chusma
izar	hado
impelar	halagar
turgente	

LEAMOS ACTIVAMENTE

B. Observaciones del lector.

- Copia el siguiente cuadro en tu cuaderno.

- Trabajando con un(a) compañero(a), van a hacer unos apuntes sobre el poema mientras tu maestro(a) lo lee en voz alta.

¡Al partir!	
la situación en que se encuentra la poetisa	
los eventos que describe	
los sentimientos que expresa	

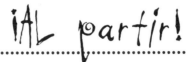

¡Al partir!

GERTRUDIS GÓMEZ DE AVELLANEDA

¡Perla del mar! ¡Estrella de Occidente!
¡Hermosa Cuba! tu brillante cielo
la noche cubre con su opaco velo
como cubre el dolor mi triste frente.

¡Voy a partir! La chusma diligente
para arrancarme del nativo suelo
las velas iza y pronta a su desvelo
la brisa acude de tu zona ardiente.

¡Adiós, patria feliz, Edén querido!
¡Doquier (*) que el hado en su furor me impela,
tu dulce nombre halagará mi oído!

¡Adiós! ¡Ya cruje la turgente vela...
el ancla se alza, ... el buque, estremecido,
las olas corta y silencioso vuela!

———————

*Doquier = Dondequiera

«El último día en el campo», Alison Chapman-Andrews

C. **Análisis poético.** Responde a las siguientes preguntas.
Puedes utilizar las anotaciones que hiciste en el ejercicio *B*.

1. ¿A quién se dirige la poetisa?

2. La poetisa llama a Cuba «perla del mar». Cita otros dos nombres que da a la isla.

3. ¿Cuál es el tono del poema?

4. Cita dos partes del poema que son referentes al barco en que la poetisa viaja.

Conozcamos a la autora

GERTRUDIS GÓMEZ DE AVELLANEDA

Gertrudis Gómez de Avellaneda nació en Cuba en 1814, pero a la edad de veintidós años se trasladó a España. Aunque fue triste dejar su suelo natal, Gómez de Avellaneda tuvo éxito en España, donde se dedicó a la publicación de poesía, teatro y novelas.

La poesía de Gómez de Avellaneda se centra en los temas del amor, la fe y su nostalgia por Cuba. Su novela *Sab* trata el tema de la esclavitud y sirve como fiel descripción de la realidad cubana de sus tiempos. A Gómez de Avellaneda se la considera precursora del feminismo literario.

Gertrudis Gómez de Avellana murió en España en 1873. Hasta hoy es reclamada tanto por su patria natal como por su patria adoptiva como eminente figura de las letras nacionales.

AMPLIEMOS NUESTRA COMPRENSIÓN

APUNTES LITERARIOS

PROSA Y VERSO

Prosa es la estructura del lenguaje que no está sujeta, como el verso, a medida y cadencia. Los escritos en prosa están divididos en párrafos para separar las ideas. Los poemas se diferencian de la prosa en la forma como aparecen escritos en la página. Los poetas no tienen que usar párrafos. Ellos pueden arreglar las palabras de muchas formas diferentes para expresar sus ideas y sentimientos. Muchas veces los poemas están divididos en estrofas, que son grupos de líneas (**versos**).

D. Aplicación. El poema «¡Al partir!» es un soneto. Contesta las preguntas para averiguar la forma de un soneto en español.

- ¿Cómo está dividido?
- ¿Cuántas estrofas tiene?
- ¿Cuántos versos tiene cada estrofa?

E. Recitación.

- Escoge la estrofa que más te haya gustado y memorízala.
- Recítala para los miembros de tu grupo.

EXPLOREMOS EL LENGUAJE

LA CONJUGACIÓN

Los verbos del español se agrupan en tres categorías.

La conjugación de un verbo se forma añadiendo a su raíz las terminaciones correspondientes.

1. Primera conjugación (el infinitivo termina en **-ar**)

   MODELO: *impelar, llamar, alumbrar*

2. Segunda conjugación (el infinitivo termina en **-er**)

   MODELO: *ver, estremecer, aprender*

3. Tercera conjugación (el infinitivo termina en **-ir**)

   MODELO: *partir, acudir, cubrir*

Cada una de las tres conjugaciones tiene unas terminaciones especiales. Estas terminaciones se cambian según la persona, el modo y el tiempo.

F. **Búsqueda de verbos.**

- Utilizando «¡Al partir!», busca verbos según las descripciones.
- Escríbelos en tu cuaderno.

   MODELO: *tercera conjugación, tercera persona, tiempo presente: <u>cubre</u>*

1. primera conjugación, tercera persona singular, tiempo presente
2. primera conjugación, primera persona, tiempo presente
3. primera conjugación, tercera persona, tiempo futuro
4. tercera conjugación, tercera persona, tiempo presente

CREEMOS LITERATURA

G. **Una tarjeta postal.** Utilizando tus apuntes de los ejercicios *B*, y *C*, escribe un mensaje para una tarjeta postal de la poetisa a sus familiares o amigos cubanos. Tu mensaje debe incluir los mismos sentimientos y las mismas descripciones expresados en el poema. Dibuja un sello en la esquina superior derecha de tu tarjeta.

H. **La musa.** Imagina que eres el poeta (la poetisa) de «¡Al partir!». Escribe una descripción de la creación de tu poema en la que cuentas dónde, cómo, cuándo y posiblemente en quién te inspiraste para escribirlo. Después explica por qué escribiste un poema en vez de un cuento, una novela, una canción o una carta.

LECCIÓN 5

Kike

ALISTÉMONOS PARA LEER

La separación de un niño del lado de sus padres puede ser una experiencia traumática. El protagonista de la novela Kike de Hilda Perera nos cuenta con humor algunas de las difíciles situaciones a las que se tiene que enfrentar.

A. **Cuadro de tres columnas.** Vas a leer el primer capítulo de la novela *Kike*. El protagonista de esta obra es un niño de ocho años que se ve forzado por las circunstancias a enfrentar una serie de situaciones muy difíciles para él. En el curso de nuestras vidas, todos tenemos que enfrentar situaciones que, en su momento, nos parecen imposibles de vencer. Por ejemplo: el primer día de escuela para Panchito en el cuento «Cajas de cartón», el último día de trabajo de Rosa en «El trabajo en el campo». Copia el siguiente cuadro en tu cuaderno. Piensa en algunas experiencias similares que tú has tenido y anótalas en el cuadro.

¿Qué pasó?	¿Qué sentí?	¿Qué aprendí?

VOCABULARIO CLAVE DEL TEXTO

Familiarízate con el vocabulario del texto según las indicaciones de tu maestro(a).

coriza   gusano   caramelo
presillado   cremallera

LEAMOS ACTIVAMENTE

B. **Cuadro de dos columnas.** El narrador de esta historia es Kike. La manera como nos cuenta los eventos nos hace reír a menudo. Sin embargo, a través de sus palabras y acciones, nos damos cuenta de lo que realmente está sintiendo.

■   Copia el cuadro siguiente en tu cuaderno.

■   En la columna de la izquierda anota qué está sintiendo el personaje y en la de la derecha escribe una cita del texto que lo prueba o explícalo con tus propias palabras.

¿Cómo se siente Kike?	¿Cómo lo sé?

Kike

HILDA PERERA

Buenas tardes, señores pasajeros. Éste es el vuelo 102 de Cubana de Aviación, con destino a Miami.

No vi quién lo decía y a mí nadie me dice «señor», pero de todos modos contesté:

—Buenas tardes.

Mi hermano se echó a reír y me dijo:

—¡Cretino!

Entonces se encendieron unas lucecitas rojas en las alas del avión, y la voz dijo:

—Señores pasajeros, por favor, abróchense el cinturón de seguridad.

Me lo abroché, aunque ya tenía muchas ganas de ir al baño. Siempre me pasa cuando no puedo moverme. Mamá dice que si me distraigo no me orino, así es que me puse a fijarme en todo lo que había a mi alrededor. Empujé la tapa de una cajita metálica que hay en el brazo del asiento. Nada. Cuando empujé más, se abrió de pronto y me llené de ceniza y de colillas de cigarro. El botón redondo que está al lado echa el asiento para atrás. Así. Me da para estirar bien las piernas. Lo probé tres o cuatro veces.

Como sin querer estaba dando patadas por debajo del asiento, la señora que estaba delante de mí se viró y me dijo:

—Hijito, por favor, estate quietecito.

En el techo hay un redondel de metal con un agujerito. Trato de alcanzarlo y no puedo. Pongo los pies en el asiento, y entonces sí.

UNIDAD 3

Cuando lo abro todo, entra una corriente de aire frío de lo más rica, pero a la señora le da coriza y empieza a estornudar.

Mi hermano Toni me dice:

—Estate quieto. Pareces una lagartija.

Mi hermano me cae mal. Todos los hermanos mayores son unos pesados y unos chivatos.

Para entretenerme, cojo el papel que mi mamá me prendió al bolsillo de la camisa con un alfiler y lo abro. Arriba dice: «APRÉNDETE ESTO DE MEMORIA»; así, con mayúscula y subrayado dos veces. Cuando mamá quiere que haga algo, o me grita o subraya las cosas. Después dice: «Me llamo Jesús Andrés Lendián Gómez», como si yo fuera idiota y no lo supiera, y «tengo ocho años», que no es verdad, porque casi tengo nueve. Luego viene la parte que tengo que aprenderme, aunque creo que ya me la sé: «mi abuelo es Francisco Lendián. Vive en el 243 de Michigan Avenue, en Miami Beach, y su teléfono es el JE2-3054». Lo que está presillado al papel no es un pasaporte, porque yo no tengo pasaporte, sino una cosa que se llama *Visa Waiver*, que fue un lío conseguirla; mi papá y mi mamá llamaron a qué sé yo cuánta gente para que nos la mandaran a mi hermano y a mí. Toni dice que si la pierdo, me mata. Cierro los ojos y repito el teléfono de mi abuelo, pero nada más llego al cuarto: ¡se está moviendo el avión!

—Toni, ¿ya?

—Ya —dice Toni, que siempre habla como si todo lo supiera.

Ahora arrancan los motores, y el avión se dispara a correr por la pista. Me suenan las tripas. Pego la nariz a la ventanilla a ver si veo a mi papá o a mi mamá, pero lo único que se ve es la terraza del aeropuerto y un montón de gente moviendo pañuelos. Cojo el mío y

digo adiós bien pegado a la ventanilla; mamá dijo que así sabía dónde estábamos. Yo creo que no me vieron, porque el avión va a mil. Las casas, los postes y las palmas pasan corriendo frente a la ventanilla. De pronto me halan el estómago, como cuando subo en los ascensores. Una fuerza me pega al asiento. El avión despega y en seguida empiezo a ver La Habana al revés: es decir, desde arriba, y parece un pueblo de enanos: los automóviles parecen juguetes, y las palmas, que siempre son tan altas, se ven como pinceles. Ya casi no se ve nada, porque estamos entrando en una nube. Las nubes son como humo, así que si te caes allá arriba, sigues para abajo y te escachas. Ahora estamos entrando en unas nubes negras que parecen montañas. El avión coge un bache y empieza a caerse. Tengo miedo.

Tengo muchísimo miedo, pero no se lo digo a mi hermano. Más bien trago y trago a ver si puedo tragarme una bola que tengo en la garganta desde que traté de ver a papá y mamá y no los vi; pero hago como si estuviera mirando por la ventanilla, para que mi hermano no vea que estoy llorando.

La muchacha rubia empieza a explicarnos que «en caso de pérdida de presión en la cabina, automáticamente caerían unas máscaras como éstas», y agarra una igualita a la de anestesia —cuando me operaron de las amígdalas— y se la pone. Después dice que apagáramos nuestros cigarrillos y respiráramos normalmente. Como si estuviera anunciando pasta de dientes, sigue diciendo que «en el improbable caso de una emergencia» —emergencia es cuando el avión se va a caer— «tomen sus salvavidas, que están colocados debajo de cada asiento». Se puso el suyo y dijo que lo infláramos sólo cuando ya estuviéramos fuera del avión. Yo pienso lo difícil que debe de ser inflar un salvavidas cuando uno está nervioso porque el avión se acaba de escachar en el mar. En las películas siempre se forman líos tremendos; todo el mundo llora y grita a la vez. Para quitarme el miedo, le pregunto a Toni:

—¿Qué pasa si lo inflamos dentro?

—Que te trabas en la puerta, idiota. ¿No ves que las puertas son muy estrechas?

—Y si uno se traba, ¿qué pasa?

Mi hermano se pone bizco y saca la lengua.

AHORA sí que si no voy, me orino. El baño está al frente y cada vez que entra alguien se enciende un letrero. Por fastidiarme, cuando me levanto, mi hermano me pone un traspiés. Si no me agarro de la pierna de un señor que estaba al otro lado del pasillo, me caigo. Yo no era el único que tenía ganas: había una cola larguísima. Un señor me vio la cara de apuro y me dijo que pasara primero. El baño es tan chiquito que casi no puedes. Cuando tiras de la cadena, que no es cadena, sino un pedal, hace muchísimo ruido y se abre el fondo del inodoro. Yo pienso si todo saldrá volando. El jabón sale a chorritos por un tubo y huele a perro. El papel resbala. Por eso ponen unas toallitas con mucho perfume para que te laves las manos. Al salir, se me trabó la puerta, pero me abrieron. De regreso vi al piloto y al copiloto y por poco me cuelo en la cabina, pero la muchacha rubia me preguntó si quería algo. Le dije que agua, y me dio un vaso de cartón con hielo. Me encanta mascar hielo, porque en casa no me dejan. Dicen que da caries. Cuando volví al asiento, estaba pasando un señor con una bandeja de caramelos. Le pedí unos cuantos y, al cogerlos, se me cayó el vaso con los hielos encima de la señora de la coriza. En Cuba no hay caramelos. Me comí dos juntos y quise guardar el resto para después. Por eso cogí mi gusano, que estaba debajo de mi asiento. El gusano es como una maleta, sólo que no es como las maletas, sino largo y de tela gruesa. Mamá le puso ruedas al mío para que pudiera arrastrarlo yo solo. Dentro me puso un abrigo de franela a cuadros que huele a cucaracha, porque era una manta de mi abuela, y ella cuando guarda la ropa le pone unas bolitas que huelen a rayo y se llaman naftalina. También me pusieron como veinte pares de calcetines, todos con pareja. Mamá los cambió por frijoles negros y dos kilos y medio de café. Desde que en Cuba no hay nada de nada, mamá se pasa la vida cambiando cosas. Hace una ensalada de pollo sin pollo y una mayonesa con zanahorias de lo más rica, y luego la cambia por toallas o sábanas o

por vasos que son la mitad de abajo de las botellas de Coca-Cola.
Papá inventó un líquido de frenos que hace con aceite de ricino y
también consigue tuercas y alambres. A veces es divertido. Los
zapatos de mi hermano, esos amarillo-canario, llenos de huequitos,
que parecen de bobo, eran de un ruso que los cambió por un litro de
alcohol puro, a un señor amigo de papá que cambia alcohol por
huevos. Como mi papá cría pollos, tiene huevos de sobra para hacer
cambios.

En el gusano también me pusieron cantidad de calzoncillos
que me hizo mi abuela con sábanas viejas, un retrato de papá y
mamá y una cajita con píldoras. Las redondas son para si me da

estreñimiento. A mí nunca me da estreñimiento, sino diarrea, pero me las pusieron de todos modos. Abuela dice «está flojito del vientre» y a mí me da muchísima rabia, porque yo lo que tengo es diarrea, como los grandes. Las píldoras para la diarrea saben a pared. Las amarillas son para la fiebre, y un jarabe verde que sabe a demonio es para la tos. En cuanto llegue a Miami, yo pienso que se me caiga y se rompa el frasco. Tata Amelia me puso en el gusano una cajita con un azabache para el mal de ojo. Papá dice que no hay mal de ojo, pero Tata Amelia dice que sí, que ella ha visto cómo nada más con que una persona mire mal a una planta, se pone mustia y se muere, y que a su sobrina le echaron mal de ojo y se fue poniendo chiquitica y arrugada como una vieja, hasta que se murió. Tata Amelia también dice que no se debe mecer un sillón solo, porque se muere el más chiquito de la casa, y cuando se murió el mono de abuela dijo «que en él se ensuelva», que quiere decir que es mejor que se muera un mono antes que se muera alguien de verdad. Yo quiero mucho a Tata Amelia, porque siempre me defiende y me hace dulces cuando consigue azúcar. Ella dice que yo soy su hijo y que nací negro igual que ella, pero que luego me dio lechada y me regaló a mi mamá. Tata Amelia se agarró a la ventanilla del coche cuando yo me iba y siguió corriendo a mi lado y diciendo: «¡Mi niño! ¡Mi niño!», hasta que el coche corrió más que ella.

Me siento solo y le pregunto a mi hermano:

—¿Qué pasa si no está el abuelo esperándonos?

—Lo llamamos por teléfono.

—¿Y si llamamos por teléfono y no contesta?

—Buscamos a un policía.

Yo no voy a llamar a un policía, porque no creo en policías desde el día que vino uno verde olivo con mucha barba y sacó a papá de la casa a punta de metralleta, y estuvimos muchos días sin verlo y sin saber dónde estaba. Yayo, el jardinero, que es bizco de un ojo y siempre parece que está mirándose la nariz, vino y le dijo a mi mamá que a papá lo habían llevado al colegio de los curas, al mismo que yo iba antes de que se lo cogieran los comunistas. Entonces me escapé de casa sin decir nada, salí corriendo y me encaramé en la mata de mango que está detrás de la tapia del colegio. Allí, en el patio donde antes nos daban el recreo, había como doscientos hombres dando vueltas. En seguida vi a mi papá y le chiflé con el chiflido de los Lendián, que lo inventó mi abuelo, y se oye a dos leguas. Mi papá supo que era yo y me buscó con la vista.

—¿Qué haces ahí, Kike? —me dijo—. ¡Vete, vete en seguida, no vayan a verte!

Yo le pregunté si había visto al cura Joselín, el que jugaba al fútbol con nosotros.

—No está aquí. Todos se fueron ayer. Pero ahora vete, hijo. Dile a tu madre que estoy bien. Que me mande comida.

Era mentira: todos los curas no se fueron, porque fusilaron a tres. Al día siguiente, Candita, la vecina de al lado, que es una gorda chismosa y todo lo dice bajito para que yo no oiga, vino y le dijo a mi mamá —y yo lo oí— que el padre Joselín, cuando ya lo iban a fusilar, gritó: «¡Viva Cristo Rey!» y «¡Viva Cuba libre!», y que lo fusilaron de todos modos. Entonces, yo lo veo agarrándose el estómago y echando sangre por la boca, como en la película del samurai que se enterró un cuchillo en la barriga y se le puso la cara feísima. Ahora no puedo pensar en eso; no puedo. Porque si lo

pienso, sueño; y si lo sueño, me da pesadilla. Y si me da pesadilla,
me orino. Ojalá que nunca vuelva a orinarme; mi hermano me juró
que no se lo decía a nadie, si le daba un peso todas las semanas.
Pero no sé si abuelo me dará dinero en Miami; si no, seguro que lo
dice, o me fastidia llamándome Simeón en vez de Jesús. Como si
supiera lo que estoy pensando, me pregunta:

—¿Te subiste la cremallera?

Me cae mal que me pregunten si me subí la cremallera, pero
miro por si acaso. Como nos desnudaron en el aeropuerto y tuve
que volver a vestirme y fui al baño, a lo mejor me la dejé abierta.
Mamá nos metió un cuento de que ellos se quedaban para que no
les cogieran la casa y la finca, y que nosotros íbamos a Miami a
estudiar en un colegio grandísimo, con campo de pelota, de tenis,
piscina y hasta caballos. Ya en la puerta, cuando íbamos a
despedirnos, mi mamá hizo como si estuviera contenta y me dijo:
«¡Mándame un retrato con tu caballo!» Mi papá me abrazó y me
dijo que me portara como un hombre, que es lo que dicen siempre
los padres cuando hay que hacer algo que es una lata. A mi abuela
se le puso la nariz roja como un tomate y empezó a llorar y a decir:
«¡Ay, Dios mío, Sagrado Corazón de Jesús!», que es lo que dice
cuando se pone triste. A mí me dieron ganas de no pasar la puerta,
aunque no fuera al colegio, ni tuviera nunca ningún caballo. Mi
hermano me empujó y entramos a la pecera. La pecera no es pecera,
pero le dicen así, porque es un cuarto todo con cristales en vez de
paredes y la gente se ve de un lado y del otro y no pueden tocarse.
Yo vi a un hombre con las manos puestas en el cristal y la mujer del
otro lado, y los dos llorando, y me dio mucha pena, porque yo
nunca había visto a un hombre llorar así. Entonces una miliciana

gorda para arriba y flaca para abajo, nos dijo que pasáramos al registro.

Yo hice como si no hubiera oído, porque me daba vergüenza que vieran mis calzoncillos hechos de sábanas viejas. Un miliciano flaco, mandón y con metralleta nos dijo:

—Pasen ahí y desnúdense.

Ahí mismo me di cuenta que todo lo del colegio y el caballo era un paquete, porque a nadie lo desnudan cuando se embarca para ir al colegio.

C. **Secuencia de eventos.** Ordena la secuencia de eventos en la vida de Kike.

1. Kike se encuentra en el avión rumbo a los Estados Unidos.

2. Kike se da cuenta que sólo Dios sabe cuándo verá de nuevo a sus padres.

3. Los papás de Kike le consiguen el visado especial *(Visa waiver)* para ir a un colegio especial en Miami.

4. La familia de Kike pasa apuros económicos.

5. Las autoridades del gobierno registran a Kike y a su hermano.

Conozcamos a la autora

HILDA PERERA   Nativa de La Habana, Hilda Perera nació el 11 de septiembre de 1926 en la capital cubana. Se graduó de Western College for Women en 1948 cursando sus estudios graduados en la Universidad de La Habana y la Universidad de Miami.

A pesar de tener extensa experiencia en la enseñanza, a Perera se conoce sobre todo por su literatura infantil y académica. También escribe literatura para adultos. Sus esfuerzos literarios le han ganado varios premios, incluyendo el Premio Lazarillo concedido por el Ministerio de Cultura de España.

Hilda Perera vive actualmente en Miami donde se dedica plenamente a la literatura.

AMPLIEMOS NUESTRA COMPRENSIÓN

D. **Análisis del personaje.** Contesta las siguientes preguntas.

1. ¿Cuál crees que fue el reto mayor con que se tuvo que enfrentar Kike al llegar a Miami?

2. ¿Dónde estará Kike dentro de veinte años?

3. ¿Cómo cambiaría la narración si Kike tuviera dieciocho años en vez de ocho?

4. ¿Qué diferencias habría notado Kike entre el aeropuerto de La Habana y el aeropuerto de Miami?

APUNTES LITERARIOS

MOTIVOS Y SENTIMIENTOS DE LOS PERSONAJES

Por lo general, los escritores tratan de crear personajes que parezcan reales, con los mismos sentimientos y comportamiento que los seres reales. Pero muchas veces los escritores no nos dicen directamente cómo se siente un personaje o qué motivos tiene para hacer algo. ¿Cómo podemos averiguarlo?

Existen tres maneras de conocer a un personaje.

1. A través de sus acciones y de sus palabras.
2. Por lo que los otros personajes nos dicen de él o de ella.
3. Por las descripciones directas del autor.

EXPLOREMOS EL LENGUAJE

LOS VERBOS REGULARES E IRREGULARES

Existen en español, como en todos los idiomas del mundo, verbos regulares y verbos irregulares. Todos los verbos tanto regulares o irregulares tienen infinitivo y pertenecen a una conjugación, sea primera, segunda o tercera. Sin embargo:

> Los **verbos regulares** conservan siempre la misma raíz y toman terminaciones de su conjugación.

Considera estas citas de «Kike»:

- «**Empujé** la tapa de una cajita metálica que hay en el brazo del asiento».
- «Mamá los **cambió** por frijoles negros y dos kilos y medio de café».

Los verbos **empujar** y **cambiar** son verbos regulares porque mantienen su raíz y toman las terminaciones de su conjugación. Las citas originales aparecen en el pasado, pero si cambiamos el tiempo de los verbos al presente o al futuro, la raíz del verbo se mantiene.

Presente: empujo, cambia

Futuro: empujaré, cambiará

Otros ejemplos de verbos regulares:

- «**Trato** de alcanzarlo y no puedo».
- «Cuando lo **abro** todo, **entra** una corriente de aire frío de lo más rica... »

Pasado: traté, abrí, entró

Futuro: trataré, abriré, entrará

> Los **verbos irregulares** sufren cambios en su raíz y toman terminaciones particulares.

Esta oración contiene formas pasadas de los infinitivos **poner** y **hacer.**

«En el gusano me **pusieron** cantidad de calzoncillos que me **hizo** mi abuela... »

Presente: ponen, hace

Futuro: pondrán, hará

E. **Cuadro lingüístico.** Completa el cuadro con las formas correspondientes a la primera persona (yo) de los verbos que se indican según el modelo.

	cantar	querer	salir	conocer	poder	comer
Presente	canto	quiero	salgo			
Pretérito						
Futuro						

CREEMOS LITERATURA

F. **Narración autobiográfica.** ¿Te has visto alguna vez en una situación parecida a la de Kike? Utiliza el cuadro de tres columnas que hiciste en el ejercicio *A* para ayudarte en la narración y sigue el siguiente esquema.

Párrafo 1: Exposición: Describe el ambiente y el conflicto.

Párrafos 2, 3 y 4: Cuerpo:

- ¿Qué pasó primero? ¿Cómo te sentiste?
- ¿Qué pasó después? Describe tus sentimientos y (o) tus pensamientos.
- ¿Cómo se resolvió? ¿Cuáles fueron tus emociones?

Párrafo 5: Conclusión: ¿Por qué recuerdas este evento con tanta vividez? ¿Crees que alguna vez te olvidarás de ello? ¿Por qué? ¿Por qué no?

G. **Folleto de bienvenida.** Diseña un folleto de bienvenida para niños y adolescentes que llegan a los Estados Unidos de países hispanos. Incluye los siguientes elementos (en la página 214).

- Un párrafo de bienvenida

- Una breve descripción de la vida estadounidense (¡Sé siempre positivo!)
- Números telefónicos importantes incluyendo los de emergencia, de consulados o embajadas y otros dos o tres que tú consideras importantes
- Concluye con unas palabras de ánimo para que sea menos traumática la transición a una nueva cultura y forma de vivir.

CONCLUSIÓN DE LA UNIDAD

*Las personas despedidas y los nuevos comienzos esperanzadores configuran las dos caras opuestas de **la experiencia migrante**. Las memorias agridulces de esta experiencia plasmadas en la obra literaria alcanzan la sensibilidad de todo lector que haya tenido que empezar una nueva vida en un lugar desconocido.*

GRÁFICAS

En los cuentos y poemas de esta unidad se ha hecho referencia a personas provenientes de distintos países de Latinoamérica que ahora viven en los Estados Unidos. De acuerdo con los datos proporcionados por el último censo, en los Estados Unidos hay 22.354.059 personas de ascendencia hispana. De éstas, aproximadamente el 60% son de origen mexicano, 12% de origen puertorriqueño, 5% cubanos y el resto proviene de diferentes países de Latinoamérica y de España.

Tanto el párrafo como la gráfica presentan la misma información. ¿Cuál te resulta más fácil de entender?

Las gráficas nos presentan información de una forma visual y nos permiten ver las diferencias, semejanzas y relaciones entre distintos datos numéricos. Existen tres tipos de gráficas:

1. Las **gráficas circulares** se usan para mostrar las relaciones entre las partes y el todo. En la siguiente gráfica, por ejemplo, el círculo completo representa el número total de personas de ascendencia hispana en los Estados Unidos, o sea el 100%. Cada uno de los segmentos en que está dividido el círculo muestra cuál porcentaje de esta población proviene de cada grupo. Al mirar la gráfica nos damos cuenta rápidamente de que más de la mitad de la población hispana es de origen mexicano.

Distribución de la población de ascendencia hispana en los Estados Unidos

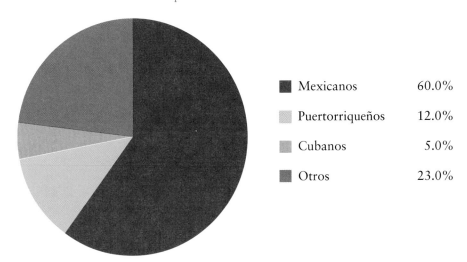

■ Mexicanos	60.0%
▨ Puertorriqueños	12.0%
▨ Cubanos	5.0%
■ Otros	23.0%

2. Las **gráficas de barras** usan barras para mostrar la información y nos permiten hacer comparaciones. La información de la gráfica circular sobre la distribución de la población hispana en los Estados Unidos podría haberse representado mediante una gráfica de barras.

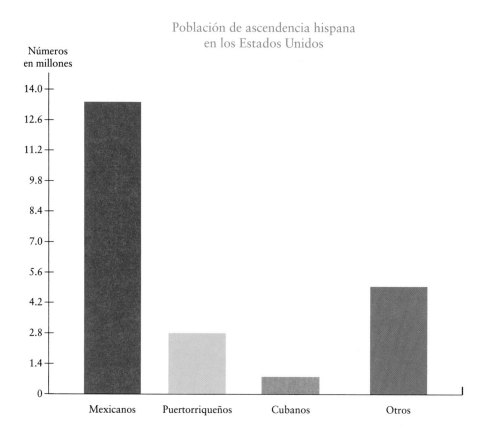

Población de ascendencia hispana
en los Estados Unidos

3. Las **gráficas lineales** nos muestran en qué forma los números aumentan o disminuyen a través del tiempo. Por ejemplo, en la siguiente gráfica se muestra cómo ha aumentado la emigración de puertorriqueños hacia los Estados Unidos desde 1940 hasta 1990.

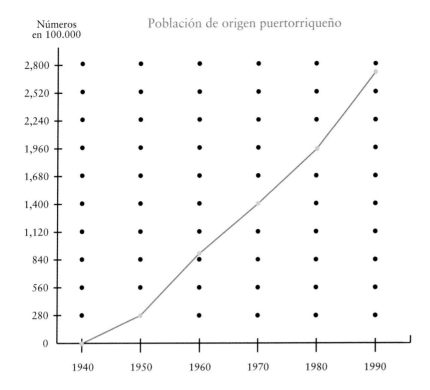

Números en 100.000

Población de origen puertorriqueño

2,800
2,520
2,240
1,960
1,680
1,400
1,120
840
560
280
0

1940   1950   1960   1970   1980   1990

A. **Datos demográficos.** Consulta la gráfica de arriba para contestar las siguientes preguntas. Escribe las respuestas en tu cuaderno.

1. ¿Qué tipo de gráfica es?
2. ¿Cuántos puertorriqueños vivían en los Estados Unidos en 1940?
3. ¿Cuál fue el aumento de la población puertorriqueña entre 1950 y 1970?
4. ¿Cuál fue el aumento de la población entre 1970 y 1980?

B. **Los estudiantes bilingües.** Usa la siguiente información para hacer una gráfica de barras.

La Escuela Linda Vista tiene 300 estudiantes en el programa bilingüe. De éstos, 155 son hispanos, 75 son filipinos, 33 son coreanos y el resto de otras nacionalidades. Sigue las instrucciones de la página 218.

1. Escribe el título.

2. Escribe los nombres de las distintas nacionalidades y la palabra «otros» en la parte de abajo de la gráfica.

3. Escribe «Número de estudiantes» a la izquierda de la gráfica y escribe los números de 10 en 10.

4. Dibuja las barras.

Ahora calcula el porcentaje que representa cada nacionalidad y haz una gráfica circular.

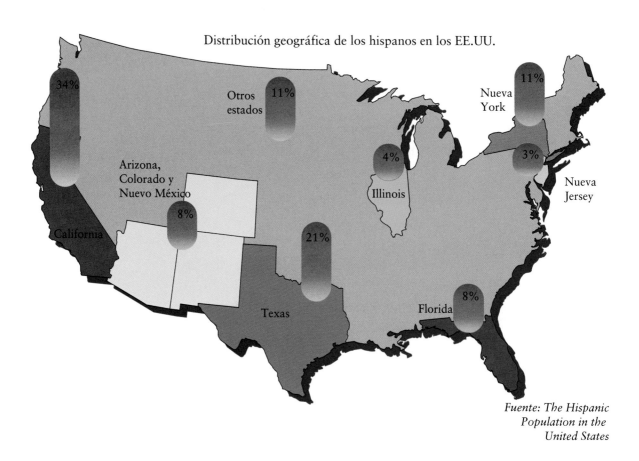

Distribución geográfica de los hispanos en los EE.UU.

Fuente: The Hispanic Population in the United States

SÍNTESIS Y CONEXIÓN DE CONCEPTOS

C. **Diagrama de Venn.** Este diagrama se usa para mostrar semejanzas y diferencias. Escoge dos personajes de dos de las selecciones leídas en esta unidad y compáralos usando un diagrama de Venn como el que se ilustra. Por ejemplo, puedes comparar a Panchito y a Rosa, o a Kike y a Panchito.

D. **Estás en el banquillo.** Ésta es una actividad en la cual vas a asumir el papel de uno de los personajes de las historias que has leído en esta unidad y vas a contestar preguntas que te harán otros personajes.

- Con tus compañeros de grupo escojan uno de los personajes de los cuentos leídos: Kike, su hermano, Rosa, la mamá de Rosa, Panchito, el papá de Panchito, el hermano, etcétera. No pueden repetir un personaje.

- Después de decidir cuál personaje van a representar deben hacer dos cosas:

1. Hagan una lista de todas las características del personaje. Deben conocerlo muy bien porque ustedes se van a poner

en su lugar y deberán contestar las preguntas que les hagan los otros personajes.

2. Elaboren tres o cuatro preguntas que su personaje le haría a cada uno de los otros personajes.

■ En el segundo grupo en que estarás, cada estudiante será un personaje diferente y deberá ponerse en el banquillo para contestar las preguntas de los otros personajes.

E. **Mapa de un personaje.** Escoge el personaje que más te ha impactado en las obras que leíste en esta unidad. Copia en tu cuaderno el diagrama que aparece a continuación y llénalo de la siguiente manera.

1. Escribe el nombre del personaje en el rectángulo central.

2. En los otros rectángulos escribe palabras que describan al personaje y los eventos del cuento donde se refleja esa característica del personaje.

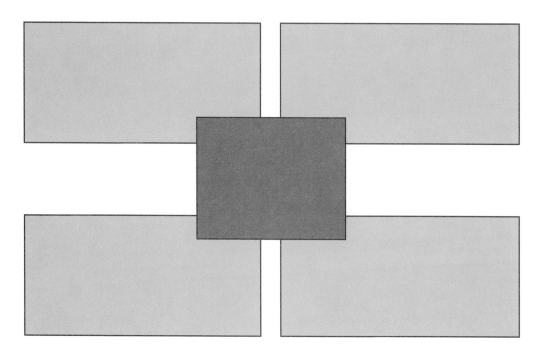

MÁS HORIZONTES CREATIVOS

F. Una narración autobiográfica. Ahora vas a escribir una
narración autobiográfica sobre tus experiencias migratorias. Si
recuerdas todavía tus vivencias de los primeros años de estancia
en este país, escribe sobre ellas. Si naciste aquí o viniste de muy
pequeño, quizás hayas viajado al país donde naciste o donde
nacieron tus padres sólo para sentirte desplazado, como si
estuvieras en un país extraño y alejado. Puedes escribir de esa
experiencia si prefieres.

Paso 1: La pre-escritura. Antes de organizar tus ideas, es
imprescindible tenerlas todas delante. Utiliza la mente abierta
para apuntar palabras, ideas o símbolos relacionados con tus
pensamientos durante el proceso inmigratorio. Utiliza el corazón

abierto para apuntar palabras, ideas o símbolos relacionados con tus emociones y sentimientos a lo largo de la experiencia.

Paso 2: El borrador. Escribe el borrador incluyendo lo siguiente.

1. Exposición:

a. Capta la atención de tu lector.

b. Describe tu vida/la vida de tu amigo en tu/su país de origen.

2. Parte principal: Incluye en tres párrafos separados las cinco vivencias migratorias.

a. el deseo y la esperanza

b. el viaje

c. el encuentro y la realidad

3. Conclusión:

a. Resume tus experiencias en dos o tres oraciones.

b. Termina con una aserción positiva sobre la experiencia.

¡Ojo! Recuerda el refrán: «No hay mal que por bien no venga».

Paso 3: La revisión del manuscrito.

1. La revisión del contenido: Comparte tu borrador con tu padre, tu madre u otro familiar. Revisa tu narración según los comentarios y preguntas que te hace.

2. La revisión mecánica: Ahora utilizando el siguiente criterio, revisa tu trabajo.

a. ¿Tiene introducción, parte principal y conclusión?

b. ¿Has organizado tus ideas en párrafos?

c. ¿Estás seguro(a) de que todas las palabras están escritas correctamente?

d. ¿Son apropiados los registros lingüísticos que has empleado?

Paso 4: La copia final. Escribe tu copia final utilizando las sugerencias del miembro de tu familia que revisó el borrador contigo.

Paso 5: La publicación. Una vez que estés contento(a) con tu obra, prepara la copia final en la computadora. Tu narración puede formar parte de tu portafolio si así lo quieres. También puedes presentarla para publicación en el periódico escolar o la revista literaria de tu escuela, si tiene.

«El sembrador», Vincent van Gogh

UNIDAD 4

Relaciones familiares

Las relaciones familiares muchas veces son fuente de alegría, paz, energía y esperanza. Otras veces, sin embargo, ocasionan tensión, angustia, frustración y pena. A través de las selecciones de esta unidad, exploraremos diversas situaciones, los sentimientos que ellas generan y las soluciones.

«Barbacoa para cumpleaños», Carmen Lomas Garza

LECCIÓN 1

Como un escolar sencillo

ALISTÉMONOS PARA LEER

Muchas familias no encajan dentro del patrón tradicional de madre, padre e hijos. Esto no significa, sin embargo, que no puedan dotar a los hijos de un claro sentido moral que les permita sobrevivir en un ambiente lleno de tentaciones. El cuento siguiente nos pinta una de esas situaciones.

A. **Piensa, anota y comparte.** ¿Tienes alguna característica que quisieras poder cambiar? ¿Cuál es esa característica y por qué razón quieres cambiarla?

- Piensa en alguna ocasión concreta en que este rasgo te fue particularmente desagradable.
- Describe en tu cuaderno cómo te hubiera gustado ser en ese momento.
- Comparte lo que has escrito con tu compañero(a).

B. **Ramillete de ideas.** Trabajando con un(a) compañero(a) apunta las diversas maneras que ustedes utilizan para atraer la buena suerte. Por ejemplo, algunas personas piensan que el cruzar los dedos les trae buena suerte. ¿Qué otras señales conocen ustedes?

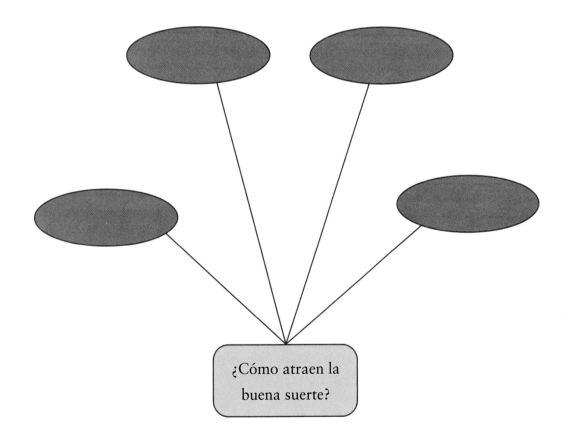

¿Cómo atraen la buena suerte?

VOCABULARIO CLAVE DEL TEXTO

Familiarízate con el vocabulario clave del texto según las indicaciones de tu maestro(a).

guajiro	boina	sindicato
menudo	palanganas	haraganear
guagua	aureola	embullar
carnet	insinuar	

LEAMOS ACTIVAMENTE

C. **Lectura individual.** Lee la primera parte (página 229) del cuento «Como un escolar sencillo».

D. **Piensa, anota y comparte.** Rememora una ocasión en la que sucedió algo parecido a lo que acabas de leer. Tú puedes haber participado o sido testigo en este incidente.

- Escribe tus recuerdos del evento.
- Comparte lo que escribiste con un(a) compañero(a).

E. **Lectura individual:** Ahora lee la página 230 del cuento.

F. **Trabajo en parejas.** Con un(a) compañero(a) comenta si esos sentimientos son típicos de jóvenes como ustedes.

G. **Lectura silenciosa.** Sigue silenciosamente la lectura que hará tu maestro(a) en voz alta.

Cómo un escolar sencillo

Senel Paz

PRIMERA PARTE

Un día recibí una carta de abuela. La iba leyendo por el pasillo tan
entretenido, riéndome de sus cosas, que pasé por mi aula, seguí de
largo y entré a la siguiente, donde estaban nada menos que en la
clase de Español. Sin levantar la vista del papel fui hasta donde
estaría mi puesto y por poco me siento encima de otro. El aula
completa se rió. Arnaldo también se rió cuando se lo conté, se rió
muchísimo. Nunca se había divertido tanto con algo que me
sucediera a mí, y me sentí feliz. Pero, no es verdad que eso pasó. Lo
inventé para contárselo a él, porque a él siempre le ocurren cosas
extraordinarias y a mí nunca me pasa nada. A mí no me gusta como
soy. Quisiera ser de otra manera. Sí, porque en la secundaria, en
la escuela del campo, a mí nadie me llama cuando forman un
grupo, cuando se reúnen en el patio, ni nadie me dice que me apure
para ir a comer conmigo. Cómo me hubiera gustado que aquella
vez, en la clase de Biología, cuando le pusieron un cigarro en la
boca a Mamerto, el esqueleto, y nos dejaron de castigo, la profesora
no hubiera dicho que yo *sí* me podía ir porque estaba segura de
que yo sí que no había sido. Cómo la odié mientras pasaba por
delante de todos con la aureola dorada sobre la cabeza. Cómo me
hubiera gustado haber sido yo, yo mismo. Pero qué va, yo no fui.
Y de mí no se enamoró ninguna muchacha. Sobre todo no se
enamoró Elena.

Y otra cosa mía es que yo todo se lo pregunto a mi menudo. Lo tomo del bolsillo, sin mirarlo, y voy contando los escudos y las estrellas que caen bocarriba. Las estrellas son los sí, a mí las estrellas me gustan más que los escudos. Y un día al llegar a la carretera me dije que si antes de contar doscientos pasos pasaban cinco carros azules, enamoraba a Elena: y si de la mata de coco al flamboyán había noventa y seis pasos, la enamoraba; y si el menudo me decía que sí dos veces seguidas, la enamoraba. Pero no la enamoré. No pude. No me salió. No se me movían las piernas aquella vez para ir del banco donde estaba yo al banco donde estaba ella, tomándose un helado.

Y estoy seguro de que si Elena me hubiera querido, si hubiéramos sido aunque fuera un poquito novios, habría dejado de ser como soy. Hubiera sido como Raúl o Héctor. Elena tan linda, con esa risa suya, con esa forma que tiene de llegar, de ponerse de pie, de aparecer, de estar de espaldas cuando la llaman y volverse. Lo que hice fue escribirle una carta, dios mío qué vergüenza, y a pesar de que le advertí los secretos que eran mis sentimientos, que si no le interesaban no se lo dijera a nadie, no se ofendiera, al otro día, cuando entré a la secundaria, los de mi aula, que como siempre estaban bajo los almendros, comenzaron a contar que Pedrito estaba enamorado, Pedrito estaba enamorado, de quién, de quién sería. ¿Sería de Elena? De Elena era. Daría dos años de mi vida porque esto no hubiera sucedido. Las muchachas admiraban a los demás porque se reían, conversaban, fumaban, les quedaba tan bien el pelo en la frente y las llevaban a la heladería, al cine, al parque, se les insinuaban, les tomaban las manos aunque dijeran que no, les miraban por los escotes, jugaban al fútbol y pelota, se habían fajado alguna vez. Al contemplarlos, los veía alegres y despreocupados, divertidos. Me cambiaría por cualquiera de ellos, menos por Rafael, y por Iznaga tampoco. Así es la gente que se necesita, la que hace falta, no los estúpidos como yo. Nadie es de esta manera. Incluso en mi casa no son así.

Antes fueron como marchitos, pero de repente despertaron, resucitaron. La primera fue mamá, que un día regresó con Isabel, ambas vestidas de milicianas, y se reían ante el espejo. «Qué nalgatorio tengo», se quejaba mamá. «Se te marca todo», decía Isabel. «A ver si se atreve a salir a la calle con esa indecencia», protestó abuela. Pero mamá se atrevió, y le encantaba hacer guardias. Trabajaba ahora en el taller de confecciones textiles y regresaba todas las tardes hablando de sindicato, de reuniones, de lo que había que hacer. «Por dios, si uno antes estaba ciego», decía. «Ni muerta vuelvo yo a servirle de esclava a nadie ni a soportar un atropello», y besaba la cruz de sus dedos. Un 26 de julio se fue para La Habana, en camión y con unas naranjas y unos emparedados en una bolsa de nailon, y regresó como a los tres días, en camión, con una boina, dos muñecas y banderitas en la bolsa de nailon. Estuvo haciendo los cuentos una semana. «Un guajiro se trepó en un poste de la luz altísimo, y desde allá arriba saludaba». Cuando las hermanas trajeron las planillas para irse a alfabetizar, mamá tomó la pluma con mucha disposición, dibujó un elegantísimo círculo en el aire, y estampó la firma en todo el espacio que le dejaban, mientras me medía a mí con la vista. Qué negros tenía los ojos esa tarde. Era una de esas veces que parece una paloma. Luego las hermanas eran dirigentes estudiantiles en la secundaria, tenían listas de los alumnos que iban a los trabajos productivos, de los profesores que a lo mejor no eran revolucionarios, y recibieron sus primeros novios en la sala de la casa. Abuela comentaba: «A mí lo único que no me gusta de este comunismo es que no haya ajos ni cebollas. Sí, ustedes sí, la que cocina soy yo». Cuando en la limpieza de un domingo las hermanas retiraron de la sala el cuadro de Jesucristo, vino hecha una fiera de la cocina, echando candela por la boca, y lo restituyó a su lugar. «¿Ustedes no tienen a Fidel en aquella pared?, pues yo tengo a Jesucristo en ésta y quiero ver quién es el guapito que me lo quita. ¿O porque estoy vieja no van a respetar lo mío? Jesucristo ha existido siempre, desde que yo era chiquita». Gastaba lo último de la visita vigilando a la señora de la esquina no fuera a quemar la tienda que le intervinieron, antes de irse para los Estados Unidos. Cuando por fin se fue, pasó un mes protestando porque la casa también la cogieron para oficinas. «Le voy a escribir a Fidel», amenzaba.

H. Cuadro de asociación de ideas. «Cambios que se operan en los personajes a raíz de la revolución»:

- Escucha la explicación que hará tu maestro(a) del contexto histórico del cuento.
- Trabajando con un(a) compañero(a), revisa el texto.
- Anota algunos de los cambios que experimentó la familia de Pedro después de la revolución cubana.

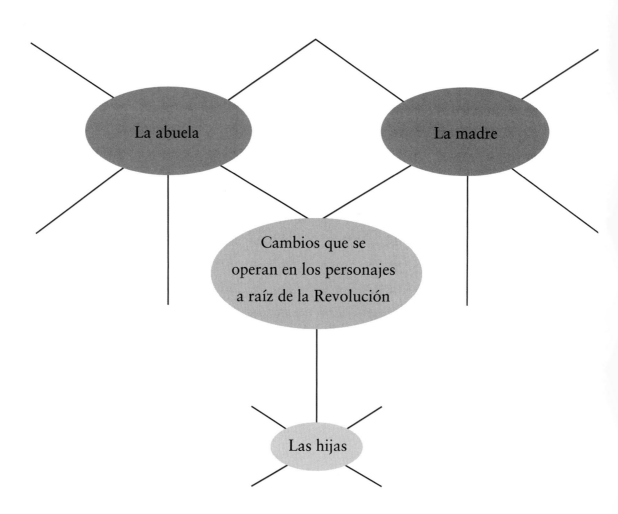

I. Lectura silenciosa. Termina de leer la tercera parte de historia silenciosamente.

TERCERA PARTE

Entonces otros defectos míos son que todo el mundo termina por caerme bien, hasta la gente que debe caerme mal. Ricardo debió caerme mal. Y que soy bobo, no puedo ser malo. Yo voy con una basura y nadie me está mirando, nadie se va a enterar, y no puedo echarla en la calle, tengo que echarla en un cesto aunque camine cinco cuadras para encontrarlo. En un trabajo voluntario hemos adelantado muchísimo y no importa tanto que nos hagamos los bobos para descansar un poquito, y yo no puedo, no puedo dejar de trabajar ese ratico porque la conciencia me dice que yo estoy allí para trabajar. A la vez tampoco puedo continuar trabajando porque la conciencia también me dice que si sigo soy un rompegrupo, un extremista, un cuadrado, y cuando venga el responsable va a decir que todo el mundo estaba haraganeando excepto yo. Y mucho menos puedo pararme y decir: «Eh, compañeros, ¿qué piensan ustedes? No se puede perder tiempo, ¿eh?, tenemos que cumplir la norma. Arriba, arriba». Una vez la conciencia me hizo el trato de que si yo decía eso en alta voz me dejaba enamorar a Elena. Yo quisiera ser malo, aunque fuera un solo día, un poquito. Engañar a alguien, mentirle a una mujer y hacerla sufrir, robarme alguna cosa de manera que me reproche a mí mismo, que me odie. Siempre estoy de acuerdo con lo que hago, con lo que no estoy de acuerdo es con lo que dejo de hacer. Sé que si hiciera algo por lo que pudiera aborrecerme, estaría más vivo y luego sería mejor. Sería bueno porque yo quiero, no como ahora que lo soy porque no me queda más remedio. He hecho prácticas para volverme malo. Antes, de pequeño, las hacía. Sabía que lo ideal era cazar lagartijas y cortarles el rabo, desprenderles los brazos, destriparlas. Pero no, porque las lagartijas a mí me caen bien y a todas luces son útiles. Atrapaba moscas y las tiraba a una palangana con agua. Eso hacía. «Ahí, ahóguense». Me iba a la sala a disfrutar. No podía, pensaba en la agonía de las moscas, las moscas qué culpa tenían, y regresaba a salvarlas. Ahora tengo que buscar algo más fuerte. Tener un amigo y traicionarlo con su novia. Yo tengo que hacer eso.

El asunto es que mamá estaba una noche sacando cuentas en la mesa, muy seria, y yo estaba al otro lado, muy serio, dibujando el mismo barco ese que dibujo siempre, y levantó la vista y me miró para adentro de los ojos, hasta que dijo: «Aquí va a hacer falta que tú te beques». Casi con temor lo dijo, y yo no respondí nada, ni con los ojos respondí y dejé de dibujar el barco. Se levantó muy cariñosa y se sentó a mi lado, me tomó las manos. «El pre en Sancti Spiritus, con los viajes diarios —comenzó a explicarme—, dinero para el almuerzo y la merienda, todo eso, es un gasto que yo no puedo hacer. Nunca has estado lejos de la casa, no te has separado de mí y en la beca tendrás que comerte los chícharos y lo que te pongan delante, pero alégrate, hijo, porque tus hermanas van a dejar los estudios y ponerse a trabajar. Yo sola no puedo y parece que me va a caer artritis temprano. Estudia tú, que eres el varón, y luego ayudas a la familia. Pero tiene que ser becado». ¿Embullarme a mí con la beca? Si lo que más quería yo en el mundo era irme de la casa y del pueblo para volverme otro en otro lugar y regresar distinto, un día, y que Elena me viera. Entonces, en el barrio mío, todo el que necesita algo le escribe a Celia Sánchez, y mamá y yo hicimos la carta, cuidando de explicar bien cuánto ganaba ella, cómo había sido explotada en el régimen anterior, lo que pagaba de alquiler, que era miliciana, de los CDR, de la Federación, y que la casa se estaba cayendo. La pasamos con la mejor de todas mis letras, sin un borrón, los renglones derechitos, y al final pusimos *Comandante en Jefe Ordene,* en letras mayúsculas. La echamos al correo llenos de esperanza porque Celia Sánchez contesta siempre, lo dice todo el mundo. Abuela comentó que a ella Celia Sánchez le cae muy bien y que tiene un pelo muy negro y muy bonito. Es la única persona que puede llamarle la atención a Fidel o recordarle algo que se le haya olvidado, dicen. Le cae atrás y lo obliga a tomarse las pastillas, pero éstos deben ser cuentos de la gente, porque Fidel qué pastillas va a tener que tomar. Abuela también pregunta qué está haciendo Haydée Santamaría, dónde están Pastorita Núñez y Violeta Casals...

La beca llegó a los pocos días. Yo estaba dibujando el barco y mamá barría la sala. Tenía puesto su vestido de ovalitos, que le queda tan entallado y la hace lucir tan joven, porque acababa de regresar del juzgado adonde fue a averiguar si, por las leyes nuevas, el padre de nosotros no tenía la obligación de pasarnos algún dinero hasta que seamos mayores. Recogió el telegrama. Luego de leerlo, se quedó con él en la mano, muda, emocionada, sorprendida no sabía por qué, y yo sabía qué telegrama era, pero no se lo preguntaba, hasta que dijo: «La verdad que el único que me ayuda a mí a criar a mis hijos se llama Fidel Castro». Me besó y me explicó que a todo el mundo le va bien en las becas, engordan, se hacen hombres, y yo me adaptaría como los demás, iba a ver, machito lindo, su único machito, y corrió a darle la noticia a las vecinas que ya comenzaban a asomar intrigadas por la visita y el silbido del repartidor de telegramas. Fui al cuarto y me miré al espejo. Le dije al que estaba reflejado allí: «En la escuela adonde vaya ahora, voy a cambiar. Seré otro distinto, que me gustará. Vas a ver. Dejaré tu timidez estúpida, no me podrás gobernar. Voy a conversar con todos, a caerles bien a los demás. No cruzaré inadvertido por los grupos, alguien me llamará. Y tendré novias, sabré bailar, ir a fiestas, seré como todos. Me van a querer, y no podrás hacer nada contra mí. Te fastidié. Seré otro, en otro lugar».

Salí rumbo a la beca una madrugada. De pronto sonó el despertador y mamá se tiró de la cama. «Niño, niño, levántate que se hace tarde y se te va la guagua». Se levantaron también abuela y las hermanas, todas nerviosas. «Revisa otra vez la maleta —insistía mamá—. ¿Está todo? ¿La cartera? ¿Los diez pesos? ¿Y el telegrama, que lo tienes que presentar?» «¿Y la medallita de la Caridad no la lleva?» preguntó abuela. «Abuela, ¿cómo va a llevar una medalla para la beca?», protestaron las hermanas. «Que no la lleve, que no la lleve. ¿A ver qué trabajo le cuesta llevarla y tenerla escondida en el fondo de la maleta?» Salimos, despertando a los vecinos: «Romualdo, Micaela, Manuel, Sofía, el niño se va para la beca». «Que Dios lo bendiga, hijo». «Pórtese bien». «Espere, coja un peso para el camino». «Rajado aquí no lo quiero, ¿eh?» Todavía junto al ómnibus mamá me encargaba: «Cuide bien la maleta. Usted haga lo que le manden, nunca diga que no, pórtese como es debido, llévese bien con sus compañeros pero si ellos hacen maldades, usted apártese. Cuide lo suyo y no preste nada ni pida prestado. Sobre todo, ropa prestada no te pongas, que luego la manchas o cualquier cosa y tú tienes todo lo de la libreta cogido, y ¿con qué lo voy a pagar yo? Si vas a pasar una calle, te fijas bien que no vengan carros de un lado ni del otro, mira que en La Habana no es como aquí, allá los carros son fúuu, fúuuu». Y abuela dijo: «Cuando esté tronando no cojas tijeras en las manos ni te mires en los espejos». Y las hermanas: «A ver si ahora te ganas el carnet de militante, si dejas esa pasividad tuya y coges el carnet, que en lo demás tú no tienes problemas. Quítate la maña de estar diciendo *dios mío* cada tres minutos. Te despiertas y si tienes que decir malas palabras, dilas». «No señor —intervino abuela—, malas palabras que no diga. De eso no hay ninguna necesidad. Y que sí crea en Dios». A todo dije que sí y por fin arrancaron las guaguas de Becas, viejas, lentas y grises. Me tocó una de ésas con trompas de camión, que le dicen dientusas. Ellas fueron quedando atrás, paradas en el mismo borde de la acera, diciendo adiós y adiós, mamá diciendo más adiós que ninguna, mientras amanecía, y cuando ya se perdieron, y se perdió el pueblo, me dejé caer en el asiento y me dije: «Por fin me voy de este pueblo, de este pueblo maldito que tiene la culpa de que yo sea como soy. Por fin comenzaré a ser distinto en otro lugar. A lo mejor me pongo tan dichoso que llego y lo primero que hago es conocer a Consuelito Vidal o a Margarita Balboa. Puede que un director de cine ande buscando un actor que tenga que ser exactamente como yo soy, y me encuentra y haga una película conmigo. La ven en el cine de aquí, la ve Elena, y la gente dice, orgullosa, que ése soy yo, Pedrito, uno de este pueblo». Tomé el menudo del bolsillo y por última vez se lo prometí, me lo prometí, le pregunté si en la beca me iría bien, sí o no. De cinco veces que le pregunté, el menudo dijo tres que sí.

J. **¿Cierto, falso o no se sabe?** Indica si los siguientes comentarios son **ciertos**, si son **falsos** o si **no se sabe la respuesta por el texto.**

1. A Pedrito le inquietan las cuestiones políticas y religiosas.
2. Si Pedrito no fuera cubano, sus sueños personales serían los mismos.
3. Todos en la casa de Pedrito apoyan a Fidel Castro.
4. En la familia de Pedro hay cuatro actitudes distintas hacia el gobierno de Castro.
5. Si Pedrito hubiera sido niña, no lo habrían becado.

Conozcamos al autor

Senel Paz   **Senel Paz nació en la provincia cubana de Las Villas en 1950. Pasó su infancia en el campo, trasladándose como adolescente a un colegio interno en plan becario. Estudió el periodismo en la Universidad de La Habana y ejercitó esa profesión durante unos años.**

Paz ha publicado dos libros: *El niño aquel*, una colección de cuentos, y *Un Rey en el jardín*, una novela, pero sus trabajos más recientes son guiones cinematográficos. Entre sus películas se incluyen *Una novia para David*, *Fresa y chocolate* y *Cosas que dejé en La Habana*.

Senel Paz vive actualmente en Cuba.

AMPLIEMOS NUESTRA COMPRENSIÓN

K. **Cuadro de dos columnas.** El cuento que acabas de leer se desarrolla en la Cuba de los años sesenta. Lo que hacía popular a un joven dentro de ese contexto es necesariamente diferente de lo que hace popular a un joven hoy en día en los Estados Unidos.

- Copia el siguiente cuadro de dos columnas.
- Llénalo trabajando con un(a) compañero(a).

¿Qué contribuye a la popularidad de un joven?	
En «Como un escolar sencillo»	En nuestro contexto social

L. **Trabajo de equipo.** Ahora que ya han completado el cuadro anterior, compártelo con otros dos compañeros. Luego discutan y lleguen a un consenso acerca de las siguientes preguntas:

- ¿Qué cosas hacemos por presión de nuestros compañeros?
- ¿Vale la pena ir en contra de tus propias convicciones para ser popular?

M. Placa publicitaria. En conjunto diseñen una placa que represente la idea central del grupo.

- La placa debe constar de un lema y una decoración apropiada.
- Ejemplos de lemas pueden ser: «¿Qué encanto tiene ser igual a todos?» y «Si sucumbes a la presión, no causarás buena impresión».

N. Diagrama de Venn. En un diagrama de Venn, compárate con el narrador del cuento «Como un escolar sencillo». Puedes incluir:

- un análisis del tipo de familia;
- relaciones familiares;
- personalidades;
- aspiraciones.

EXPLOREMOS EL LENGUAJE

LOS TIEMPOS DEL VERBO

Sabemos que los verbos de todos los idiomas cambian de forma según:

- el modo;
- la persona;
- el tiempo.

También distinguimos tres tiempos: presente, pasado y futuro.

En español los cambios de los verbos según el tiempo dependen de la conjugación. La conjugación del presente de los verbos regulares es:

> **cantar:** yo **canto** - tú **cantas** - él, ella, Ud. **canta** - nosotros(as) **cantamos** - vosotros(as) **cantáis** - ellos, ellas, Uds. **cantan**

> **comer:** yo **como** - tú **comes** - él, ella, Ud. **come** - nosotros(as) **comemos** - vosotros(as) **coméis** - ellos, ellas, Uds. **comen**

> **vivir:** yo **vivo** - tú **vives** - él, ella, Ud. **vive** - nosotros(as) **vivimos** - vosotros(as) **vivís** - ellos, ellas, Uds. **viven**

Se utiliza el presente para:

1. Una acción simultánea al momento de hablar

   Ejemplos del texto: «A mí no me **gusta** como **soy**.»

   «Entonces otros defectos míos **son** que todo el mundo **termina** por caerme bien, hasta la gente que **debe** caerme mal.»

2. Acciones generales o habituales

   Ejemplos del texto: «Y otra cosa mía **es** que yo todo se lo **pregunto** a mi menudo.»

   «Las estrellas **son** los sí, a mí las estrellas me **gustan** más que los escudos.»

3. Hechos vistos como verdaderos o verdades universales

Ejemplos del texto: «Así **es** la gente que se **necesita**, la que **hace** falta. . .»

«No se **puede** perder tiempo, ¿eh?, **tenemos** que cumplir la norma.»

4. Una acción en un futuro cercano

Ejemplos del texto: «**Estudia** tú, que eres el varón, y luego **ayudas** a la familia.»

«A lo mejor me **pongo** tan dichoso que **llego** y lo primero que **hago** es conocer a Consuelito Vidal o a Margarita Balboa.»

5. Una acción que ha estado en progreso desde el pasado y que continúa en el momento de hablar

Ejemplos del texto: «¿Ustedes no **tienen** a Fidel en aquella pared?, pues yo **tengo** a Jesucristo en ésta y **quiero** ver quién es el guapito que me lo **quita**.»

«Siempre **estoy** de acuerdo con lo que **hago**, con lo que no **estoy** de acuerdo **es** con lo que **dejo** de hacer.»

0. Aplicación. Completa el siguiente párrafo utilizando la forma correcta de los verbos en el banco de verbos.

dejar	llevar	comunicar	tomar	resultar	actuar

«Como un escolar sencillo» (1) _____ lugar durante los primeros años de la dictadura de Fidel Castro. Este cuento nos (2) _____ a reflexionar sobre la fuerza moral que (3) _____ una familia y que logra que los jóvenes (4) _____ de una manera correcta. Otro tema en la narración es la presión de los compañeros que, aunque (5) _____ positiva, no (6) _____ de angustiar al protagonista.

CREEMOS LITERATURA

P. **Ensayo de comparación y contraste.** Utilizando el cuadro de dos columnas que completaste en el ejercicio *K*, escribe un ensayo de comparación y contraste sobre la popularidad de un joven en el cuento «Como un escolar sencillo» y en tu escuela. Tu ensayo debe constar de seis párrafos según este esquema:

- **Primer párrafo:** la exposición. Introduce el tema.
- **Segundo párrafo:** la popularidad de un joven en el ambiente del cuento
- **Tercer párrafo:** la popularidad de un joven en el ambiente de tu escuela
- **Cuarto párrafo:** las semejanzas entre los dos
- **Quinto párrafo:** las diferencias entre los dos
- **Sexto párrafo:** la conclusión

¡Ojo! Los párrafos 2, 3, 4 y 5 pueden intercambiarse.

Q. **Una carta de Pedrito.** ¿Cómo se habrá acostumbrado Pedrito a su nuevo ambiente? Escribe una carta de Pedrito a su mamá en la que le cuenta cómo le va en su nueva situación.

- Puedes incluir detalles sobre las clases y los requisitos.
- Puedes incluir experiencias con los nuevos compañeros.
- Sobre todo debes describir cómo se va adaptando a su nuevo modo de vida.

Primer amor

ALISTÉMONOS PARA LEER

El primer amor de los niños siempre es la figura maternal o paternal. En este fragmento de su libro Madres e hijas, *la escritora uruguaya, Cristina Peri Rossi, comparte bellos recuerdos que guarda de su mamá.*

VOCABULARIO CLAVE DEL TEXTO

Familiarízate con el vocabulario clave del texto según las indicaciones de tu maestro(a).

adiestramiento   reproche   progenitor   inapetente

encapricharse   halagado   desestimar

LEAMOS ACTIVAMENTE

A. **Positivo, negativo, interesante.** Copia el siguiente cuadro en tu cuaderno. Mientras lees este fragmento de *Madres e hijas*, apunta:

- las cosas que te parecen positivas (+);
- las cosas que te parecen negativas (−);
- las cosas que no consideras ni positivas ni negativas, pero que te llaman la atención (Interesante).

	Positivo	Negativo	Interesante
MODELO:	una relación madre-hija cariñosa	su padre se ausentaba mucho	sus comentarios
1.			
2.			
3.			

Primer amor

Cristina Peri Rossi

La primera vez que me declaré a mi madre, tenía tres años. (Según los biólogos, los primeros años de nuestra vida son los más inteligentes. El resto es cultura, información, adiestramiento.) Yo tenía propósitos serios: pretendía casarme con ella. El matrimonio

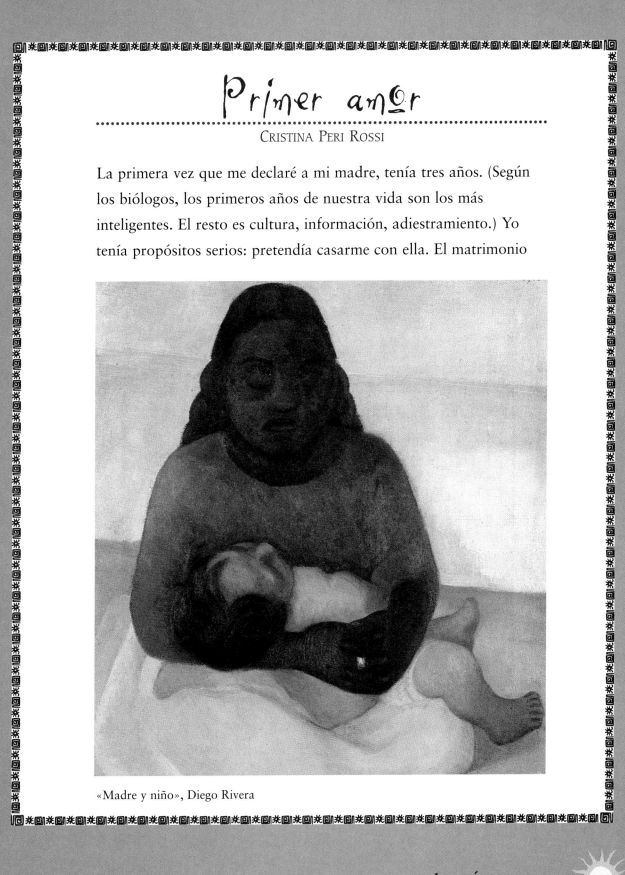

«Madre y niño», Diego Rivera

de mi madre (del cual fui un fruto temprano) había sido un fracaso, y ella estaba triste y angustiada. Los animales domésticos comprenden instintivamente las emociones y los sentimientos: yo era un animal doméstico de tres años.

El escaso tiempo que mi padre estaba en casa (aparecer y desaparecer sin aviso era una forma de poder) discutían, se hacían mutuos reproches y por el aire —como una nube negra, de tormenta— planeaba una oscura amenaza. En cambio mi madre y yo éramos una pareja perfecta. Teníamos los mismos gustos (la música clásica, los cuentos tradicionales, la poesía y la ciencia), compartíamos los juegos, las emociones, las alegrías y los temores. ¿Qué más podía pedirse a una pareja? No éramos, por lo demás, completamente iguales. A los tres años yo tenía un agudo instinto de aventura, del que mi madre carecía (o el matrimonio le había anulado), y un amor por la fauna y la flora que a mi madre le parecía un poco vulgar. Aun así me permitió criar un zorro, un malhumorado avestruz y varios conejos.

Pero a diferencia de mis progenitores, mi madre y yo, siempre que surgía un conflicto, sabíamos negociar. Cuando me encapriché con un bebé de elefante, en el zoo, y manifesté que no estaba dispuesta a regresar a casa sin él, mi madre me ofreció, a cambio, un pequeño ternero, que pude criar en el jardín trasero. (Sospecho que mi padre se lo comió. Un día, cuando me desperté, el ternerito ya no estaba pastando en el césped. Mi padre, ese día hizo asado.)

Mi madre escuchó muy atentamente mi proposición. (Siempre me escuchaba muy atentamente, como debe hacerse con los niños.) Creo que se sintió halagada. El desgraciado matrimonio con mi padre le hacía sentirse muy desdichada y necesitaba ser amada tiernamente, respetada, admirada; comprendió que todos esos sentimientos (más un fuerte deseo de reparación) yo se los ofrecía de manera generosa y desprendida, como una trovadora medieval.

Después de haber escuchado atentamente mi proposición, mi madre me dijo que ella también me quería mucho, que era la única alegría de su vida, más bien triste, y que agradecía mi afecto, mi comprensión y todo el amor que yo le proporcionaba. Me parecieron unas palabras muy justas, una adecuada descripción de nuestra relación. Ahora bien —me explicó mi madre—: nuestro matrimonio no podía celebrarse, por el momento, dado que yo todavía era pequeña. Era una razón que yo podía comprender. Mi madre era una mujer bellísima (tenía unos enormes ojos «color de tiempo». La descripción la encontré, años después, en una novela romántica de Pierre Loti), inteligente, culta, aunque frágil y asustada. Yo estaba dispuesta a protegerla (algo que mi padre no había hecho), aunque yo misma estuviera asustada muchas veces: el amor es generoso. También estaba dispuesta a esperar todo el tiempo que hiciera falta para casarnos.

Siempre le agradeceré a mi madre que me hubiera dado esa respuesta. No desestimó mi proposición, no me decepcionó, sino que estableció un motivo razonable y justo para posponer nuestra boda. Además, me estimuló a crecer. Desde ese día, intenté comer más (era bastante inapetente), acepté las vitaminas y el horroroso aceite de hígado de bacalao, con la esperanza de acelerar mi crecimiento, y alcanzar, por fin, el tamaño y la edad suficientes como para casarme con ella.

B. **Cuatro papeles en redondo.** Comparte el cuadro que hiciste en el ejercicio *A* con los otros miembros de tu grupo.

- Pasen las hojas simultáneamente a la persona a la derecha.
- Lean la hoja de su compañero(a).
- Repitan el proceso hasta que hayan leído todos los trabajos.

Conozcamos a la autora

CRISTINA PERI ROSSI   Cristina Peri Rossi nació en Montevideo, Uruguay, en 1941. Antes de exiliarse a España en 1972, se dedicó a la enseñanza de literatura en la capital uruguaya y al periodismo.

La literatura de Peri Rossi incluye poesía y prosa revolucionaria que revelan una fuerte oposición a la injusticia social tanto como la represión social y política que existe en los estados totalitarios. Entre sus temas predilectos se encuentran la enajenación y el poder desenfrenado. Su novela *La nave de los locos,* quizás la más conocida de su obra, es una narración sobre el exilio y la falta de comunicación en el mundo.

Cristina Peri Rossi vive actualmente en Barcelona, España.

AMPLIEMOS NUESTRA COMPRENSIÓN

C. Comentario literario.

1. Describe a la madre de la narradora utilizando tres adjetivos.

2. ¿Se puede decir que la narradora tuvo una infancia feliz? Explica tu respuesta.

3. ¿Qué función tienen los paréntesis en la narración?

4. Sugiere un título para este fragmento de *Madres e hijas*.

D. El baúl de los recuerdos.

En su narrativa, Peri Rossi nombra varias cosas y animales que forman parte de sus recuerdos, como el hígado de bacalao y una novela romántica de Pierre Loti.

■ Formula una lista de siete objetos que se encontrarían en tu baúl de recuerdos.

■ Escribe una breve explicación al lado de cada uno.

■ Después comparte tu lista con el (la) compañero(a) a quien menos conoces.

EXPLOREMOS EL LENGUAJE

LOS TIEMPOS SIMPLES DEL VERBO EN EL PASADO

En español, tenemos dos tiempos verbales para narrar eventos del pasado: el pretérito y el imperfecto.

Las terminaciones del pretérito simple en los verbos regulares en el indicativo son:

	escuchar	comprender	vivir
la raíz	escuch-	comprend-	viv-
[yo]	escuché	comprendí	viví
[tú]	escuchaste	comprendiste	viviste
[él, ella, Ud.]	escuchó	comprendió	vivió
[nosotros/as]	escuchamos	comprendimos	vivimos
[vosotros/as]	escuchasteis	comprendisteis	vivisteis
[ellos, ellas, Uds.]	escucharon	comprendieron	vivieron

Las terminaciones del imperfecto simple en los verbos regulares son:

	escuchar	comprender	vivir
la raíz	escuch-	comprend-	viv-
[yo]	escuchaba	comprendía	vivía
[tú]	escuchabas	comprendías	vivías
[él, ella, Ud.]	escuchaba	comprendía	vivía
[nosotros/as]	escuchábamos	comprendíamos	vivíamos
[vosotros/as]	escuchabais	comprendíais	vivíais
[ellos, ellas, Uds.]	escuchaban	comprendían	vivían

¡Ojo! Frase clave de aprendizaje: Las palabras que riman con **María** siempre llevan acento en la **ía.**

E. **Observaciones ortográficas.** Completa estas dos reglas de ortografía referentes al imperfecto del indicativo en español y escríbelas en tu cuaderno.

1. Las terminaciones de los verbos de la primera conjugación (-**ar**) en el imperfecto del indicativo siempre se escriben con la letra _____ entre las dos «a».

2. Las terminaciones de los verbos de la segunda (-**er**) y tercera (-**ir**) conjugación del imperfecto del indicativo siempre se escriben con _____.

F. **Análisis lingüístico.** Usos del pretérito y el imperfecto.

■ Estudia estas citas de «Primer amor».

1. «La primera vez que me **declaré** a mi madre, **tenía** tres años.»

2. «El escaso tiempo que mi padre **estaba** en casa... **discutían**, se **hacían** mutuos reproches y... **planeaba** una oscura amenaza.»

3. «Aun así me **permitió** criar un zorro, un malhumorado avestruz y varios conejos.»

4. «...mi madre me **dijo** que ella también me **quería** mucho, que **era** la única alegría de su vida... y que **agradecía** mi afecto, mi comprensión y todo el amor que yo le **proporcionaba**.»

5. «Mi madre **era** una mujer bellísima (**tenía** unos enormes ojos ‹color de tiempo›).»

■ Ahora completa las reglas de uso para el pretérito y el imperfecto justificando tu respuesta según el modelo.

MODELO: *El* imperfecto *presenta la acción en su continuidad o transcurso, sin que nos interese su comienzo ni su fin.*
Justificación: *No es importante saber cuándo estaba o no estaba su padre en casa.*

1. Se usa el _____ para narrar una acción que se completó en un tiempo preciso del pasado.

   _____

2. El _____ describe acciones repetidas habitualmente en el pasado.

   _____

3. Se utiliza el _____ para narrar una serie de eventos en secuencia terminada en el pasado.

   _____

4. El _____ detalla características de las personas, cosas o ambiente en el pasado.

   _____

5. El _____ describe acciones ocurridas simultáneamente (al mismo tiempo) por un tiempo no determinado.

   _____

6. En una sola oración el _____ puede describir el ambiente en el que otra acción expresada en el _____ parece interrumpir.

   _____

7. Se usa el _____ para expresar la hora y la edad en el pasado.

   _____

CREEMOS LITERATURA

G. **Un poema para el día del padre/de la madre.** Escribe
un poema para tu madre, padre, abuelo, abuela, tío, tía u otro
familiar siguiendo el patrón.

- Tu poema tendrá cuatro estrofas de cuatro versos cada una.
- Los versos pares (2 y 4) deben rimar.

Patrón:

Estrofa 1: Presenta a tu familiar y descríbelo.

Estrofa 2: Describe otra parte de la vida de esta persona.

Estrofa 3: Escribe sobre el punto de vista de esa persona
referente a las relaciones contigo.

Estrofa 4: Termina con unas palabras cariñosas.

MODELO: *Él no es sólo mi padre,*
sino amigo y confidente.
Entiende mis sentimientos
y lo que tengo en la mente.

Todo lo que hace Papá,
lo hace con todo esmero.
Gerente, marido y padre,
modelo y consejero.

A veces lo entristece
que yo no saque todas «A».
Y espera con paciencia
que la próxima vez será.

En el día de mañana
cuando padre me toque ser,
con parecerle un poquito,
nada más podría querer.

H. Ensayo de opinión. Según Cristina Peri Rossi, los adultos deben escuchar atentamente a los niños. Escribe un ensayo defendiendo u oponiendo esta afirmación.

■   Utiliza el siguiente esquema para formular tus ideas.

Los adultos deben/no deben escuchar a los niños porque...

1.

2.

3.

■   Tu ensayo tendrá cinco párrafos.

Párrafo 1: la exposición (introduce el tema y tu postura)
Párrafos 2–4: la explicación de tu postura (utiliza el esquema)
Párrafo 5: la conclusión (resumen de lo que has dicho)

Mi abuela fumaba puros

ALISTÉMONOS PARA LEER

Tradicionalmente en las familias hispanas se ha mantenido vivo el diálogo generacional entre abuelos, padres, hijos y nietos. Los siguientes dos cuentos reflejan reminiscencias que hacen dos personajes acerca de sus abuelos.

A. Cuadro de tres columnas. Piensa en uno(a) de tus abuelos(as) o en alguien de su generación.

- Copia el siguiente cuadro en tu cuaderno.
- Anota lo que recuerdes acerca de tu abuelo(a) o la persona escogida.
- En la tercera columna, escribe un par de oraciones que te hagan recordar un incidente especial en la vida de esa persona.

Un(a) abuelo(a) mío(a) o alguien de su generación		
Rasgos físicos	Características de su personalidad	Anécdotas

B. Piensa, anota y comparte. Aunque es difícil proyectarse hacia el futuro, trata de pensar en dos o tres situaciones que te podrían causar preocupación cuando tengas sesenta y cinco o setenta años.

- Anota las situaciones que te vengan a la mente.
- Comparte tus anotaciones con un(a) compañero(a).

VOCABULARIO CLAVE DEL TEXTO

Familiarízate con el vocabulario clave del texto según las indicaciones de tu maestro(a).

pendenciero	preámbulo	ultrajado
índole	idílico	peripecia

LEAMOS ACTIVAMENTE

C. **Secuencia de acciones.** Mientras leas el cuento «Mi abuela fumaba puros», apunta los tres encuentros que el narrador tuvo con su abuela. En cada cuadro debes indicar:

■ el acontecimiento central;

■ la edad aproximada del narrador;

■ la característica de la abuela que demuestra el incidente.

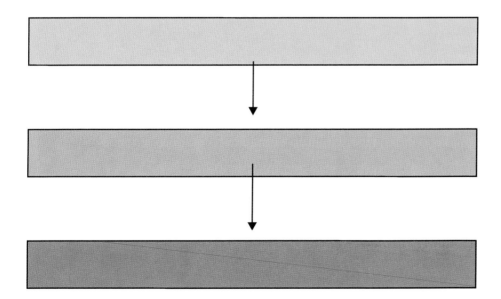

D. **Lectura silenciosa.** Lee silenciosamente el cuento «Mi abuela fumaba puros».

Mi abuela fumaba puros

Sabine Ulibarrí

Según entiendo, mi abuelo era un tipazo. Se cuentan muchas cosas de él. Algunas respetables, otras no tanto. Una de las últimas va como sigue. Que volviendo de Tierra Amarilla a Las Nutrias, después de copas y cartas, ya en su coche ligero con sus caballos bien trotadores, ya en su caballo criollo, solía quitarse el sombrero, colgarlo en un poste, sacar la pistola y dirigirse al tieso caballero de su invención.

—Dime, ¿quién es el más rico de todas estas tierras?

Silencio.

—Pues toma.

Disparo. Saltaban astillas del poste o aparecía un agujero en el sombrero.

—¿Quién es el más hombre de por acá?

Silencio.

—Pues toma.

Otra vez lo mismo. Era buen tirador. Más preguntas de la misma índole, acentuadas con balazos. Cuando el majadero madero entraba en razón y le daba las contestaciones que mi abuelo quería oír, terminaba el ritual y seguía su camino, cantando o tarareando una canción sentimental de la época. Allá en el pueblo se oía el tiroteo sin que nadie se preocupara. No faltaba quien dijera con una sonrisa, «Allá está don Prudencio haciendo sus cosas».

Claro que mi abuelo tenía otros lados (el plural es intencionado) que no interesan es este relato. Fue ente cívico, social y político, y

padre de familias (el plural tiene segunda intención). Lo que ahora me importa es hacer constar que mi pariente fue tipazo: pendenciero, atrevido y travieso.

Murió de una manera misteriosa, o quizás vergonzosa. Nunca he podido sacar en limpio qué tranvía tomó para el otro mundo mi distinguido antecedente. Acaso ese caballero de palo con el sombrero calado, de las afrentas del hidalgo de Las Nutrias, le dio un palo mortal. Hidalgo era —y padre de más de cuatro.

Yo no lo conocí. Cuando me presenté en ese mundo con mis credenciales de Turriaga, ya él había entregado los suyos. Me figuro que allá donde esté estará haciéndoles violento y apasionado amor a las mujeres salvadas—o perdidas, según el caso. Esto es si mi abuela no ha logrado encontrarlo por esos mundos del trasmundo.

No creo que él y mi abuela tuvieran un matrimonio idílico en el sentido de las novelas sentimentales donde todo es dulzura, suavidad y ternura. Ésos son lujos, acaso decadencias, que no pertenecían a ese mundo violento, frecuentemente hostil, del condado del Río Arriba a fines del siglo pasado. Además las recias personalidades de ambos lo habrían impedido. Sí creo que fueron muy felices. Su amor fue una pasión que no tuvo tiempo de convertirse en costumbre o en simple amistad. Se amaron con mutuo respeto y miedo, entre admiración y rabias, entre ternura y bravura. Ambos eran hijos de su tierra y su tiempo. Había tanto que hacer. Labrar una vida de una frontera inhospitalaria. Criar unos cachorros rebeldes y feroces. Su vida fue una cariñosa y apasionada guerra sentimental.

Todo esto lo digo como preámbulo para entrar en materia: mi abuela. Son tantos y tan gratos los recuerdos que guardo de ella. Pero el primero de todos es un retrato que tengo colgado en sitio de honor en la sala principal de mi memoria.

Tenía sus momentos en que acariciaba su soledad. Se apartaba de todos y todos sabían que valía más apartarse de ella.

Siempre la vi vestida de negro. Blusa de encajes y holandés en el frente. Falda hasta los tobillos. Todo de seda. Delantal de algodón. Zapatos altos. El cabello apartado en el centro y peinado para atrás, liso y apretado, con un chongo (moño) redondo y duro atrás. Nunca la vi con el cabello suelto.

Era fuerte. Fuerte como ella sola. A través de los años en tantas peripecias, grandes y pequeñas tragedias, accidentes y problemas, nunca la vi torcerse o doblarse. Era seria y formal fundamentalmente. De modo que una sonrisa, un cumplido o una caricia de ella eran monedas de oro que se apreciaban y se guardaban de recuerdo para siempre. Monedas que ella no despilfarraba.

El rancho era negocio grande. La familia era grande y problemática. Ella regía su imperio con mano firme y segura. Nunca hubo duda adónde iban sus asuntos ni quién llevaba las riendas.

Ese primer recuerdo: el retrato. La veo en este momento en el alto de la loma como si estuviera ante mis ojos. Silueta negra sobre fondo azul. Recta, alta y esbelta. El viento de la loma pegándole la ropa al cuerpo delante, perfilando sus formas, una por una. La falda y el chal aleteando agitados detrás. Los ojos puestos no sé dónde. Los pensamientos fijos en no sé qué. Estatua animada. Alma petrificada.

Mi abuelo fumaba puros. El puro era el símbolo y la divisa del señor feudal, del patrón. Cuando alguna vez le regalaba un puro al mayordomo o a alguno de los peones por impulso o como galardón por algo bien hecho, era de ver la transfiguración de los tíos. Chupar ese tabaco era beber de las fuentes de la autoridad. El puro daba categoría.

Dicen que cuando el abuelo murió la abuela encendía puros y los ponía en los ceniceros por toda la casa. El aroma del tabaco llenaba la casa. Esto le daba a la viuda la ilusión de que su marido todavía andaba por la casa. Un sentimentalismo y romanticismo difíciles de imaginar antes.

Al pasar el tiempo, y después de tanto encender puros, parece que al fin le entró el gusto. Mi abuela empezó a fumar puros. Al anochecer, todos los días, despues de la comida, cuando los

quehaceres del día habían terminado, se encerraba en su cuarto, se sentaba en su mecedora y encendía su puro.

Allí pasaba su largo rato. Los demás permanecíamos en la sala haciendo vida de familia como si nada. Nadie se atrevió nunca a interrumpir su arbitraria y sagrada soledad. Nadie nunca hizo alusión a su extraordinaria costumbre.

El puro que antes había sido símbolo de autoridad ahora se había convertido en instrumento afectivo. Estoy convencido que en la soledad y el silencio, con el olor y el sabor del tabaco, allí en el humo, mi abuela establecía alguna mística comunicación con mi abuelo. Creo que allí, a solas, se consiguió el matrimonio idílico, lleno de ternura, suavidad y dulzura, que no fue posible mientras él vivía. Sólo bastaba verle la cara enternecida y transfigurada a la abuela cuando volvía a nosotros de esa extraña comunión, ver el cariño y mimo con que nos trataba a nosotros los niños.

Allí mismo, y en las mismas condiciones, se hicieron las decisiones, se tomaron las determinaciones, que rigieron el negocio, que dirigieron a la familia. Allí, al sol o a la sombra de un viejo amor, ahora un eterno amor, se forjó la fuerza espiritual que mantuvo a mi abuela recta, alta y esbelta, una animada mujer de piedra, frente a los vientos y tormentas de su vida cabal y densa.

Cuando mis padres se casaron construyeron su casa al lado de la vieja casona solariega. Yo crecí en la ventosa loma en el centro del valle de Las Nutrias, con los pinos en todos los horizontes, el arroyo lleno de nutrias, *boquinetes* y truchas, el chamizal lleno de conejos y coyotes, ganado en todas partes, ardillas y tecolotes en las caballerizas.

Crecí al lado y a la distancia de mi abuela, entre tierno amor y reverente temor.

Cuando yo tenía ocho años se decidió en la familia que nos mudaríamos a Tierra Amarilla para que yo y mis hermanitos asistiéramos a la escuela. Todavía me arden los surcos que me dejaron las lágrimas en la cara y todavía recuerdo su sabor salado el día que abandonamos a mi abuela recta, alta y esbelta, agitando su pañuelo, con el viento en la frente en la loma en el fondo del valle.

En Tierra Amarilla yo fui un antisocial. Habiendo crecido solo, yo no sabía jugar con otros niños. Jugaba con mis perros. A pesar de esto me fue bien en la escuela y un día llegué a los quince años, más o menos adaptado a mis circunstancias.

Un día de invierno nos preparamos todos para ir a Las Nutrias. Todos con mucha ilusión. Ir a visitar a la abuela siempre era un acontecimiento. La familia iría conmigo en el automóvil. Mi padre seguiría con los trineos y los peones. Se trataba de ir a cortar postes.

Todo el camino cantamos. Es decir, hasta que llegamos a donde se aparta el camino. Había mucha nieve. La carretera estaba barrida pero el caminito a Las Nutrias no.

Le puse cadenas al coche y nos lanzamos a ese mar blanco. Ahora callados y aprehensivos. Pronto nos atascamos. Después de mucha pala y mucho empujar seguimos, sólo para volvernos a atascar más allá, una y otra vez.

Estábamos todos vencidos y congelados y el día se nos iba. Por fin subimos la ladera y salimos del pinar de donde se divisaba la casa de mi abuela. Nos volvimos a atascar. Esta vez no hubo manera de sacar el coche. Mi madre y los niños siguieron a pie, abriéndose camino por dos pies y medio de nieve blanca. Mi hermano Roberto iba tirando un pequeño trineo con mi hermanita Carmen. Ya estaba oscureciendo. Un viaje de nueve millas nos había tomado casi todo el día.

Pronto vino Juan Maes, el mayordomo, con un tiro de caballos y me llevó arrastrando hasta la casa.

Apenas había entrado y estaba deshelándome, mi madre me había sacado ropa seca para que me pusiera, cuando vimos las luces de un coche en el pinar. Lo vimos acercarse lentamente, vacilando a ratos. Era más fácil ahora, ya el camino estaba abierto.

Era mi tío Juan Antonio. Al momento que entró todos supimos que traía muy malas noticias. Hubo un silencio espantoso. Nadie dijo nada. Todos mudos y tiesos como muñecos de madera en una escena grotesca.

Mi madre rompió el silencio con un desgarrador «¡Alejandro!»

Mi tío asintió con la cabeza.

—¿Qué pasó? —Era mi abuela.

—Alejandro. Un accidente.

—¿Qué pasó?

—Un disparo accidental. Estaba limpiando el rifle. Se le fue un tiro.

—¿Cómo está?

—Está mal, pero saldrá bien.

Todos supimos que mentía, que mi padre estaba muerto. En la cara se le veía. Mi madre lloraba desaforadamente, en punto de ponerse histérica. Nosotros la abrazábamos, todos llorando. Mi tío con el sombrero en la mano sin saber qué hacer. Había venido otro hombre con él. Nadie le había hecho caso.

Entonces entró mi abuela en acción. Ni una sola lágrima. La voz firme. Los ojos espadas que echaban rayos. Tomó control total de la situación.

Entró en una santa ira contra mi padre. Le llamó ingrato, sinvergüenza, indino (indigno), mal agradecido. Un torrente inacabable de insultos. Una furia soberbia. Entretanto tomó a mi madre en sus brazos y la mecía y la acariciaba como a un bebé. Mi madre se entregó y poco a poco se fue apaciguando. También nosotros. La abuela que siempre habló poco, esa noche no dejó de hablar.

Yo no comprendí entonces. Sentí un fuerte resentimiento. Quise defender a mi padre. No lo hice porque a mi abuela no la contradecía nadie. Mucho menos yo. Es que ella comprendió muchas cosas.

La situación de mi madre rayaba en la locura. Había que hacer algo. La abuela creó una situación dramática tan violenta que nos obligó a todos, a mi madre especialmente, a fijarnos en ella y distraernos de la otra situación hasta poder acostumbrarnos poco a poco a la tragedia. No dejó de hablar para no dejar un solo intersticio por donde podría meterse la desesperación. Hablando, hablando, entre arrullos e injurias consiguió que mi madre, en su estado vulnerable, se quedara dormida a las altas horas de la madrugada. Como tantas veces, la abuela había dominado la realidad difícil en que vivió.

Comprendió otra cosa. Que a mi padre no se le iban disparos accidentales. Las dificultades para enterrarlo en sagrado confirmaron el instinto infalible de la dama y dueña de Las Nutrias. Todo afirmó el talento y vivencias de la madre del Clan Turriaga.

Pasaron algunos años. Ya yo era profesor. Un día volvimos a visitar a la abuela. Veníamos muy contentos. Ya lo he dicho, visitarla era un acontecimiento. Las cosas habían cambiado mucho. Con la muerte de mi padre la abuela se deshizo de todo el ganado. Con el ganado se fueron los peones. Sólo la acompañaban y cuidaban Rubel y su familia.

Cuando nos apartamos de la carretera y tomamos el poco usado y muy ultrajado camino lleno de las acostumbradas zanjas, la antigua ilusión nos embargaba. De pronto vimos una columna de humo negro que se alzaba más allá de la loma. Mi hermana gritó:

—¡La casa de mi granma!

—No seas tonta. Estarán quemando hierbas, o chamizas o basura.

Eso dije pero me quedó el recelo. Pisé el acelerador fuerte.

Cuando salimos del pinar vimos que sólo quedaban los escombros de la casa de la abuela. Llegué a matacaballo. La encontramos rodeada de las pocas cosas que se pudieron salvar. Rodeada también de todos los vecinos de los ranchos de toda la región que acudieron cuando vieron el humo.

No sé qué esperaba, pero no me sorprendió hallarla dirigiendo todas las actividades, dando órdenes. Nada de lágrimas, nada de quejumbres, nada de lamentos.

—Dios da y Dios quita, mi hijito. Bendito sea su dulce nombre.

Yo sí me lamenté. Las arañas de cristal, deshechas. Los magníficos juegos de mesas y aguamaniles con sobres de mármol, los platones y jarrones que había en cada dormitorio, destruidos. Los

muebles, traídos desde Kansas, hechos carbón. Las colchas de encaje, de crochet, bordadas. Los retratos, las fotos, los recuerdos de la familia.

Ironía de ironías. Había un frasco de agua bendita en la ventana del desván. Los rayos de sol, penetrando a través del agua, lo convirtieron en una lupa, se concentró el calor y el fuego en un solo punto e incendiaron los papeles viejos que había allí. Y se quemaron todos los santos, las reliquias y relicarios, el altar al Santo Niño de Atocha, las ramas del Domingo de Ramos. Toda la protección celestial se quemó.

Esa noche nos recogimos en la casa que antes había sido nuestra. Me pareció mi abuela más pequeña, un poco apagada, hasta un poco dócil. «Lo que tú quieras, mi hijito.» Esto me entristeció.

Después de la cena mi abuela desapareció. La busqué aprehensivo. La encontré donde bien me habría sospechado. En la punta de la loma. Perfilada por la luna. El viento en la frente. La falda agitándose en el viento. La vi crecer. Y fue como antes era: recta, alta y esbelta.

Vi encenderse la brasa de su puro. Estaba con mi abuelo, el travieso, atrevido y pendenciero. Allí se harían las decisiones, se tomarían las determinaciones. Estaba recobrando sus fuerzas espirituales. Mañana sería otro día pero mi abuela seguiría siendo la misma. Y me alegré.

E. Identificación narrativa. En el ejercicio C identificaste las partes principales del argumento de «Mi abuela fumaba puros». Ahora, identifica los elementos narrativos del cuento.

1. Ambiente
2. Tema
3. Personajes principales
4. Punto de vista

Conozcamos al autor

SABINE ULIBARRÍ

De descendencia vasca española, Sabine Ulibarrí nació en 1919 en Santa Fe, Nuevo México, la Tierra Amarilla en la que se fija el ambiente de su narrativa. Se educó en su estado natal y recibió el doctorado de la Universidad de California en Los Ángeles.

La obra de Ulibarrí incluye materiales didácticos, escritos académicos, poesía y prosa. Sus esfuerzos creativos combinan los valores y tradiciones de la sociedad hispana tradicional de Nuevo México con sus propios recuerdos de amigos y familiares que producen un vívido retrato de la vida como era en Santa Fe.

Sabine Ulibarrí vive actualmente en Albuquerque y es profesor emeritus de la Universidad de Nuevo México.

AMPLIEMOS NUESTRA COMPRENSIÓN

F. **Reflexión literaria.** Reflexiona sobre el cuento «Mi abuela fumaba puros» y contesta las siguientes preguntas.

1. Para la abuela del narrador, ¿qué significaba fumar un puro?

2. ¿Por qué crees tú que Ulibarrí escogió precisamente esta faceta de la abuela para detallar en su cuento?

3. ¿Cómo cambiaría la historia si se contara desde el punto de vista de la abuela?

4. ¿Crees que la juventud de este narrador se parece o se diferencia de la de los otros personajes mexico-americanos que hemos conocido a través de los textos? ¿Por qué?

5. Explica las últimas frases de la historia: «Mañana sería otro día, pero mi abuela seguiría siendo la misma. Y me alegré.»

APUNTES LITERARIOS

LA SEMBLANZA

Una semblanza es una biografía abreviada en la que se mezclan aspectos de la personalidad de un individuo con sus rasgos físicos, atributos diferenciadores y acontecimientos de su vida. La semblanza transforma hechos escuetos y datos biográficos sobre un individuo en algo interesante para el lector. «Mi abuela fumaba puros», por ejemplo, es una semblanza basada en los cariñosos recuerdos que tiene el narrador de su abuela.

G. **La semblanza.** Después de leer la definición de semblanza:

- revisa el cuadro de tres columnas que hiciste en el ejercicio *A*;
- lee de nuevo las secciones del cuento donde se presenta más claramente la semblanza de la abuela;
- después escribe una semblanza del personaje que escogiste.

H. **Respuesta de un(a) compañero(a).** Intercambia tu semblanza con la de un(a) compañero(a).

- Léela y anota la parte que más te gustó.
- Señala las secciones que no estén completamente claras, indicándole lo que podría incluir para hacer más explícita y vívida su descripción.

I. **Copia final.**

- Utiliza las respuestas de tu compañero(a) para revisar tu redacción.
- Escribe la copia final de tu semblanza.

EXPLOREMOS EL LENGUAJE

EL PRESENTE PERFECTO Y EL PLUSCUAMPERFECTO

El **presente perfecto** y el **pluscuamperfecto** son formas de verbos compuestos.

Formamos el presente perfecto con el presente de **haber** y el participio pasado.

Formación del presente perfecto			
	cantar	comer	vivir
he	cant**ado**	com**ido**	viv**ido**
has	↓	↓	↓
ha			
hemos			
habéis			
han			

Formamos el pluscuamperfecto con el imperfecto de **haber** y el participio pasado.

Formación del pluscuamperfecto			
	cantar	comer	vivir
había	cant**ado**	com**ido**	viv**ido**
habías	↓	↓	↓
había			
habíamos			
habíais			
habían			

¡Ojo! Algunos participios pasados son irregulares. Por ejemplo:

abrir/abierto, poner/puesto, ver/visto, decir/dicho y hacer/hecho.

Los usos del presente perfecto y del pluscuamperfecto	
El presente perfecto expresa:	**El pluscuamperfecto expresa:**
1. una acción que ha terminado en el pasado inmediato. (**¡Ojo!** En algunos países de Hispanoamérica y ciertas regiones españolas se usa el presente perfecto en lugar del pretérito para expresar una acción terminada en un pasado no muy reciente.) *Modelo:* **Hemos terminado de leer** «*Mi abuela fumaba puros*». ¿Qué palabras nuevas **has aprendido** a través de la lectura? 2. una acción pasada que continúa o que puede repetirse en el presente. *Ejemplos del texto:* «Nunca **he podido** sacar en limpio qué tranvía tomó para el otro mundo mi distinguido antecedente.» «Esto es si mi abuela no **ha logrado** encontrarlo por esos mundos del trasmundo.»	una acción pasada, anterior a otra acción también pasada. *Ejemplos del texto:* «Cuando me presenté en ese mundo con mis credenciales de Turriaga, ya él **había entregado** los suyos.» «El puro que antes **había sido** símbolo de autoridad ahora se **había convertido** en instrumento afectivo.» «Esa noche nos recogimos en la casa que antes **había sido** nuestra.»

J.   **Recuerdos.** Copia las siguientes oraciones en tu cuaderno terminándolas con recuerdos tuyos de tu abuela, abuelo u otra persona mayor.

1.   Siempre **había pensado** _____ hasta que

_____ .

2.   Nunca me **he olvidado de** _____ .

3.   Él/Ella **había** _____ .

4.   **Hemos podido** _____ .

5.   **Ha sido** _____ .

CREEMOS LITERATURA

K.   **Una narración personal.** Vas a escribir una narración personal sobre tres encuentros que tuviste con tu abuela u otro miembro de tu familia.

- Utiliza un cuadro de secuencia de acciones semejante al que hiciste en el ejercicio C.

- En cada cuadro indica el acontecimiento central, la edad aproximada tuya y la característica de tu abuela o familiar que demuestra el incidente.

- Empieza tu narración con la exposición del tema y termina con una conclusión.

L.   **Un folleto turístico.** El escritor de «Mi abuela fumaba puros», Sabine Ulibarrí, escribe a menudo acerca de la Tierra Amarilla de Nuevo México, donde se crió. Seguramente tú también guardas recuerdos felices de un lugar de tu infancia, quizás la casa de tus tíos, el pueblo donde te criaste o un sitio donde solías visitar durante tus vacaciones. Sirviéndote de la siguiente esquema, haz un folleto turístico de ese lugar.

- En la portada escribe el nombre y un lema acompañados por un dibujo o un símbolo que represente el lugar.
- Dentro del folleto, escribe un párrafo que describa ese sitio tan especial. Incluye una lista de monumentos, lugares históricos de interés o eventos populares que atraerían a los forasteros a ese sitio.
- ¡No olvides que el propósito del folleto es cautivar a futuros visitantes!

«Hacienda Aurora», Francisco Oller y Cestero. Museo de Arte de Ponce. The Luis A. Ferré Foundation, Inc. Ponce, Puerto Rico.

Raining Backwards

ALISTÉMONOS PARA LEER

En este cuento del escritor cubano-americano Roberto Fernández, se explora el impacto que produce la lejanía de la tierra de origen en una abuela y su nieto.

A. Piensa, anota y comparte. Las personas que se mudan de un país a otro se enfrentan a problemas específicos que no encontrarían necesariamente en su propio país.

- Trabajando con un(a) compañero(a), trata de pensar cuáles son algunos de los problemas familiares que ocasiona la emigración.

- Anótenlos en un diagrama como el que aparece a continuación.

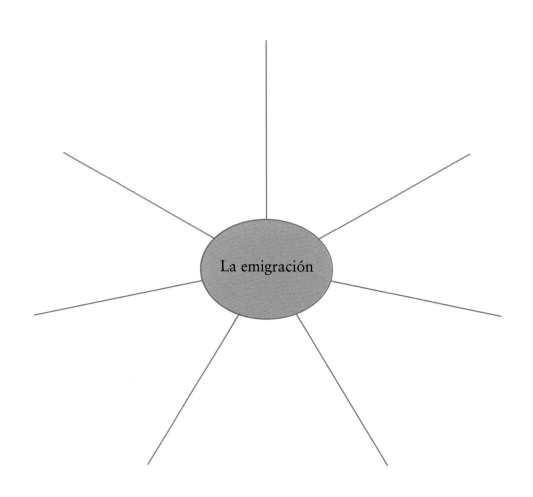

La emigración

VOCABULARIO CLAVE DEL TEXTO

Familiarízate con el vocabulario clave del texto según las indicaciones de tu maestro(a).

afanoso	impetuoso	desparramar
eufórico	deleitar	robusto
camuflageado	letargo	

LEAMOS ACTIVAMENTE

B. Diagrama T.

- Copia el diagrama T en tu cuaderno.
- Haz anotaciones personales que se te ocurran a lo largo de la lectura.

Recuerdos personales que surgen de la lectura	Observaciones y preguntas que tengo sobre la lectura

Raining Backwards

ROBERTO FERNÁNDEZ

—Keith, Kicito. Ven acá. Come here!

—Yes, abuela.

—You abuela no va a esperar a que llegue la ambulancia del rescue. Oíste esa sirena. La próxima es pa' mí. ¡Qué va! ¡A mí sí que no me agarran!

—Slowly, abuela. Más des-pa-ci-o.

—Necesito que me ayudes. You help you abuela, okay? You love you abuela, right?

—Yes, I do.

—Bueno, listen. No voy a esperar a que llegue la ambulancia del rescue; me conectan a una máquina y no me dejan morir en paz. Además no quiero que me entierren aquí. Sería la primera y Dios sabe dónde enterrarán al próximo. ¡Muerta y sola! Además, quién se entiende con los muertos de este país. Kicito, aquí todo se desparrama, hasta los muertos. Quiero que me entierren en La Habana. Mi bury Havana, okay? No here.

—But you aren't dying, abuela. No mo-rir!

—Pronto. Anytime! Ya tengo… déjame pensar cuántos tengo. Mari, Mari, Mari-Clara m'ija, ¿tú te acuerdas cuántos tengo?

—(Please mother! I'm trying to concentrate on this last posture. No me molestes ahora.)

—Bueno anytime. Ya tengo muchos y ayer estaba lloviendo al revés. Dos meses antes de la muerte de papá también llovió al revés. Any minute now, any minute!

—Llo-ver al revés. No com-pren-do, abuela.

—Yes, Kicito, rain backwards.

—It can't rain backwards! What a silly idea. No po-der llu-vi-a backwards.

—No seas incrédulo. Crees que tu abuela te engañaría.

—You had too much coffee, abuela. Coffee makes you high. You mucho ca-fe. Ca-fe te po-ni-o un po-co lo-ca en la ca-be-za.

—Uds. siempre lo remedian todo con la locura. No me explico por qué no me quieres creer. Acaso yo no te creí cuando hace años me dijiste que había un leñador gigante y que los conejos ponían huevos y que un hombre había dormido durante veinte años sin despertarse y cuando se despertó la barba le llegaba a los pies. Recuerdo que se lo conté a todas mis amigas del barrio. Mira Keith, abuela no estay here, okay? Sylvia está sola. Sylvia alone. I go accompany her.

—But Sylvia is dead. Es mu-er-ta. You told me so.

—(Tienes ochenta y tres mamá, eighty-three. Naciste en el tres.)

—¡Y qué te crees tú! Los muertos también se sienten solos. Tienen sentimientos. Necesitan otros para que los acompañen. Pero otros muertos de su edad, si no, no tienen nada de qué hablarse. Además, me quiero ir. Desde que llegué aquí nada más que he trabajado y trabajado. Sí, sé que tenemos esta casona con piscina olímpica y que la puerta del garaje se abre sola, y sé que tengo doce televisores a color en mi cuarto, y diez y seis radios despertadores, y un closet atestado de ropa y me van a regalar un VCR, pero ¿quién le habla a esta vieja? Tu madre en las clases de meditación trascendental y en las de aerobics, y tu padre en su taller de impotencia, y cuando hay fiesta me visten como un maniquí de vidriera y los invitados siempre dicen: «Granma, very nice», y de tus hermanos eres el único que hace por entenderme. Aquí me estoy volviendo un fantasma anémico por falta a quién espantar. Y cuando venga la ambulancia dirán todos: «Do everything you can to keep her with us. Hagan todo lo que puedan». Entonces me conectarán a una máquina y así estaré como uno de esos vegetales que no necesitan tierra para vivir. No is the coffee! You help you abuela, yes or no?

—Okay, okay. What do you want? But make it quick. I've got to go to the tryouts. Rá-pi-do. Yo ir prác-ti-ca football.

A la mañana siguiente, abuela me explicó los detalles de su fuga mientras me hacía jurar que no se lo revelaría a nadie. Tan pronto como terminó mi jura, le di la mano y nos encaminamos hacia los

matorrales que crecían cerca de la casa. Íbamos en búsqueda de un
árbol fuerte. En el medio de aquel pequeño bosque, abuela se
detuvo, miró a su alrededor y seleccionó uno de tronco robusto.
«Vamos, ¿qué esperas?», dijo al mismo tiempo que me ponía hacha
en mano y como una enloquecida cheerleader gritaba: «¡Túmbalo,
túmbalo, rarará!» Fue entonces cuando divisé, en la copa del árbol,
un nido de gaviotas negras. Bien sabía que el cedro sería el árbol
más indicado para los propósitos de abuela, pero las gaviotas negras
eran una especie en peligro.

Después de pensar por varios minutos, le dije que el cedro estaba
enfermo y seleccioné un carcomido roble. Ella sonrió al ver que de

un hachazo lo había derribado, mientras gritaba: —You cut Kicito, you cut good—. Yo sólo atinaba a sonreírle con cierto aire de superioridad ya que de seguro había salvado una especie al borde de la extinción.

Abuela me instruía cómo y dónde tallar. Seguí sus órdenes al pie de la letra, abriendo un hueco en medio del tronco. Mientras más entusiasmado estaba abriendo el hoyo, la capataz volvió a gritar:

—¡Quítale las ramas, quítale las ramas! Take the arms off the tree, take the arms off the tree!

No la entendí y abuela, perdiendo la paciencia me arrebató el hacha, desmembrando el vegetal. Esa misma tarde el roble había quedado convertido en tabla agujereada por termitas humanas. Abuela contempló la obra satisfecha, al mismo tiempo que me daba una leve palmada en la espalda. Le sonreí una vez más mientras me deleitaba discurriendo que había salvado a las gaviotas negras de los caprichos de aquella viejecita impetuosa que aún no acababa de comprender.

Durante aquel mes fuimos religiosamente a los matorrales donde, camuflageada, se desarrollaba nuestra empresa que cada día tomaba más y más aspecto de viejo bajel. Tenía la embarcación dos compartimientos, uno para mantenerse sentado y el otro para provisiones. No poseía ningún tipo de propulsión, aunque sí tenía un falso timón. Hacia la improvisada proa, había un agujero donde colocar una pequeña asta para una bandera blanca. El exterior lo había cubierto de piedras del rin, que había sacado pacientemente de viejos vestidos testigos de antiguas glorias, y retratos de Julio Iglesias. Todo encolado a la superficie con superglue. Esa misma tarde, la almirante inspeccionó la obra al mismo tiempo que me hacía varias preguntas claves para asesorarse de mis conocimientos náuticos. Finalmente, le respondí algo apenado que ni siquiera sabía nadar bien. Con mucha calma, abuela me dijo que fuera a la biblioteca y me agenciara una carta de navegación.

—Kicito, cuando te aprendas la carta vamos a tomar la camioneta de tu padre y colocar la embarcación allí, luego nos vamos hasta la Marina de Key Biscayne para alquilar un bote de motor. We take pick-up. We put embarkation and rent motor boat, understand you?

—I guess so, ma'm.

—Entonces vamos a remolcar mi barca hasta donde comienza la corriente del golfo. Allí hacemos mi trasbordo y tú cortas la soga. Understand you?

—But why? ¿Por qué?

—Me voy pal sur. Me voy pa' La Habana. Sí Kicito, me voy pa' La Habana y no vuelvo más. I go to Havana no come back no more.

—But can't you take a plane? ¿To-mar a-vi-on?

—Cuántas veces te he explicado que no hay otra forma de llegar.

—But you'll die on the way! Mo-rir en bo-te, abuela.

—No morir en bote. Morir aquí en tierra. No te preocupes. Llegaré en un par de días. Y cuando llegue les enseño mi bandera blanca, salgo de la barca, me tomo una taza de café, cojo un taxi y sigo rumbo al panteón donde está Sylvia y…

Al otro día, después de aquella conversación, me encontraba en la biblioteca robándome una carta náutica que venía dentro de un deshojado *National Geographic*. Recuerdo que me la metí dentro de los calzoncillos evadiendo así el detector electrónico. Llegué a casa con mi botín. La abrí y, asustado por su contenido, la volví a doblar, escondiéndola en mi escritorio. El aprendizaje de la carta me habría de tomar casi tres semanas. Cuando le dije a abuela que me la sabía al dedillo, fue a su cuarto y rápidamente se puso su vestido de gala. Iba en dirección al mall, donde compró dos vestidos de noche, un parasol floreado y siete grabadoras, estilo «ghetto blasters». Me mostró los vestidos explicándome que el morado era para Sylvia, que no podía llegar con las manos vacías.

Cuando llegó el día señalado para la botadura, abuela vestía de luces y portaba su parasol como una auténtica torera primaveral. Le señalé hacia el camión. Le abrí la puerta con gran reverencia, a lo Sir Walter Raleigh, al mismo tiempo que la tomaba de la mano para ayudarla a subir al vehículo. Estaba contentísimo. Era la primera vez que manejaba la camioneta de mi padre. Él ignoraba lo que estaba ocurriendo, pues él y mamá andaban de fiesta. Durante la noche, abuela había robado las llaves que colgaban de la puerta del armario. Arrancamos y salimos en dirección a los matorrales. Al llegar, nos bajamos y con gran esfuerzo y tres poleas nos arreglamos para colocar la canoa dentro del pick-up. Serían como las tres de la madrugada y ambos íbamos eufóricos. Yo porque por primera vez conduciría por toda la U.S. 1, y ella por el gusto de ver que su empresa tocaba a su fin.

Estacioné de un solo corte la camioneta y nos dirigimos a alquilar nuestro remolcador. Nos montamos en el barco y abuela destapó una botella de coñac que llevaba debajo de la falda. Luego de atragantarme con el primer sorbo, abuela me pidió que cuando regresara a puerto me bebiera el resto. Ella bebió el suyo de un solo golpe.

Íbamos en dirección al sureste, en búsqueda del Gulf Stream. Marchábamos despacio. No era tarea fácil remolcar aquel tronco

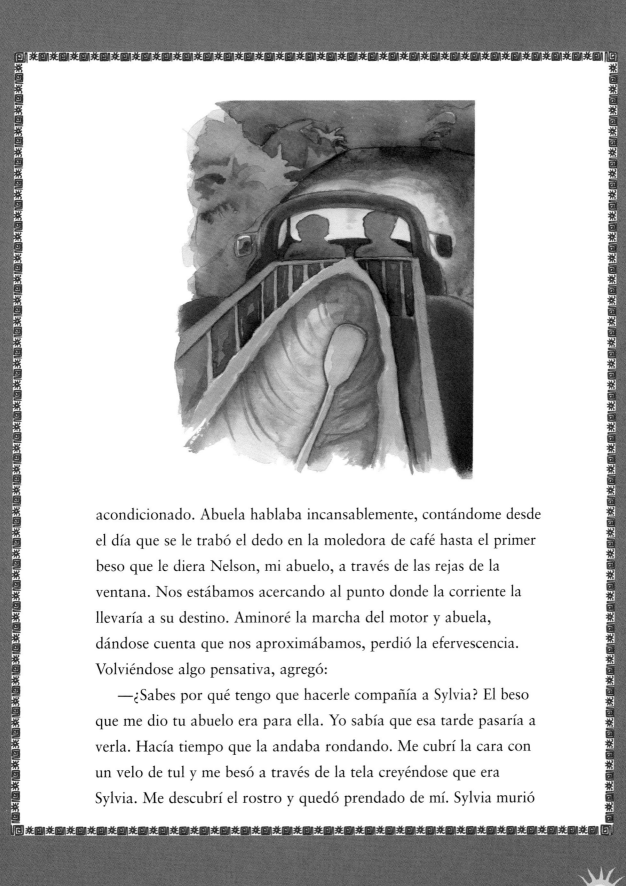

acondicionado. Abuela hablaba incansablemente, contándome desde
el día que se le trabó el dedo en la moledora de café hasta el primer
beso que le diera Nelson, mi abuelo, a través de las rejas de la
ventana. Nos estábamos acercando al punto donde la corriente la
llevaría a su destino. Aminoré la marcha del motor y abuela,
dándose cuenta que nos aproximábamos, perdió la efervescencia.
Volviéndose algo pensativa, agregó:

    —¿Sabes por qué tengo que hacerle compañía a Sylvia? El beso
que me dio tu abuelo era para ella. Yo sabía que esa tarde pasaría a
verla. Hacía tiempo que la andaba rondando. Me cubrí la cara con
un velo de tul y me besó a través de la tela creyéndose que era
Sylvia. Me descubrí el rostro y quedó prendado de mí. Sylvia murió

soltera y sola. Nunca me lo perdonó. Dicen que mi pobre hermana murió vomitando estrellas.

—¿Es-tre-llas? Stars? —dije.

—Sí, estrellas. Creo Dios le recompensó su sufrimiento de esa manera. No believe me?

—You can't throw up stars. ¡No vo-mi-tar es-tre-llas!

—Okay, y si te digo que se había tomado antes de morir una sopa de pollo y estrellas, chicken and estars soup, you believe me?

—Well, it makes more sense. Not a whole lot, but it makes more sense that she had soup. Cre-o una po-qui-ta más chicken and stars so-pa.

—Pero tengo algo más que contarte, Kicito. I have something more to tell to you. It is no all. Le fui infiel a tu abuelo dos veces. Solamente dos veces y nada más. I was infidel to your grandfather two time in my life. You abuela was one of the girls that Julio Iglesias loved before. You fui una de las que él amó, y también fui amada por Kirby. Fui la Sara Bernhardt de su poesía.

—Kirby,[1] the black bean soup maker? ¿El ja-ce-dor de so-pa fri-jo-les ne-gros?

—No, no, el poeta. The poet. Pero lo dejé porque era muy ordinario. I left him because he very ordinary. Trabajábamos en la fábrica Libby y él era el foreman. Pero después me di cuenta que era muy chusma y me desilusionó. Figúrate que todos los días al final del trabajo cuando sonaba el pito de las cinco me decía: —Nelia, cojón—.[2] ¡Qué ordinario! Por eso lo dejé. He say bad word in the

---

1. marca de frijoles negros cubanos
2. Kirby le decía: —Nelia, go home—, que la abuela oía como *cojón*.

fabric at five every day when the whistle sounded. That is the why I left him.

—Still you don't make much sense, abuela. No en-ten-der-te mu-cho.

—Es okay. But I loved your grandpa more. Remember that.

Después de nuestro último diálogo, abuela abordó la embarcación mientras yo cortaba la soga que había servido para remolcarla. La rústica canoa se iba alejando poco a poco, mientras ella sonriendo me tiraba un último beso.

—You good, okay? Good-bye, honey. No worry you me. Si tengo problems al llegar es easy, los compro con las grabadoras que pa' eso traigo. I buy them with the players.

No volví a mirar en su dirección. Arranqué el motor y mantuve la vista fija sin voltearme hasta llegar a puerto. Quizás iba algo triste ya que nunca había creído todos aquellos cuentos de estrellas y lluvias al revés o tal vez porque temía que se comenzara a hundir el carcomido roble que había seleccionado para salvar a las gaviotas negras.

* * *

El tiempo ha pasado con fugacidad, y la marea ha subido y bajado miles de veces desde aquel día en que abuela se marchó. Miles también han sido las veces que me he acercado a la marina para tan sólo mirar hacia el sur y beber un trago de coñac.

Hace una semana, por primera vez, vi que llovía al revés, y sorprendido llegué a comprender que los conejos, en realidad, no ponen huevos. Pensé en ella y comprendí que mi hora ya se avecinaba. Se lo dije a mi nieto y me respondió que seguramente había bebido demasiado café. Instintivamente, fui al viejo baúl y allí encontré la ya amarillenta carta de navegación que años atrás había utilizado para trazar la ruta que había seguido. La comencé a

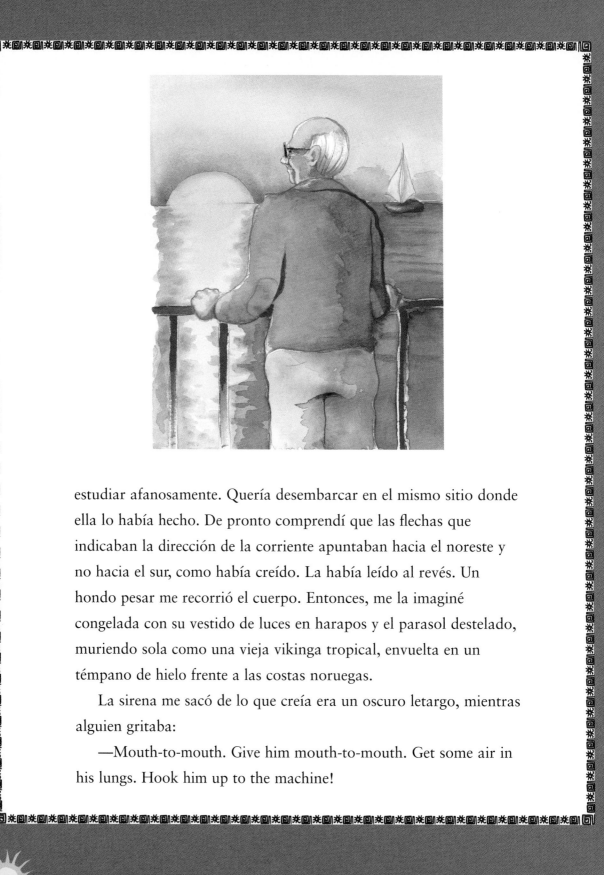

estudiar afanosamente. Quería desembarcar en el mismo sitio donde
ella lo había hecho. De pronto comprendí que las flechas que
indicaban la dirección de la corriente apuntaban hacia el noreste y
no hacia el sur, como había creído. La había leído al revés. Un
hondo pesar me recorrió el cuerpo. Entonces, me la imaginé
congelada con su vestido de luces en harapos y el parasol destelado,
muriendo sola como una vieja vikinga tropical, envuelta en un
témpano de hielo frente a las costas noruegas.

　　La sirena me sacó de lo que creía era un oscuro letargo, mientras
alguien gritaba:

　　—Mouth-to-mouth. Give him mouth-to-mouth. Get some air in
his lungs. Hook him up to the machine!

C. **¿Probable o improbable?** Indica si las siguientes afirmaciones son probables (P) o improbables (IMP) a base de la historia «Raining Backwards».

1. Keith nació en los Estados Unidos y no conoce Cuba.
2. La abuela se preocupaba mucho por la situación política de Cuba.
3. La abuela añoraba una vida más sencilla aunque fuera menos lujosa.
4. La abuela murió feliz.
5. A Keith le remordía la conciencia por haber dejado irse a su abuela.

Conozcamos al autor

ROBERTO FERNÁNDEZ

Nacido en 1951 en Sagua la Grande, Cuba, Roberto Fernández inmigró a este país a la edad de diez años. Se educó en la Florida, recibiendo el doctorado de la Universidad Estatal de Florida en 1977.

Fernández se dedica plenamente a la prosa y ha publicado varias novelas incluyendo *Raining Backwards* que describe como la primera obra cubano-americana que enfoca la vida de Miami y sus personajes. Otras obras de Fernández incluyen *La montaña rusa, Cuentos sin rumbos* e *Índice bibliográfico de autores cubanos*.

Roberto Fernández vive en Tallahassee, Florida, y es profesor de literatura española en la Universidad Estatal de Florida.

AMPLIEMOS NUESTRA COMPRENSIÓN

D. **Análisis de personajes.** Contesta las siguientes preguntas.

1. ¿Qué tres adjetivos mejor describen a la abuela de Keith?

2. ¿Cómo se diferencian los valores de la abuela de los valores de su hija?

3. Si hubieras sido Keith, ¿habrías hecho lo mismo para ayudar a tu abuela a volver a Cuba?

4. Escribe un lema que represente el tema de «Raining Backwards».

E. **Trabajo de equipo.** En grupos de tres:

- revisen el diagrama de problemas familiares causados por la emigración (ejercicio *A*);

- agréguenle las posibilidades sugeridas por el cuento «Raining Backwards»;

- escojan dos problemas y, de común acuerdo, anoten algunas posibles soluciones en un diagrama similar al diagrama T de la página 283;

- cada grupo presentará a la clase uno de los conflictos y sus soluciones.

F. **Cuatro pasos en una entrevista.**

Paso 1. En trabajo colaborativo con un(a) compañero(a):

- Elaboren una serie de aproximadamente diez preguntas que sirvan como base para entrevistar a una persona mayor de 60 años.

- Piensen en preguntas que le hagan hablar acerca de su vida en otros lugares, sus añoranzas y sus ideas acerca de la juventud contemporánea.

Paso 2. Individualmente, escoge a una persona mayor de tu familia o de tu vecindario y lleva a cabo la entrevista.

Paso 3. Escribe un informe señalando los aspectos más sobresalientes de la entrevista.

Paso 4. En un grupo de cuatro, comparte los resultados de tu entrevista con tus compañeros.

EXPLOREMOS EL LENGUAJE

EL CONDICIONAL

El **condicional** se utiliza:

1. para expresar una acción que se anticipa desde el punto de vista de un momento pasado;

Ejemplos: «**Serían** como las tres de la madrugada y ambos íbamos eufóricos. Yo porque por primera vez **conduciría** por toda la U.S. 1...»

«Nos estábamos acercando al punto donde la corriente la **llevaría** a su destino.»

2. para expresar probabilidad en el pasado;

Ejemplos: «Además no quiero que me entierren aquí. **Sería** la primera y Dios sabe dónde enterrarán al próximo.»

«Crees que tu abuela te **engañaría**.»

3. como cortesía al pedir o preguntar algo.

Ejemplos: «¿Me **podría** usted indicar la dirección en este mapa?»

«Abuela, ¿me **permitirías** acompañarte en tu viaje?»

G. **Completar.** Completa las siguientes oraciones según los acontecimientos de «Raining Backwards» utilizando la forma **condicional** de los verbos.

1. Keith...
2. La abuela...
3. El nieto de Keith...
4. Yo...

CREEMOS LITERATURA

H. **Una continuación.** Continúa la historia de la abuela de Keith desde que sale de la Florida en su canoa. ¿Llegó a Noruega como teme Keith? ¿O la llevaron las corrientes del golfo a La Habana después de todo?

■ Empieza con esta frase del texto: «La rústica canoa se iba alejando poco a poco, mientras ella sonriendo me tiraba un último beso...».

■ Asegúrate que tu continuación sea un relato en sí con comienzo, cuerpo y final.

I. **Ensayo persuasivo.** Escribe un ensayo en el que tratas los problemas familiares causados por la emigración y sus posibles soluciones. La meta de tu ensayo es convencer al lector de que la solución que sugieres para el (los) problema(s) expuesto(s) es la mejor.

■ Para organizar tus ideas, utiliza el diagrama T del ejercicio *E* que completaste en grupo.

■ Tu ensayo se compondrá de cuatro párrafos:

Primer párrafo: la exposición. ¿Qué problemas familiares causa la emigración y qué solución propones para ellos?

> **MODELO:** problema: *el distanciamiento entre los miembros de la familia por el reemplazamiento del español con el inglés*
> solución: *la educación bilingüe*

Segundo párrafo: Justifica tu solución con un ejemplo concreto.

> MODELO: *A través de la educación bilingüe, se mantiene el idioma materno.*

Tercer párrafo: Describe otro aspecto positivo que ofrece tu solución al problema.

> MODELO: *Los familiares pueden participar estrechamente con la escuela.*

Cuarto párrafo: la conclusión. ¿Cómo resumes la defensa de tu solución?

> MODELO: *La educación bilingüe refuerza simultáneamente a la familia y la comunidad.*

LECCIÓN 5

Tres generaciones

ALISTÉMONOS PARA LEER

Muchas veces la edad de una persona determina su manera de ver las cosas así como el camino que se traza. El siguiente cuento de Rosaura Sánchez, «Tres generaciones», presenta conflictos intergeneracionales dentro del seno familiar.

A. Escritito. Piensa en una situación en la que hubo diferencia de opinión entre tú y tus padres o abuelos (o personas de su edad).

- Describe las situaciones y las diferentes opiniones que surgieron.
- Escribe acerca de ello durante varios minutos.
- Comparte tu escrito con un(a) compañero(a).

B. Ideas novedosas solamente. Elabora una lista de los temas más comunes acerca de los cuales se suscitan diferencias de opinión intergeneracionales.

VOCABULARIO CLAVE DEL TEXTO

Familiarízate con el vocabulario clave del texto según las indicaciones de tu maestro(a).

refunfuña	acaparar	subyacente
raquítica	recriminación	candente

LEAMOS ACTIVAMENTE

C. Rompecabezas de lectura. En un grupo de expertos, van a hacer la lectura sobre una situación problemática, vista a través de los ojos de una de las protagonistas del cuento.

Paso 1. Lean la parte que les corresponda silenciosamente. A medida que lean, anoten las respuestas a las preguntas que siguen.

1. ¿Quién habla?
2. ¿Aproximadamente qué edad tiene?
3. ¿Cuál es su problema?
4. ¿A qué se debe este problema?

Paso 2. Comparte oralmente tus notas con tus compañeros.

- Cada miembro del grupo comparte lo que ha escrito mientras sus compañeros escuchan.
- Cuando todos hayan compartido sus respuestas, logren un consenso acerca de los sentimientos y preocupaciones principales que **atribulan** al personaje.

Paso 3. Trabajando con los otros miembros de tu equipo, elabora tu propio diagrama «mente abierta».

- Calca el diagrama de la «mente abierta».
- En el diagrama escribe frases, palabras o dibuja algunos símbolos que muestren lo que está pasando por la mente de tu personaje.

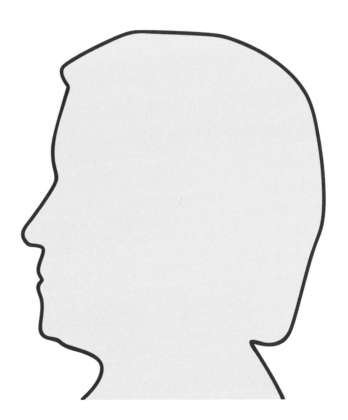

Paso 4. Trabajando en grupos:

- Comparte oralmente con tus compañeros la situación de tu personaje.

- Apoya tu exposición mostrando tu diagrama «mente abierta».

- Explica el significado de las frases y los símbolos que contiene.

D. Diagrama triple de Venn. Luego de haber compartido las situaciones de Hilda, Mari y la abuela:

- Copia el siguiente diagrama en tu cuaderno.

- Llena los espacios con las características individuales y comunes de los personajes.

Tres generaciones

Rosaura Sánchez

Esta tarde cuando llegué estaba de rodillas ante unos geranios y unas gardenias y refunfuñaba por lo que yo llamo «el tomate imperialista» que siempre se anda queriendo apoderar de todo el terreno. Se han puesto demasiado grandes las plantas y como que quieren tomarse el jardín.

—¿Y por qué no las cortas?

—Voy a dejar que maduren los tomates y después adiós plantas. No volveré a sembrarlas. ¿No ves como lo invaden todo? Mejor pongo unos chiles allí, aunque no hay mucho campo. ¡Ay, no es como el solar que teníamos allá en Texas!

Las plantas han adquirido personalidad para ella. Al limonero le pide disculpas por haber dejado que la madreselva largara sus raíces por donde no debía. El pobre limonero enano que yo planté antes de que ella se viniera a vivir con nosotras no ha muerto pero tampoco crece, ya que las raíces de la madreselva que ella plantó se han acaparado del poco terreno que había para ese lado del patiecito. Otra planta imperialista, pero ésta por la superficie subyacente, por donde no se ve ni se sospecha. La planta de tomate, en cambio, lo hace a los cuatro vientos y es obvio que sus ramas se extienden por todos lados, pero la madreselva se mantiene acurrucada contra la cerca, como si nada. Es como la diferencia entre la dependencia y el colonialismo, le digo, pero no acaba de entenderme. Mi madre sigue sacando las hierbas malas y regando, mientras piensa en podar la bugambilia, para que no le quite el sol al malvavisco que está a sus pies. Y yo no sé por qué le salgo con esas frases absurdas, como si me quisiera hacer la

interesante, porque, después de todo, la terminología fue lo único que me quedó de aquellas clases universitarias de estudios del tercer mundo. Y pensar que en un tiempo creí que podría ser mi especialidad, pero al final me fui por lo más seguro, y estudié comercio. Pero ella, ahora que está sola, parecería haber estudiado jardinería. Se la pasa trasplantando, podando, regando y conversando con las plantas porque yo y mi hija casi nunca estamos en casa más que para dormir. Y no es que no quiera yo también ponerme a trabajar en el jardín, sino que el trabajo, las reuniones, los viajes fuera de la ciudad me tienen siempre ocupada, siempre corriendo. Como ahora mismo.

Quería mostrarle lo bien que va la hortensia pero ya se me metió. Seguro que estará allí con la computadora hasta las altas horas de la noche; a veces ni quiere bajar a cenar. Y la Mari, perdida anda esa muchacha. Ya traté de decirle a Hilda que algo anda mal, pero ni caso me hace. Cosa de adolescentes, me dice, ya se le va a pasar. La Mari se encierra en su cuarto y cuando sale tiene los ojillos todos rojos como que ha estado fumando o tomando alguna cosa de ésas, de esas mugres que hoy consiguen fácilmente los chavalillos. ¡Ay, cómo me hace falta aquel hombre! Él sabría cómo hablarle a su nieta, creo, pero a mí ni caso me hace. Por eso me la paso aquí afuera con mis flores y mis arbolitos. Y a veces doña Chonita se viene a platicarme alguna cosa y nos tomamos un poco de limonada mientras le muestro las matas, y así se me pasa el tiempo. Voy a tener que comprar un poco de alimento para las plantas porque esta mano de león, por ejemplo, no quiere prender. Recuerdo las que sembraba mi mamá en el solar hace ya tantos años. No eran estas miniaturas raquíticas. Ésas sí que eran flores. Jardín más chulo no había en todo el barrio.

Tan pronto como me cambie, me pongo a la computadora. Pobre de mi mamá, me da no sé qué dejarla sola allá abajo, pero por lo menos se distrae con el jardín; a veces se va con alguna de sus amigas de la iglesia al cine o de compras. Pero más sola que yo no puede estar porque desde que me dejó Ricardo… aunque de eso ya hace tanto tiempo que hasta ridículo me parece recordarlo. Tampoco puedo quejarme, porque mejor nunca estuve. Me mantengo ocupada y tengo mis amigos y mis amigas en el trabajo. Y a veces salgo con Alfredo y cuando podemos, nos vamos de paseo. Pero ninguno de los dos quiere volverse a meter en problemas. El divorcio como que le deja a uno un mal sabor en la boca. Así estamos mejor, nos divertimos, nos vamos de viaje los fines de semana cuando hay tiempo y cuando no, cada uno a su trabajo y a sus obligaciones, y hasta la próxima, sin compromiso, sin recriminaciones, cada uno libre de hacer lo que se le antoje. Por lo menos es lo que me digo y lo que contesto cuando me preguntan que por qué no me he vuelto a casar. Porque con Ricardo fui muy celosa, aunque tal vez todo eso fue un error desde el principio. Si no hubiera salido encinta, no nos habríamos casado, seguro. Pero ¿qué otra opción tenía yo? Porque el sólo pensar en lo de Antonia y en el trauma que fue todo aquello me daba escalofrío. Los tiempos cómo cambian y no cambian, porque el tema sigue candente, y hasta quieren recortar los fondos para esas clínicas, pero en aquel entonces todo era prohibido, no había clínicas para el aborto, y a menos que una tuviera plata para irse al otro lado, para hacérselo allá, tenía que acudir a alguna curandera para que le diera un remedio o a lo que acudió Antonia cuando supo que el marido andaba con la vecina. Desde entonces no tolero ver los ganchos de alambre para la ropa. Todos son de plástico. No, no pude hacerlo. Pero si hubiera sido más fuerte, más inteligente, me las hubiera arreglado sola, aunque en casa me hubieran desconocido por el escándalo. Y por eso, nos casamos porque tuvimos que hacerlo. Pero nunca estuvimos bien. Al año ya estábamos divorciados y así se ha criado Mari, sin padre, sin la ayuda económica que nos vendría bien si Ricardo se portara como debería. Pero pronto se volvió a casar con la gringa esa y ya después no me aventó ni con un centavo. Por eso tuve que trabajar y dejar a la niña aquí y allá, buscando siempre quien me la cuidara hasta que ya pude ponerla en una guardería infantil. Ahora también está mi mamá. Cuando quedó viuda, me la traje acá, porque después de tantos años de trabajar en la costura de blue jeans, ¿qué le mandan? ¡Unos trescientos dólares por mes del seguro social! Ni para comer le alcanza; por eso me la traje a Santa Ana donde no le ha de faltar techo ni comida. Esta impresora es bastante lenta, no como la de la oficina, pero imprime más o menos bien. Voy a tener que comprarme una nueva, de laser; así no tengo que llegar como loca por la mañana haciendo copia de todo antes de la primera reunión a las 8:30, no sé por qué me las ponen tan temprano. Uuy, cómo se pasa el tiempo. Creí que eran las 7:30 y ya van a ser las nueve. Al rato bajo a comer algo. ¡Ay, esa Mari, aún no ha llegado de la escuela! ¡Éstas no son horas! ¿Dónde se habrá metido? Voy a tener que hablar con ella cuando llegue. Una chica de 13 años no tiene por qué andar afuera tan tarde. Se le hace fácil todo.

¡Ay, lo que me espera! Tengo que apurarme porque si no, mi mamá se va a poner sospechosa. Pero si está ocupada ni se ha de enterar. Pero cómo iba a venirme cuando todos estaban mirándome, viendo si le entraba duro o no. O soy de la clica o no soy; por eso por fin probé la nueva combinación. Es como volar. What a blast! Pero después, qué bajón. Por eso no podía venirme, hasta que se me pasara un poco. Cuando sepa mi mamá que hoy no fui a la escuela, se va a poner furiosa, pero y qué. Que se enoje nomás. Ya realmente no me importa nada, nada más que volver a fumar la combinación. No sé cómo pudo conseguirla Daniel. Generalmente sólo trae marihuana o «crack» pero hoy de veras se aventó. Su papi debe ser muy bueno porque cada semana le afloja la lana para que se divierta. Para que no lo moleste dice Danny, pero no sé por qué se queja porque con lo que le da su papá, pues siempre tiene con qué hacer sus compras. Sabe exactamente dónde venden lo que quiere. Yo he ido varias veces con él y es casi como «drive-in service» porque nomás para el carro en medio de la calle y siempre corre algún chico con el paquetito, pagamos y vámonos. Después nos vamos a su casa o a la de Jenny. Uy, ya van a ser las nueve, creí que eran las siete, como ya se hace noche bien temprano. Ojalá que la abuela no me haga preguntas como siempre; le gusta fastidiarme nomás. Allí está siempre esperándome y mirándome con esos ojos. No sé por qué no se va a ver televisión o lo que sea, y deja de meterse en lo mío.

¡Ay, esta niña que no llega! Allá en mis tiempos todo era muy difícil. Mi papá ni nos dejaba salir a ninguna parte. Por eso ni primaria terminamos las mujeres. Eran los tiempos de los trabajos en la labor, en la pizca de algodón o la cosecha de betabel. Nuestros viajes eran de un rancho al otro hasta que volvíamos a San Ángel para la Navidad. A veces teníamos que pararnos en los caminos para dormir y calentar algo para comer. Ya después en el rancho, a mí, como era la mayor, me tocaba todo. Tenía que levantarme a las cinco y media para hacer el desayuno y el lonche para mediodía. A veces le digo a la Mari que no sabe lo que es fregarse, que antes no teníamos baño dentro de la casa, que teníamos que pasar al excusado que estaba cerca del callejón y se ríe, diciendo que eso es horrible y que ella nunca aguantaría tal cosa. Ni lo cree ni le importa. No conoce la pobreza ni quiere saber que todavía hay pobreza por el mundo. Los jóvenes de hoy no saben nada, ni se enteran de nada, ni piensan en nada más que andar de parranda y tal vez cosas peores. Piensan que son cuentos de hadas. A ver qué le caliento a Hilda, si no le hago algo, se la pasa con puro sánwiche de pavo. ¡Cómo cambian los tiempos! En los míos, a mí me tocaba hacer las tortillas, la lavada, la planchada, porque generalmente mi mamá estaba encinta y no podía con todo el trabajo. Para mí no hubo escuela ni nada, puro trabajo bruto, como el burro; por eso cuando yo tuve a la Hilda me dije, ésta no va a sufrir como yo; por eso la mandé a la escuela aunque todos me decían que hacía mal en mandarla, que para qué, que me iba a salir mal, que seguro la iba a tener que casar a los 15 años por andar de pajuela. Pero no fue así, estudió su carrera, se graduó y se puso a trabajar. Fue mucho después, cuando ya era una mujer de 25 años, que salió encinta y decidió casarse, porque no quería abortar, no quería que le pasara lo que a Antonia, aunque mi hija podría haber ido a alguna clínica en la frontera, si hubiera querido. Pero luego le tocó la mala suerte y el marido la dejó. Es lo que ella dice, pero a veces hasta creo que sólo se casó para tener la criatura porque siempre ha sido muy independiente la muchacha. Gracias al estudio pudo mantenerse sola, porque nosotros no estábamos en condiciones de ayudarle. ¿Qué habría sido de ella si no hubiera tenido el trabajo? Habría tenido que vivir del Welfare como más de cuatro en el barrio.

A la impresora le tengo que cambiar la cinta. Y la Mari, ¿dónde andará que no llega? Si para las nueve no está, tendré que llamar a alguien. ¿A quién? Tal vez a alguna de sus amigas, no sé si tenemos el número de teléfono del tal Daniel con el que sale a veces. Voy a tener que hablarle seriamente porque no tengo tiempo realmente de andar con estas cosas, especialmente hoy que tengo que terminar de preparar este informe; ya me falta poco y el diagrama ya lo tengo hecho. Me salió bien. Esta nueva computadora es fenomenal, hasta a colores puede sacar los cuadros. Espero convencerlos con estas estadísticas; si deciden asociarse con la compañía, podremos ampliar la producción y así aumentar las ventas para el próximo año, como quiere el jefe. Estos nuevos programas van a revolucionar la industria de las computadoras y nosotros los vamos a producir. Bueno, yo no, claro, sino la compañía. Increíble pensar que ya comienzo a pensar como «company man» o mejor dicho «woman» —como si no me explotaran bien a bien; me sacan el jugo pero tampoco me pagan mal, por lo menos desde que les armé el gran lío. Ya pensaban que los iba a demandar por discriminación. Y ¿por qué no?, si me tenían allí de asistente cuando la que hacía todo el trabajo del jefe era yo. Y después de la reunión de mañana, habrá que presentarles el plan a los meros-meros. ¿Me habrán hecho la reservación del cuarto en Nueva York? Bueno todavía hay tiempo; mañana se lo pregunto a Cheryl. Lo que son las cosas. Ahora es cosa de llamar y hacer la reservación y le tienen a una todo listo cuando llega. No saben que la que llega toda vestida con su portafolio y todo es la misma que pizcó algodón y durmió con sus padres en el suelo. Recuerdo que una vez tuvimos que pasar la noche en la orilla del camino, durmiendo en el carro, porque no

teníamos con qué pagarnos un cuarto en un motel. Sí, la noche
misma que me gradué y salimos tarde, tuvimos que pararnos en las
afueras de Austin. Amá quería ir a visitar a la tía de paso, pero
cómo íbamos a llegar a medianoche sin avisar. Tampoco podíamos
volver a San Ángel. Y allí estuvimos toda la noche, incómodos, de
mal humor, peleándonos unos con los otros hasta que amaneció y
pudimos llegar a San Antonio para ver a la tía, que, a fin de cuentas,
nos recibió de mala gana. No, no saben quién les presenta el
informe. La que lo sabe soy yo, la que no lo olvida soy yo. No, el
sueldo de ahora no borra nada. No borra las miraditas que me dan
en las reuniones de Marketing cuando soy yo la que hago la
presentación. No borra el ninguneo que siempre padecimos. No
borra el que, a pesar de todo el entrenamiento en teneduría de
libros, mecanografía y dactilografía en secundaria, no pudiera yo
conseguir trabajo después de graduarme más que como operadora
de ascensor. Por eso me decidí y me fui a la universidad, con
préstamo del gobierno claro. Como me sabía mal vestida, no iba
nunca a ninguna parte; me dedicaba a estudiar. Hasta que en mi
primer trabajo después de graduarme de la universidad conocí a
Ricardo. Parecía interesado en mí y yo estaba feliz, feliz de la vida, y
por eso cuando me comenzó a invitar a salir, acepté, lo acepté todo,
pensando que era mi futuro, mi compañero del alma. ¡Qué estúpida
fui! A él le interesaba sólo una cosa. Y ya después… ni para qué
estar pensando en eso.

—Amá, amá, ven para que me cuentes. Ahora que han salido los
muchachos con apá, quiero que me cuentes lo que le pasó a Antonia.

—Mira, hija, cuando Antonia se enteró de que su marido andaba
quedando con Elodia, decidió hacer lo que podía para no perder al

marido. Ya tenían cuatro niñas y estaba de nuevo encinta. La vecina venía a darle la mano, como estaba viuda recién y no tenía más que hacer, y en una de ésas le voló el marido. ¿Te recuerdas que andaban los tres de aquí para allá y de allá para acá? Pues un día Antonia los agarró juntos en la cocina y Antonia la mandó a volar: a la Elodia; hasta acá oí yo los gritos, donde le decía que se fuera mucho a la tiznada. Después una mañana, días después, vino corriendo una de las niñas para pedirme que fuera a ver a su mamá, que se estaba desangrando. Corrí a la casa y cuando vi que se estaba vaciando, llamé pronto a la ambulancia. Ya sabes cómo tarda la ambulancia para llegar al barrio. Para cuando llegó, ya estaba pálida, color de cera. Duró sólo unas horas en el hospital y allí murió. ¡Lo que son capaces de hacer las mujeres por no perder a un hombre! Sí, al verse de nuevo embarazada y sin tener a quien acudir, se metió un gancho de la ropa, para que se le viniera. ¡Ah, hija de mi alma, no vayas a hacer nunca una locura semejante! Si alguna vez te ves en tales aprietos, tenlo nomás. Ya encontraríamos cómo cuidarlo. Aunque, sí, tienes razón, tu papá se moriría de vergüenza. Mejor no te metas en tales líos, hija.

Le pedí que me lo contara cuando vine de San Antonio para el funeral de Antonia. Fue al verla allí en la casa mortuoria que decidí tener el bebé, no importaba lo que pasara. Cuando lo supo Ricardo, se enfadó conmigo y me dijo que él no quería casarse. Le dije que estaba bien, que lo tendría yo sola, pero parece que su mamá le dijo que debía casarse, para darle el apellido a la criatura, y así fue. Hicimos las paces, nos casamos; se vino a vivir a mi departamento y un año después me pidió el divorcio. En mi familia nunca había habido un divorcio. Así que eso también fue doloroso para mi papá, tanto o más que el «sietemesino» que tratamos de hacerle creer. Aunque... después fui la primera de varias primas que se divorciaron. La nueva generación. Después, cuando me ofrecieron trabajo en California con esta compañía de software para las computadoras, me vine con la niña que ya para entonces tenía cinco años. Aquí me ningunearon lo que quisieron por muchos años hasta que me sentí segura y comencé a exigir lo que hacía años me debían. Cambiaron el personal dirigente y por fin pude lograr el ascenso en Marketing. Con ello vinieron más presiones y tensiones y los viajes constantes. Y la niña ha ido creciendo, casi sin darme cuenta. Allí va llegando. A esa Mari tengo que hablarle, es una desconsiderada, no aprecia lo que hago por ella. Por ella y por mí. Porque me he ido llenando la vida de trabajo, de trabajo y a veces de Alfredo. A lo mejor me llama de San Francisco.

—¡Mari! ¡Mari! Ven acá un momento. ¿Dónde has estado?

Por fin llegó la Mari; viene como endrogada. Pero me alegro que esté aquí Hilda, para que la vea, para que se entere, proque cuando yo trato de decirle algo, como que no me escucha, como que no quiere oír lo que no le conviene. Esta vida moderna, ¡quién la entiende! Ya son las nueve. Me haré un taco yo también de las fajitas que le calenté a Hilda y me iré a ver el Canal 34. Aquí ya casi ni se cocina, ¿para qué? Cualquier cosa para hacerse una un taco. Ni modo que cocine para mí sola, porque ni Hilda ni Mari acostumbran cenar aquí. A ver qué dice el horario de televisión. Recuerdo que antes lo único que había eran los programas por radio que agarrábamos de noche de México. Manolín y Chilinski. Palillo. Las novelas, «El derecho de nacer». El programa del Doctor I.Q. No sé cómo le hacíamos; no había alcantarillado, no había pavimentación, no había más que pizca de algodón. Y ahora, todo tan moderno, todo tan grande, pero todos tan desunidos, toda la familia regada por todas partes. Los muchachos en Maryland y en Minnesota y yo en California. Ahora como que ya los hijos y los padres ni se hablan; los vecinos no se visitan. Aquí ni conocemos a los vecinos de al lado siquiera. Sólo a la gente de la iglesia, y eso porque tengo carro y puedo ir hasta la iglesia mexicana los domingos, porque si no, ni eso. Aunque tengo que ir sola, porque aquí ya nadie quiere saber nada de iglesia ni de nada. M'hija creo que hasta se ha hecho atea. Pero por lo menos yo sigo yendo y allí veo a mi gente mexicana. No, si es como le digo a mi comadre Pepa cuando me llama de Texas, la ciudad es muy diferente; aquí constantemente estoy oyendo la sirena de la ambulancia o de la policía. Enfrentito mismo de la iglesia balacearon el otro día, dizque por error, al vecino de doña Chona. Qué cosas de «gangas», de pandillas, de muchachones que no tienen ni adónde ir, ni dónde trabajar, ni más que hacer que andar en la calle sin que los padres tengan idea de dónde andan. Así como nosotras, que no sabemos ni adónde va la Mari, ni con quién, ni qué hace. Me temo que ande con esas mugres, que se inyectan o fuman, y uno aquí como si nada. ¡Como si nada! ¡Y ni modo de meterme! Yo aquí ni papel pinto. ¿Qué se le va a hacer? No hay más que distraerse un poco, porque yo también tengo mi droga, la tele. Ya es hora de ver «El maleficio». Y después viene «Trampa para un soñador». Sólo en las telenovelas se resuelven todos los problemas, en seis meses o en un año; será porque todas las historias son de ricos y con dinero lo arreglan todo. Pero en la vida real, en la vida de los barrios, en la vida de los que duermen en la calle, las cosas parece que sólo van de mal en peor. Por este camino no sé adónde vamos a llegar.

Conozcamos a la autora

ROSAURA SÁNCHEZ

Rosaura Sánchez, importante figura de la literatura chicana femenina, nació en San Ángelo, Texas, en 1941. Estudió en la Universidad de Texas en Austin donde recibió el doctorado en 1974.

Según Rosaura Sánchez el papel del escritor o de la escritora es siempre ideológico. Su obra es un análisis crítico de la lucha social que existe no sólo en este país, sino en todo el mundo. Por lo tanto, en ella se refleja la clara intención de la autora de concientizar a su lector.

Rosaura Sánchez vive en San Diego, donde es profesora de literatura en la Universidad de California.

AMPLIEMOS NUESTRA COMPRENSIÓN

E. **Diálogos colaborativos.** Es obvio que en la familia del cuento el diálogo hace mucha falta. En grupos de cuatro:

- Imaginen que los personajes tratan de superar el silencio en que se hayan sumidos para iniciar la comunicación. Por ejemplo:

1. Hilda conversa con su mamá.
2. La abuela habla con Mari.
3. Mari se dirige a su mamá.

- Según la situación asignada a su grupo por su maestro(a), escriban un diálogo en el que los dos personajes entablan una discusión de sus problemas.

- Finalmente presenten su diálogo a la clase.

EXPLOREMOS EL LENGUAJE

COMPLEMENTOS DEL VERBO

Sabemos que la oración se compone de sujeto y predicado. El núcleo del predicado es el verbo y es la parte más importante. De la misma forma que el núcleo del sujeto, el sustantivo, va acompañado de otros elementos para formar el sujeto, al verbo también se adjuntan otros tipos de verbo para completar el predicado.

Clases de complemento	Significado	Pronombres con los que conmuta	Ejemplos del texto
directo	qué o quién recibe directamente la acción del verbo	me, te, lo, la, nos, os, los, las	«¿Y por qué no **las cortas**?» «Mi madre sigue sacando **las hierbas malas** y regando...»
indirecto	qué o quién recibe daño o provecho de la acción del verbo	me, te, le, nos, os, les	«Yo no sé por qué **le** salgo con esas frases absurdas...» «Ya traté de decir**le a Hilda** que algo anda mal, pero ni caso **me** hace.»
circunstancial/ diversas circunstancias	lugar, tiempo, modo, etc.	mí*, ti*, ella, él, Ud., nosotros, vosotros, ellos, ellas, Uds.	«Las plantas han adquirido personalidad **para ella**.» «Jardín más chulo no había **en todo el barrio**.» «Ya pensaban que los iba a demandar **por discriminación**.» «Por eso me decidí y me fui a la universidad, **con préstamo del gobierno** claro.»

*Excepciones: conmigo/contigo

F. **Identificación.** Identifica los complementos del verbo en las siguientes citas de «Tres generaciones» .

1. «... a mí me tocaba hacer las tortillas, la lavada, la planchada ...»
2. «A la impresora le tengo que cambiar la cinta.»
3. «Allí está siempre esperándome o mirándome con esos ojos.»

CREEMOS LITERATURA

G. **Evaluación crítica.** Escribe una evaluación de una de las presentaciones del diálogo colaborativo en el ejercicio *E.* En tu evaluación debes incluir:

- lo que estimas fue la parte más fuerte de su presentación;
- una sugerencia para mejorar la parte menos fuerte;
- tu evaluación de su análisis de los personajes del cuento.

H. **Mari es abuela.** ¿Cómo habría cambiado Mari en los años posteriores a la narración? Escribe dos semblanzas escritas del punto de vista de Mari como abuela.

- En la primera describirás la relación con su hija.
- La segunda semblanza enfoca la relación con su nieta.
- Ten en cuenta el progreso tecnológico de los próximos años y la situación de la familia en nuestra sociedad. A la vez, ¡piensa positivamente en el futuro!

CONCLUSIÓN DE LA UNIDAD

*Los altibajos de la vida diaria forman el nucleo de nuestras relaciones **familiares**, así como los recuerdos que guardamos a lo largo de los años. Por medio de su arte, el escritor y la escritora dan homenajes a los seres más queridos de su propia vida y de su creatividad.*

SÍNTESIS Y CONEXIÓN DE CONCEPTOS

A. **Comparación y contraste.** Los cuentos que has leído en esta unidad provienen todos de comunidades diferentes: uruguaya, cubana y chicana. Si observas cuidadosamente, descubrirás que los autores nos muestran cómo distintos grupos usan palabras diferentes para referirse a una misma idea. Por ejemplo, en «Como un escolar sencillo», el protagonista habla de **menudo** cuando se refiere a lo que se conoce como **sencillo, suelto** o **cambio** en otros lugares.

- Revisa los cuentos de esta unidad.
- Rellena el siguiente cuadro.

Título del cuento	Expresión	Otras maneras de expresar la misma idea
MODELO: «Como un escolar sencillo»	menudo	suelto, sencillo, cambio

B. **Redacción de una carta.** En esta actividad asumirás la personalidad y circunstancias de uno de los personajes de los cuentos que has leído.

- Escríbele una carta a un personaje de otro cuento.
- Coméntale lo que sabes de sus circunstancias o problemas.
- Aconséjalo, apóyalo o critica sus acciones.
- Justifica siempre tu posición con razones y/o ejemplos.

MÁS HORIZONTES CREATIVOS

C. **Una biografía.** A lo largo de esta unidad, hemos realizado varios trabajos relacionados con nuestros seres queridos incluyendo una entrevista, una semblanza y narraciones personales. Ahora vas a escribir una biografía de unas dos páginas describiendo las experiencias de vida de tu familiar o ser querido.

Paso 1: La pre-escritura. Utiliza el diagrama de la página 322 para organizar los componentes de la biografía.

Paso 2: El borrador.

Párrafo 1: La exposición.

- Capta la atención de tu lector.
- Utiliza tus apuntes en el apartado **Características personales** para describir a tu sujeto.

Párrafos 2, 3 y 4: El cuerpo. Incluye los tres apartados que dan los datos biográficos más importantes:

- infancia
- eventos importantes de su vida
- sus contribuciones a la familia o a la comunidad

Párrafo 5: La conclusión.

- Incluye una descripción de los recuerdos más vívidos que tienes de él (ella).
- Termina con unas palabras respetuosas y/o cariñosas en homenaje a tu ser querido.

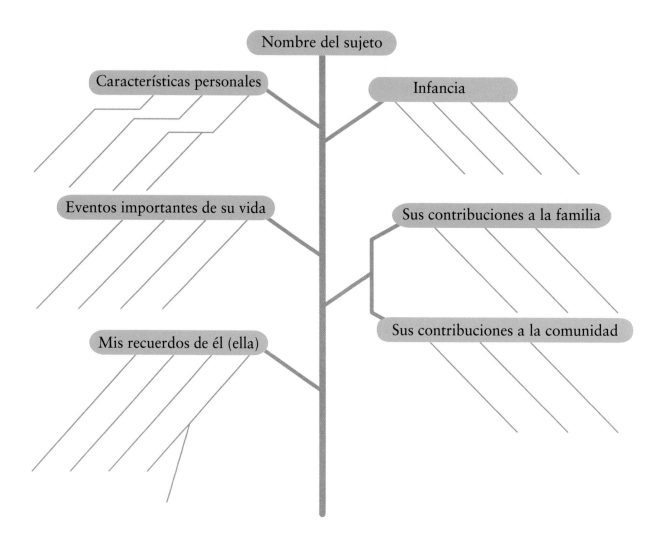

Nombre del sujeto

Características personales

Infancia

Eventos importantes de su vida

Sus contribuciones a la familia

Mis recuerdos de él (ella)

Sus contribuciones a la comunidad

Paso 3: La revisión del contenido.

1. Comparte tu borrador con tu padre, tu madre u otro familiar. Revisa tu narración según los comentarios y preguntas que te haga.

2. Ahora, revisa tu trabajo, utilizando el siguiente criterio.

a. ¿Tiene exposición, parte principal y conclusión?

b. ¿Has organizado tus ideas en párrafos?

c. ¿Has empleado el vocabulario nuevo que has aprendido?

d. ¿Estás seguro(a) de que todo está escrito correctamente?

e. ¿Están colocados correctamente los signos de puntuación?

Paso 4: La copia final. Escribe tu copia final utilizando las
sugerencias del familiar que revisó el borrador contigo.

Paso 5: La publicación. Una vez que esté la biografía totalmente
a tu gusto como escritor(a), prepara la copia publicada en la
computadora. Puede formar parte de tu portafolio si así lo
quieres. También puedes presentarla para publicación en el
periódico escolar o la revista literaria de tu escuela, si hay una,
o presentar una copia al sujeto de la biografía para su
cumpleaños u otro día festivo.

«Al regreso de la feria», Candido Portinari

UNIDAD 5

Cuando era puertorriqueña

«Cuando niña yo quise ser una jíbara, y cuando adolescente quise ser norteamericana. Ya mujer, soy las dos cosas, una jíbara norteamericana, y llevo mi mancha de plátano con orgullo y dignidad.»

ESMERALDA SANTIAGO,
DE LA INTRODUCCIÓN DEL LIBRO
CUANDO ERA PUERTORRIQUEÑA

«Vista de pájaro», Joaquín Torres-García

Cuando era puertorriqueña: Primera parte

Alistémonos para leer

«Dime con quién andas y te diré quién eres»

La escuela es un reflejo de la vida en la que se presentan toda clase de situaciones. En este primer fragmento de la obra Cuando era puertorriqueña de Esmeralda Santiago, veremos cómo una estudiante recién llegada interpreta la situación de su ambiente escolar.

A. Cuadro de incidente autobiográfico.

- Copia el siguiente cuadro en tu cuaderno.
- Piensa por un minuto en la siguiente pregunta: ¿Qué acontecimiento recuerdas más vívidamente de tus primeros días en tu escuela?
- Rellena el cuadro.
- Al terminar comparte tu cuadro con un(a) compañero(a).

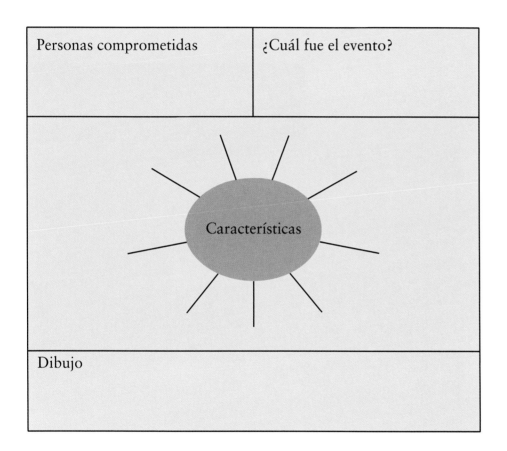

Personas comprometidas | ¿Cuál fue el evento?

Características

Dibujo

VOCABULARIO CLAVE DEL TEXTO

Familiarízate con el vocabulario clave del texto según las indicaciones de tu maestro(a).

atiborrar   apoderar   contienda   impedir   enmoñar

LEAMOS ACTIVAMENTE

B. **Enseñanza recíproca.** Con un(a) compañero(a), lee la sección *A* de la primera parte de la lectura, siguiendo la técnica de la enseñanza recíproca.

C. **Cuadro de comparación y contraste.**
- Copia el siguiente cuadro en tu cuaderno.
- A medida que leas esta sección, completa la primera parte del cuadro.

	Escuela de Esmeralda	Mi escuela
Grupos de estudiantes que existen		
Características de cada grupo		
Sentimientos hacia estos grupos	Esmeralda:	Yo:

Cuando era puertorriqueña

Esmeralda Santiago

PRIMERA PARTE (A)

La clase de Miss Brown era para estudiantes con problemas que les impedían aprender. A este salón la administración escolar enviaba a niños con toda clase de problemas, ninguno de los cuales, por lo que yo podía ver, tenía que ver con la habilidad de aprender, pero más con su deseo de hacerlo. Era un grupo desordenado, por lo menos los que se presentaban. La mitad de la clase no se aparecía, o, si llegaban, dormían durante las lecciones y roncaban en medio de las oraciones que Miss Brown cuidadosamente analizaba.

Éramos despreciados en una escuela donde los estudiantes más inteligentes estaban en el grado 8-1, cada bajón indicando un nivel menos de inteligencia. Por ejemplo, si uno estaba en el grado 8-10, era listo pero no un genio. En cuanto bajaba a los diecialgo, la inteligencia era dudosa, especialmente si los números estaban en los altos diecialgos. Y peor si estaban en los veinte. Mi clase, 8-23, era donde ponían a los más brutos de la escuela, los más desdeñables. Mi clase era la equivalente al séptimo grado, o el sexto, o hasta el quinto.

Nuestra maestra, Miss Brown, enseñaba gramática del idioma inglés. Era una joven morena que usaba sobaqueras contra el sudor. Las cintas que las mantenían en su sitio a veces se le salían por las mangas de sus blusas blancas bien planchadas y tenía que darnos la espalda para ajustarlas. Era muy bonita, la Miss Brown, con ojos

UNIDAD 5

almendrados y un peinado lacio hasta las puntas, donde se hacía muchos rizos. Sus manos siempre estaban muy limpias, con las puntas de las uñas pintadas de blanco. Enseñaba las clases de composición y gramática como si a alguien le importara, lo cual yo encontraba fascinante.

Al final de la primera semana, me movió del último asiento al que estaba enfrente de su escritorio, y después de eso, me sentí como que me estaba enseñando a mí sola. Nunca hablábamos, a menos que no fuera cuando me invitaba a la pizarra.

—Esmeralda, por favor venga y marque la frase prepositiva.

En su clase, aprendí a reconocer la estructura del idioma inglés y a redactar frases y oraciones usando la posición de las palabras relativo a los pronombres, verbos y prepositivos, sin saber exactamente lo que querían decir.

La escuela era enorme y ruidosa. Había un orden social que, al principio, yo no entendía, pero contra el cual chocaba. Muchachas y muchachos vestidos con ropa semejante, caminaban por los corredores mano en mano, a veces escondiéndose detrás de los armarios a besarse y manosearse. Eran americanos, y pertenecían a las clases de números bajos.

Otro grupo de muchachas usaban mucho maquillaje, se subían las faldas sobre las rodillas, abrían un botón más en sus blusas y se peinaban el pelo en cascos sólidos con rizos en las puntas. En la mañana, se apoderaban de los baños, donde fumaban mientras se peinaban, atiborrando el ambiente de humo y espray. La única vez que entré al baño en la mañana, me sacaron con insultos y empujones.

Aprendí que esas muchachas atrevidas con pelo alto, maquillaje y faldas cortas, eran italianas. Los italianos se sentaban juntos en un lado del comedor, los morenos en otro. Los dos grupos se odiaban los unos a los otros más de lo que odiaban a los puertorriqueños. Por lo menos una vez a la semana, se peleaban los morenos con los italianos, en el baño, en el patio escolar o en un solar abandonado cerca de la escuela que dividía sus vecindarios y los separaba durante los fines de semana.

Las morenas tenían su propio estilo. No para ellas los peinados enlacados de las italianas. Sus cabellos eran lisos, enrizados sólo en las puntas, como Miss Brown, o enmoñado con pollinas sobre los ojos pintados al estilo Cleopatra. Sus faldas también eran cortas, pero no parecían ser subidas cuando sus mamás no estaban mirando. Así venían. Tenían piernas bien formadas y fuertes, y usaban medias hasta las rodillas con zapatos pesados que se convertían en sus medios de defensa durante las contiendas.

Decían que los italianos llevaban cuchillas, hasta las chicas, y que los morenos llevaban manoplas en sus bolsillos y que las puntas de sus zapatos eran de acero. Yo le huía a los dos grupos, temiendo que, si me amigaba con una italiana, me cayeran encima las morenas, o vice versa.

Había dos clases de puertorriqueños en la escuela: los acabados de llegar, como yo, y los nacidos en Brooklyn de padres puertorriqueños. Los dos grupos no se juntaban. Los puertorriqueños de Brooklyn hablaban inglés, y ninguno hablaba español. Para ellos, Puerto Rico era el sitio donde vivían sus abuelos, un sitio que visitaban durante las vacaciones, un sitio que era, se quejaban, poco desarrollado y lleno de mosquitos. Nosotros, para quienes Puerto Rico era una memoria reciente, también nos dividíamos en dos grupos: los que no podían aguantar hasta el día que regresaran, y los que lo querían olvidar lo más pronto posible.

Yo me sentía como una traidora porque quería aprender el inglés, porque me gustaba la pizza, porque estudiaba a las muchachas con mucho pelo y probaba sus estilos en casa, encerrada en el baño, donde nadie me viera. Practicaba el andar de las morenas, pero en vez de caminar como que estaba bailando, parecía estar coja.

No me sentía cómoda con los puertorriqueños acabados de llegar, quienes se juntaban en grupitos desconfiados, criticando a todos los que pasaban, temerosos de todo. Y no era aceptada por los puertorriqueños de Brooklyn, quienes tenían el secreto de la popularidad. Ellos caminaban por los corredores entre los italianos y los morenos, siendo ni uno ni el otro, pero actuando y vistiéndose como una combinación de los dos, dependiendo de la textura de su cabello, el color de su piel, su maquillaje y su manera de andar.

D. Interpretación simbólica. Dibuja un símbolo para representar a los siguientes personajes o grupos de personajes según las indicaciones de tu maestro(a).

1. Esmeralda
2. Miss Brown
3. Los puertorriqueños nacidos en Brooklyn
4. Los puertorriqueños recién llegados con ganas de volver a la isla
5. Los puertorriqueños recién llegados sin ganas de volver a la isla

E. Lectura silenciosa. Termina de leer la historia silenciosamente.

F. Conexiones. Ahora que acabas de leer la historia contesta las siguientes preguntas según las indicaciones de tu maestro(a).

1. ¿Cuáles son algunas de las oportunidades brindadas a los estudiantes de tu escuela que son recién llegados de otro país? Compara la situación de ellos con la de Esmeralda Santiago cuando llegó a Brooklyn.
2. Explica cómo Esmeralda Santiago se hizo dueña de su propio destino.
3. ¿Cuál es el significado del título *Cuando era puertorriqueña*? Explica tu respuesta.

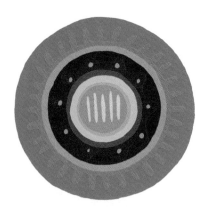

Primera parte (B)

Todos los días después de las clases yo iba a la biblioteca pública y sacaba cuantos libros infantiles me permitieran. Me había convencido de que, si los niños americanos aprendían su idioma por medio de libros, yo lo podía hacer también, aunque estuviera empezando tarde. Estudié las ilustraciones y aprendí las palabras para mi nueva vida en los Estados Unidos: *A* era para *Apple*, *B* para *Bear* y *C* para *Cabbage*. Según crecía mi vocabulario, empecé a leer libros de capítulos. Mami me compró un diccionario inglés/inglés, para que, cuando buscara una palabra que no entendía, aprendiera otras.

Para el cuarto mes en Brooklyn, podía leer y escribir en inglés mucho mejor de lo que lo podía hablar y, en los exámenes, sorprendí a los maestros cuando saqué buenas notas en gramática, historia y estudios sociales. Durante la *asémbli* de enero, el Mister Grant le dio un certificado a cada estudiante que recibió notas altas en cada clase. Mi nombre fue llamado tres veces. Los otros estudiantes del octavo grado me miraron diferente. Todavía estaba en el 8-23, pero ellos sabía, y yo sabía, que no pertenecía en esa clase.

Conozcamos a la autora

ESMERALDA SANTIAGO

Esmeralda Santiago fue la mayor de once hermanos. Nació en Puerto Rico y pasó su infancia en la isla. Junto con sus hermanos y su madre, se trasladó a Nueva York en 1961. Asistió a Sarah Lawrence College e hizo la maestría en Harvard University.

La obra de Santiago refleja las inquietudes y lo problemático de una existencia bicultural: de la persona que de repente se encuentra entre dos lenguas y dos culturas. Actualmente se dedica al periodismo y junto con su marido es propietaria de una empresa de producción cinematográfica. Su última obra, *Navidad*, se publicó en 1998.

AMPLIEMOS NUESTRA COMPRENSIÓN

G. Cuadro de comparación y contraste. Piensa en la situación de tu escuela y completa la segunda parte del cuadro del ejercicio C.

H. Un paso hacia la integración. Trabajando en grupos de cuatro:

- elaboren una lista de sugerencias que permitan que haya un acercamiento entre los diversos grupos de la escuela;
- compartan la lista con el resto de la clase;
- envíen sus sugerencias al cuerpo de gobierno estudiantil.

EXPLOREMOS EL LENGUAJE

EL ADVERBIO

El adverbio es la palabra que modifica (describe) un verbo, un adjetivo u otro adverbio. Se clasifican los adverbios en varias categorías incluyendo lugar, tiempo, modo, cantidad, afirmación, negación y duda.

I. Tabla de adverbios.

■ Copia el siguiente cuadro en tu cuaderno.

Lugar	Tiempo	Modo	Cantidad	Afirmación	Negación	Duda
aquí	ahora	bien	menos	sí	tampoco	tal vez
allí				además	nunca	acaso
						quizás

■ Estudia las citas de *Cuando era puertorriqueña*, fijándote en los adverbios.

■ Después completa la tabla de adverbios.

1. «Éramos despreciados en una escuela **donde** los estudiantes más inteligentes estaban en el grado 8-1, cada bajón indicando un nivel menos de inteligencia.»

2. «En cuanto bajaba a los diecialgo, la inteligencia era dudosa, **especialmente** si los números estaban en los altos diecialgos.»

3. «La mitad de la clase no se aparecía, o, si llegaban, dormían durante las lecciones y roncaban en medio de las oraciones que Miss Brown **cuidadosamente** analizaba.»

4. «Los dos grupos se odiaban los unos a los otros **más de lo** que odiaban a los puertorriqueños.»

5. «En la mañana, se apoderaban de los baños, donde fumaban **mientras** se peinaban, atiborrando el ambiente de humo y espray.»

6. «Sus faldas **también** eran cortas, pero no parecían ser subidas cuando sus mamás no estaban mirando.»

7. «Para ellos, Puerto Rico era el sitio donde vivían sus abuelos, un sitio que visitaban durante las vacaciones, un sitio que era, se quejaban, **poco** desarrollado y lleno de mosquitos.»

8. «**Todavía** estaba en el 8-23, pero ellos sabían, y yo sabía, que **no** pertenecía en esa clase.»

J. Deducción lingüística.

■ En el texto, busca tres adverbios de modo que no aparezcan en el ejercicio *I* y escríbelos en tu cuaderno.

■ Ahora completa las siguientes reglas sobre el uso de los adverbios.

1. Generalmente, los adverbios terminados en _____ son adverbios de modo. Se forman de la siguiente manera: adjetivo + la terminación _____ .

2. Si el adjetivo termina en **-o**, como **cuidado** y **exacto,** se cambia la **o** por _____ antes de añadir la terminación.

3. Estudia esta oración sobre el texto y formula una regla más sobre los adverbios de modo.
Esmeralda aprendió a leer el inglés **rápidamente** y **prácticamente.**

CREEMOS LITERATURA

K. **Ensayo de comparación y contraste.** Usa tu cuadro de comparación y contraste (ejercicios *C* y *G*) para escribir un ensayo en el que compares la situación de tu escuela con la de Esmeralda. El esquema del ensayo es el siguiente:

- **Primer párrafo:** Exposición
- **Segundo párrafo:** Las semejanzas entre tu escuela y la escuela de Esmeralda
- **Tercer párrafo:** Las peculiaridades de tu escuela
- **Cuarto párrafo:** Las peculiaridades de la escuela de Esmeralda
- **Quinto párrafo:** Conclusión. ¿Qué conclusiones sacas de la comparación que has hecho?

L. **Pegatinas de parachoques.** Utilizando la lista de sugerencias que elaboraron en grupo (ejercicio *H*), diseña una colección de cinco pegatinas de parachoques.

- Recuerda que cada mensaje ha de ser corto, convincente y conmovedor.
- Incluye un símbolo o un dibujo además de colores vibrantes para que resalten tus mensajes.

LECCIÓN 2

Cuando era puertorriqueña: Segunda parte

ALISTÉMONOS PARA LEER

«No hay límites salvo el cielo»

En la primera parte de esta historia, Esmeralda pone todo su empeño en su estudio del inglés. Pronto tendrá que tomar una decisión importante que afectará su futuro.

340

A. **Piensa, anota y comparte.** ¿Qué crees que va a pasar a Esmeralda ahora? Escribe en tu cuaderno durante cinco minutos. Trata de predecir lo que va a suceder a continuación. Cuando termines comparte lo que escribiste con tu compañero(a).

VOCABULARIO CLAVE DEL TEXTO

Familiarízate con el vocabulario clave del texto según las indicaciones de tu maestro(a).

jíbaro   cartógrafo   topógrafo   aptitud   angosto

LEAMOS ACTIVAMENTE

B. Mapa de conceptos.

- Copia el siguiente mapa de conceptos.
- Complétalo a medida que leas este fragmento de *Cuando era puertorriqueña*.

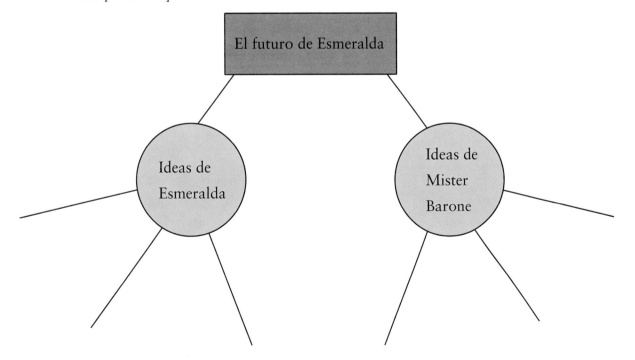

C. **Lectura dramatizada.** Van a leer la sección *A* de la segunda parte de la lectura como si fuera una obra teatral. Tu maestro(a) leerá las secciones narrativas mientras varios miembros de la clase desempeñan los siguientes papeles: Esmeralda, Mister Barone y Yolanda.

D. **Lectura individual.** Lee la sección *B* de la segunda parte de *Cuando era puertorriqueña* silenciosamente.

E. **Recapitulación de la lectura.** Ahora contesta las siguientes preguntas.

1. ¿Por qué el consejero le sugiere a Esmeralda que estudie para ser maestra? ¿Cómo reacciona Esmeralda?

2. ¿Por qué razón decide Esmeralda que quiere ser modelo?

3. ¿Qué tipo de escuela es Performing Arts High School?

Cuando era puertorriqueña

Esmeralda Santiago

Segunda parte (A)

Yo tuve que cambiar de escuelas, así que Mami me llevó a la P.S. 33, donde haría mi noveno grado. Durante la primera semana en la nueva escuela me dieron una serie de exámenes, los cuales indicaron que, aunque no podía hablar el inglés muy bien, lo podía escribir y leer al nivel del décimo grado. Me pusieron en el 9-3, con los estudiantes inteligentes.

Un día, Mister Barone, el consejero vocacional de la escuela, me llamó a su oficina. Era un hombre bajito, cabezudo, con ojos grandes color castaño bajo cejas bien formadas. Su nariz era larga y redonda en la punta. Siempre vestía en colores otoñales, y frecuentemente ponía sus lentes en su frente, como si tuviera un par de ojos allá arriba.

—Bueno —empujando sus lentes a su frente, hablándome despacio para que yo entendiera—, ¿qué quieres ser cuando seas grande?

—Yo no sé.

Rebuscó entre sus papeles.

—Vamos a ver… tienes catorce años, ¿verdad?

—Sí, señor.

—¿Y no has pensado en lo que vas a ser cuando seas grande?

Cuando yo era nena, quería ser una jíbara. Cuando me hice mayor, quería ser cartógrafa, después topógrafa. Pero desde que llegamos a Brooklyn, no había pensado mucho en el futuro.

—No, señor.

Bajó los lentes a sus ojos y rebuscó entre los papeles otra vez.

—¿Tienes *jóbis*? —no entendí lo que me decía—. *Jóbis. Jóbis* —meneaba las manos como si estuviera pesando algo—, cosas que te gustan hacer en tu tiempo libre.

—¡Ah, sí! —traté de imaginar qué yo hacía en casa que pudiera calificar como un *jóbi*.

—Me gusta leer.

Parece que lo decepcioné.

—Sí, eso ya lo sabemos —sacó un papel de su escritorio y lo estudió—. Uno de los exámenes que tomaste era para descubrir aptitud. Nos dice qué clase de trabajo te gustaría. En tu caso resulta que a ti quizás te guste ayudar a las personas. Dime, ¿te gusta ayudar a las personas?

Tenía miedo de contradecir los exámenes.

—Sí, señor.

—Podemos ponerte en una escuela donde aprenderás biología y química, lo cual te preparará para una carrera como enfermera.

Hice una mueca. Consultó sus papeles otra vez.

—También puede ser que te guste la comunicación. Como maestra, por ejemplo.

Recordé a Miss Brown parada al frente de un salón lleno de *tineyers* desordenados, algunos más grandes y gordos que ella.

—No creo que me gustaría.

Mister Barone subió sus lentes a su frente otra vez y se inclinó hacia mí sobre los papeles en su escritorio.

—¿Por qué no lo piensas, y hablamos otro día? —me dijo, cerrando la carpeta con mi nombre en la orilla. La cubrió con sus manos peludas, como si estuviera exprimiéndole algo—. Eres una chica inteligente, Esmeralda. Vamos a ver si te ponemos en una escuela académica para que puedas estudiar en colegio.

Camino a casa, me acompañaba otra niña del noveno grado, Yolanda. Llevaba tres años en Nueva York, pero hablaba tan poco inglés como yo. Hablábamos en espanglés, una combinación de inglés y español en la cual saltábamos de un idioma al otro.

—¿Te preguntó el Mister Barone, llu no, lo que querías hacer juén llu gro op?

—Sí, pero, ay dint no. ¿Y tú?

—Yo tampoco sé. Ji sed que ay laik tu jelp pipel. Pero, llu no, a mí no me gusta mucho la gente.

Cuando me oyó decir eso, Yolanda me miró de reojo, esperando ser la excepción. Pero cuando me vine a dar cuenta, había subido las escaleras de su edificio. No se despidió al entrar, y al otro día me despreció. Me pasé el resto del día en aislamiento vergonzoso, sabiendo que había revelado algo negativo acerca de mí a la única persona que me había ofrecido su amistad en la Junior High School 33. Tenía que disculparme o vivir con las consecuencias de lo que se estaba convirtiendo en la verdad. Nunca le había dicho algo así a nadie, ni a mí misma. Era un peso más sobre mis hombros, pero no lo iba a cambiar por compañerismo.

SEGUNDA PARTE (B)

Unos días más tarde, el Mister Barone me llamó a su oficina.

—¿Y? —manchitas verdes bailaban alrededor de las pupilas negras de sus ojos castaños.

La noche anterior, Mami nos había llamado a la sala. En el televisor, «cincuenta de las jóvenes más bellas de los Estados Unidos» desfilaban en vestidos de tul y volantes en frente de una cascada de plata.

—¡Qué lindas! —murmuró Mami mientras las muchachas, acompañadas por muchachos uniformados, flotaban enfrente de la cámara, daban una vuelta y se desaparecían detrás de una cortina, mientras la orquesta tocaba un vals y un locutor anunciaba sus nombres, edades y los estados que representaban. Mami miró todo el espectáculo como hipnotizada.

—Quisiera ser una modelo —le dije al Mister Barone.

Se me quedó mirando, bajó los lentes de su frente, miró los papeles en la carpeta con mi nombre en la orilla y me volvió a mirar, echando fuego por los ojos.

—¿Una modelo? —su voz era áspera, como si le fuera más cómodo gritarle a las personas que hablarle.

—Yo quiero aparecer en la televisión.

—Ah, pues entonces quieres ser actriz —como si fuera un poco mejor que la primera carrera que seleccioné. Nos miramos por unos segundos. Empujó sus lentes a su frente de nuevo, y sacó un libro de la tablilla detrás de su escritorio—. Yo sólo sé de una escuela que entrena actores, pero nunca le hemos mandado un estudiante de aquí.

Performing Arts, decía el libro, era una escuela pública

académica, no vocacional, que entrenaba a estudiantes que deseaban una carrera en el teatro, la música o el baile.

—Dice aquí que tienes que ir a una prueba —se paró y acercó el libro a la luz pálida que entraba por las ventanas angostas sobre su cabeza—. ¿Has desempeñado alguna vez un papel dramático en frente del público?

—Un año fui la maestra de ceremonias en el programa musical de mi escuela. En Puerto Rico. Y también he recitado poemas… allá, no aquí.

Cerró el libro y lo apretó contra su pecho. Su dedo índice tocó un compás contra su labio. Se volvió hacia mí.

—Déjame llamarles y averiguar lo que necesitas hacer. Ya más tarde hablamos.

Salí de su oficina feliz, confiando en que algo bueno había pasado, pero no sabiendo lo que era.

AMPLIEMOS NUESTRA COMPRENSIÓN

F. **Tira secuencial.** Coloca los eventos en secuencia utilizando el diagrama que aparece a continuación.

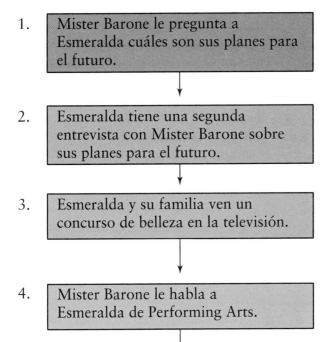

1. Mister Barone le pregunta a Esmeralda cuáles son sus planes para el futuro.

2. Esmeralda tiene una segunda entrevista con Mister Barone sobre sus planes para el futuro.

3. Esmeralda y su familia ven un concurso de belleza en la televisión.

4. Mister Barone le habla a Esmeralda de Performing Arts.

5. Esmeralda toma unas pruebas de aptitud.

EXPLOREMOS EL LENGUAJE

LOS ENLACES

Los **enlaces** son palabras invariables que sirven para unir palabras o partes de la oración. Estudia las siguientes citas de la segunda parte de *Cuando era puertorriqueña*. Los **enlaces** aparecen en negrita.

- «Me pusieron **en** el 9-3, **con** los estudiantes inteligentes.»
- «Uno **de** los exámenes que tomaste era **para** descubrir aptitud.»

- «Performing Arts, decía el libro, era una escuela pública académica, no vocacional, **que** entrenaba a estudiantes **que** deseaban una carrera **en** el teatro, la música **o** el baile.»

G. Tu porvenir.

- Copia las siguientes frases con enlaces en tu cuaderno.
- Completa las oraciones para describir tus propios planes.

1. Me gustaría..., **pero**....
2. **Con tal que**....
3. ...**para** poder....
4. ...**porque** quisiera....
5. ...**hacia** un futuro...

CREEMOS LITERATURA

H. Una anécdota personal. ¿Cuál es el recuerdo más vívido que guardas de tu experiencia aprendiendo inglés? Escribe una anécdota personal sobre esa etapa tan importante de tu vida. ¿Hubo algún maestro o alguna maestra que te ayudó de una manera extraordinaria? ¿Hubo un día especial en que pensaste que habías llegado por fin a dominar el idioma? En tu anécdota incluye descripciones detalladas de lo que sentías y pensabas.

I. Poema acróstico. ¿Qué planes tienes para el futuro? Escribe un poema acróstico sobre tus metas siguiendo estos pasos.

1. Escribe la palabra verticalmente.
2. Compone un poema usando las letras de la palabra.
3. Las letras pueden aparecer en cualquier parte del verso.

   MODELO: *P*asando horizontes

   *I*nvisibles al ojo

   *L*ejos y

   más lej*O*s

   *T*iempo y lugar

   Conquistad*O*s

Cuando era puertorriqueña: Tercera parte

ALISTÉMONOS PARA LEER

«Querer es poder»

La desesperación de Esmeralda por cambiar su situación la lleva a poner sus esperanzas en un plan que requiere la ayuda de todo un grupo de personas.

A. Entrevista en tres etapas.

- ¿Te gusta hacer presentaciones orales? ¿Por qué o por qué no?
- Describe la mejor/la peor experiencia que has tenido haciendo una presentación oral.
- ¿Cómo te sentiste?

VOCABULARIO CLAVE DEL TEXTO

Familiarízate con el vocabulario clave del texto según las indicaciones de tu maestro(a).

pastizal   soliloquio   fonéticamente

LEAMOS ACTIVAMENTE

B. Cuadro 2 × 2.

- Copia el siguiente cuadro en tu cuaderno.
- A medida que leas esta parte de *Cuando era puertorriqueña*, anota palabras y/o frases que indiquen los sentimientos de Esmeralda y de su mamá hacia su situación.

Puerto Rico para Mami	Puerto Rico para Esmeralda
Nueva York para Mami	Nueva York para Esmeralda

Cuando era puertorriqueña

Esmeralda Santiago

TERCERA PARTE

«No tengo miedo… No tengo miedo… No tengo miedo…» Todos los días andaba de la escuela a casa repitiéndome esas palabras. Las calles anchas y las aceras que tanto me impresionaron los primeros días después de llegar ahora eran tan familiares como el camino de Macún a la carretera. Sólo que mi curiosidad acerca de la gente que vivía detrás de estas paredes concluía donde los frentes de los edificios daban a corredores oscuros o puertas cerradas. Nada bueno, me imaginaba, podía haber dentro, si tantas puertas y cerrojos se tenían que abrir antes de entrar o salir a la luz del día.

Fue en estas caminatas angustiadas que decidí que me tenía que salir de Brooklyn. Mami había seleccionado este sitio como nuestro hogar, y, como las otras veces que nos mudamos, yo había aceptado lo que me ocurría, porque yo era una niña sin opciones. Pero en ésta, yo no iba a aceptar la decisión de Mami.

—¿Cómo puede vivir la gente así? —le grité una vez, desesperada por correr por un pastizal, de sentir hojas debajo de mis pies en vez de concreto.

—¿Vivir como qué? —preguntó Mami, mirando a su alrededor, a la cocina y la sala cruzadas con sogas llenas de pañales y sábanas tendidas.

—Unos encima de los otros. Sin espacio para hacer nada. Sin aire.

—¿Qué tú quieres? ¿Volver a Macún, a vivir como salvajes sin luz, ni agua? ¿Haciendo lo que tenemos que hacer en letrinas apestosas?

—¡Por lo menos se podía salir afuera to' los días sin que los vecinos te dispararan!

—¡Ay, Negi,[1] déjate de estar exagerando las cosas!

—¡Odio esta vida!

—¡Pues haz algo pa' cambiarla!

Cuando el Mister Barone me habló de Performing Arts High School, supe lo que tenía que hacer.

—¡Las pruebas son en menos de un mes! Tienes que aprender una escena dramática, y la vas a realizar en frente de un jurado. Si lo haces bien, y tus notas aquí son altas, puede ser que te admitan a la escuela.

El Mister Barone se encargó de prepararme para la prueba. Seleccionó un soliloquio de una obra de Sidney Howard titulada *The Silver Cord,* montada por primera vez en 1926, pero la acción de la cual acontecía en una sala de estrado en Nueva York alrededor del año 1905.

—Mister Gatti, el maestro de gramática, te dirigirá... Y Missis Johnson te hablará acerca de lo que te debes de poner y esas cosas.

Mi parte era la de Cristina, una joven casada confrontando a su suegra. Aprendí el soliloquio fonéticamente, bajo la dirección de Mister Gatti. Mis primeras palabras eran: «*You belong to a type that's very common in this country, Mrs. Phelps, a type of self-*

---

[1]Negi es el apodo para Esmeralda que usa su madre.

centered, self-pitying, son-devouring tigress, with unmentionable proclivities suppressed on the side.»

—No tenemos tiempo de aprender lo que quiere decir cada palabra —dijo Mister Gatti—. Sólo asegúrate de que las pronuncies todas.

Missis Johnson, quien era la maestra de artes domésticas, me llamó a su oficina.

—¿Así es que entras a un sitio? —me preguntó en cuanto pisé su alfombra—. Trátalo otra vez, y esta vez, no te lances adentro. Entra despacio, frente alta, espalda derecha, con una sonrisa en tu cara. Así mismo —respiré y esperé sus instrucciones—. Ahora, siéntate. ¡No, así no! ¡No te tires en la silla! Tienes que flotar hacia el asiento con las rodillas juntas —lo demostró, y yo la copié—. ¡Mucho mejor! ¿Y qué vas a hacer con las manos? No, no te aguantes la barbilla, eso no es para damas. Pon tus manos en tu falda, y déjalas ahí. No las uses tanto cuando hablas.

Me senté tiesa mientras Missis Johnson y Mister Barone me hacían preguntas que se imaginaban el jurado en Perfoming Arts me iba a preguntar.

—¿De dónde eres?

—De Puerto Rico.

—¡No! —dijo Missis Johnson—, Porto Rico. Pronuncia la *r* suave. Otra vez.

—¿Tienes algún *jóbi*? —me preguntó Mister Barone, y esta vez supe cómo contestar.

—Me gusta bailar, y me gusta el cine.

—¿Por qué quieres estudiar en esta escuela?

Missis Johnson y Mister Barone me habían hecho memorizar lo que debía decir si me preguntaban eso.

—Quiero estudiar en la Performing Arts High School por su reputación académica y para recibir entrenamiento en las artes dramáticas.

—¡Muy bien! ¡Muy bien! —Mister Barone se frotó las manos y le guiñó a Missis Johnson—. Creo que nos va a salir la cosa.

—Recuerda —dijo Missis Johnson—, cuando compres tu vestido, busca algo bien simple, en colores oscuros.

Mami me compró un traje de cuadros rojos con camisa blanca, mi primer par de medias de nilón y zapatos de cuero con un bolsillito donde se le ponía una moneda de diez centavos. La noche antes de la prueba, me puso el pelo en rolos rosados que me pinchaban el cuero cabelludo y me hicieron desvelar. Para la prueba, me permitió que me pintara los ojos y los labios.

—¡Qué grande te ves! —exclamó Mami, su voz triste pero contenta, al verme dar vueltas enfrente de ella y de Tata.

—¡Toda una señorita! —añadió Tata, sus ojos lagrimosos.

Salimos hacia Manhattan un día en enero bajo un cielo nublado con la promesa de nieve.

—¿Por qué no escogiste una escuela más cerca a casa? —refunfuñó Mami al subirnos al tren que nos llevaría a Manhattan. Yo temía que, aunque me aceptaran a la escuela, ella no me dejaría ir porque quedaba tan lejos, una hora en cada dirección por tren. Pero, aunque se quejaba, estaba orgullosa de que por lo menos yo calificaba para ser considerada para una escuela tan famosa. Y hasta parecía estar excitada de que yo saldría del vecindario.

—Vas a conocer una clase de gente diferente —me aseguró, y yo sentí la fuerza de su ambición sin saber exactamente lo que eso quería decir.

C. Diagrama «mente abierta».

- Calca el diagrama "mente abierta" en tu cuaderno.

- Dentro del diagrama representa lo que está pasando por la mente de Esmeralda. ¿Cuáles son los sueños y anhelos de Esmeralda? ¿Sus temores? ¿Sus dudas?

- Puedes utilizar dibujos, símbolos o palabras/frases sacados de la lectura así como anotaciones que hiciste en el cuadro 2 × 2 del ejercicio *B*.

AMPLIEMOS NUESTRA COMPRENSIÓN

D. Interpretación del texto.

- Encuentra las siguientes citas en el texto.

- Explica lo que el personaje quiere decir con sus palabras.

1. (Mami) «¡Pues haz algo pa' cambiarla!»

2. (Negi) «¡...yo sentí la fuerza de su ambición sin saber exactamente lo que quería decir!»

E. Ilustra y comparte.

■ Escoge un pasaje de esta lectura que te haya impresionado o gustado.

■ Represéntalo en una ilustración.

■ Piensa en un título apropiado y escríbelo arriba de tu dibujo.

■ Luego siéntate con un(a) compañero(a) y comparte tu ilustración, explicándole por qué escogiste ese título.

F. Mandala. Un mandala es una figura o forma que ha sido utilizada por muchas culturas antiguas.

■ Tu maestro(a) te entregará un mandala en una hoja de papel o cartulina.

■ En el círculo central debes dibujar un símbolo que represente la vida de Negi, la protagonista de *Cuando era puertorriqueña*.

■ Dibuja otros símbolos menores en las otras cuatro secciones del mandala que estén relacionados con el desarrollo de la historia hasta ahora.

EXPLOREMOS EL LENGUAJE

LA PREPOSICIÓN Y LAS FRASES PREPOSITIVAS

La preposición es un enlace que une un sustantivo o un verbo con su complemento. Una frase prepositiva funciona de la misma manera y es, por lo tanto, una preposición aunque consta de dos o tres palabras.

Considera estas citas de la tercera parte de *Cuando era puertorriqueña*.

- «Las calles anchas y las aceras que tanto me impresionaron los primeros días **después de** llegar ahora eran tan familiares como el camino de Macún **a** la carretera.»
- «Tienes que aprender una escena dramática, y la vas a realizar **en frente de** un jurado.»
- «Quiero estudiar en la Performing Arts High School **por** su reputación académica y para recibir entrenamiento **en** las artes dramáticas.»

Entre las frases prepositivas más usuales se encuentran las siguientes:

cerca de	delante de	acerca de	a través de
lejos de	a favor de	junto a	alrededor de
en contra de	debajo de	enfrente de	por medio
encima de	al lado de	frente a	

G. Práctica.

- Utilizando cinco frases prepositivas, resume la historia de *Cuando era puertorriqueña* desde su principio hasta ahora.
- Escribe el resumen en tu cuaderno.

CREEMOS LITERATURA

H. Descripción del mandala. En el ejercicio *F* hiciste un mandala con cinco símbolos representando la vida de Negi, la protagonista de *Cuando era puertorriqueña*.

- Escribe una descripción del mandala en la que explicas el significado de los símbolos que dibujaste en relación con la historia.

- Tu descripción incluirá una introducción, un párrafo en el que explicas el significado del dibujo central, otro párrafo enfocándose en los cuatro símbolos menores y una conclusión.

I. **Canción *rap*.** Escribe una canción *rap* en la que cuentas la historia de Esmeralda Santiago. No te limites al argumento, sino añade descripciones físicas y sobre todo emocionales de los personajes principales. Termina tu canción con una interrogación (pregunta) sobre el desenlace de la historia en los próximos capítulos.

LECCIÓN 4

Cuando era puertorriqueña: Cuarta parte

Alistémonos para leer

«Te conozco bacalao, aunque vengas disfrazado»

Esmeralda ha estudiado y se ha preparado para la gran prueba con la ayuda de sus maestros y de su familia. Ahora ha llegado la hora de la verdad. ¿Se harán realidad sus sueños o tendrá que buscar otra manera de cambiar el curso de su vida?

362

A. Guía anticipatoria.

 ■ Copia la siguiente guía anticipatoria en tu cuaderno y lee las afirmaciones con cuidado.

■ ¿Estás de acuerdo con ellas o no?

■ Señala tu respuesta en la columna correspondiente.

De acuerdo	En desacuerdo	
1.		Sin tener fuertes destrezas orales no puedes aspirar a ser actor/actriz.
2.		Cada persona se destaca en algo.
3.		El querer es poder.
4.		No hay límites salvo el cielo.

B. Compartir en pareja. Discute tus respuestas con un(a) compañero(a).

VOCABULARIO CLAVE DEL TEXTO

Familiarízate con el vocabulario clave del texto según las indicaciones de tu maestro(a).

pardo   cervato   monólogo   pantomima   sortija

LEAMOS ACTIVAMENTE

C. Diagrama T.

 ■ Copia el diagrama de la página 364 en tu cuaderno.

■ Mientras lees la cuarta parte de *Cuando era puertorriqueña*, haz algunas anotaciones sobre la lectura en la parte titulada

«Mis notas» y escribe tus comentarios, reacciones y/o preguntas en la parte titulada «Mis comentarios». Sigue el modelo.

Mis notas	Mis comentarios
MODELO: Tres señoras formaban el jurado.	¿No temía Negi que se le olvidara el soliloquio por los nervios?

D. **Lectura individual.** Lee la cuarta parte de *Cuando era puertorriqueña* silenciosamente.

Cuando era puertorriqueña

Esmeralda Santiago

CUARTA PARTE

Tres mujeres estaban sentadas detrás de una mesa larga en un salón donde los pupitres habían sido empujados contra las paredes. Al entrar, mantuve mi frente alta y sonreí, floté hacia el asiento en frente de ellas, puse mis manos en mi falda y sonreí otra vez.

—Buenos días —dijo la señora alta con pelo color de arena. Era huesuda y sólida, con ojos intensamente azules, una boca generosa y manos suaves con uñas cortas. Estaba vestida en tintes pardos de la cabeza a los pies, sin maquillaje y sin joyas, menos la cadena de oro que amarraba sus lentes sobre un pecho amplio. Su voz era profunda, modulada, cada palabra pronunciada como si la estuviera inventando.

A su lado estaba una mujercita con tacos altísimos. Su cabello corto formaba una corona alrededor de su cara, la pollina cepillando las puntas de sus pestañas falsas. Sus ojos oscuros vestían una línea negra a su alrededor, y su boca pequeña parecía haber sido dibujada y luego pintada en rojo vivo. Su cara dorada por el sol me miró con la inocente curiosidad de un bebé listo. Estaba vestida de negro, con muchas cadenas alrededor del cuello, pantallas colgando hasta los hombros, varias pulseras y sortijas de piedras en varios colores en cuatro dedos de cada mano.

La tercera mujer era alta, delgada, pero bien formada. Su cabello negro estaba peinado contra su casco en un moño en la nuca. Su

cara angular atrapaba la luz, y sus ojos, como los de un cervato, eran inteligentes y curiosos. Su nariz era derecha, sus labios llenos pintados un color de rosa un poco más vivo que su color natural. Puños de seda verde se veían bajo las mangas de su chaqueta color vino. Aretes de diamante guiñaban desde los lóbulos de orejas perfectamente formadas.

Yo había soñado con este momento durante varias semanas. Más que nada, quería impresionar al jurado con mi talento para que me aceptaran en Performing Arts High School y para poder salir de Brooklyn todos los días, y un día nunca volver.

Pero en cuanto me enfrenté con estas tres mujeres bien cuidadas, se me olvidó el inglés que había aprendido y las lecciones que Missis Johnson me había inculcado sobre cómo portarme como una dama. En la agonía de contestar sus preguntas incomprensibles, puyaba mis manos hacia aquí y hacia allá, formando palabras con mis dedos porque no me salían por la boca.

—¿Por qué no nos dejas oír tu soliloquio ahora? —preguntó la señora de los lentes colgantes.

Me paré como asustada, y mi silla cayó patas arriba como a tres pies de donde yo estaba parada. La fui a buscar, deseando con toda mi alma que un relámpago entrara por la ventana y me hiciera cenizas allí mismo.

—No te aflijas —dijo la señora—. Sabemos que estás nerviosa.

Cerré los ojos y respiré profundamente, caminé al centro del salón y empecé mi soliloquio.

—Llu bilón tú é tayp dats beri cómo in dis contri Missis Felps. É tayp of selfcente red self pí tí in són de baurin taygrés huid on menshonabol proclibétis on de sayd.

A pesar de las instrucciones de Mister Gatti de hablar lentamente y pronunciar bien las palabras aunque no las entendiera, recité mi monólogo de tres minutos en un minuto sin respirar ni una vez.

Las pestañas falsas de la señora bajita parecían haber crecido de sorpresa. La cara serena de la señora elegante temblaba con risa controlada. La señora alta vestida de pardo me dio una sonrisa dulce.

—Gracias, querida. ¿Puedes esperar afuera un ratito?

Resistí el deseo de hacerle reverencia. El pasillo era largo, con paneles de madera angostos pegados verticalmente entre el piso y el cielo raso. Lámparas con bombillas grandes y redondas colgaban de cordones largos, creando charcos amarillos en el piso pulido. Unas muchachas como de mi edad estaban sentadas en sillas a la orilla del corredor, esperando su turno. Me miraron de arriba a abajo cuando salí, cerrando la puerta tras de mí. Mami se paró de su silla al fondo del corredor. Se veía tan asustada como me sentía yo.

—¿Qué te pasó?

—Ná' —no me atrevía a hablar, porque si empezaba a contarle lo que había sucedido, empezaría a llorar enfrente de las otras personas, cuyos ojos me seguían como si buscando señas de lo que les esperaba. Caminamos hasta la puerta de salida—. Tengo que esperar aquí un momentito.

—¿No te dijeron nada?

—No. Sólo que espere aquí.

Nos recostamos contra la pared. Enfrente de nosotras había una pizarra de corcho con recortes de periódico acerca de graduados de la escuela. En las orillas, alguien había escrito en letras de bloque, «P.A.» y el año cuando el actor, bailarín o músico se había graduado.

Cerré mis ojos y traté de imaginar un retrato de mí contra el corcho y la leyenda «P.A.'66» en la orilla.

La puerta al otro lado del pasillo se abrió, y la señora vestida de pardo sacó la cabeza.

—¿Esmeralda?

—¡Presente! Quiero decir, aquí —alcé la mano.

Me esperó hasta que entré al salón. Había otra muchacha adentro, a quién me presentó como Bonnie, una estudiante en la escuela.

—¿Sabes lo que es una pantomima? —preguntó la señora. Señalé con la cabeza que sí—. Bonnie y tú son hermanas decorando el árbol de Navidad.

Bonnie se parecía mucho a Juanita Marín, a quien yo había visto por última vez cuatro años antes. Decidimos dónde poner el árbol invisible, y nos sentamos en el piso y actuamos como que estábamos sacando las decoraciones de una caja y colgándolas en las ramas.

Mi familia nunca había puesto un árbol de Navidad, pero yo me acordaba de cómo una vez yo ayudé a Papi a ponerle luces de colores alrededor de una mata de berenjenas que dividía nuestra parcela de la de Doña Ana. Empezamos por abajo, y le envolvimos el cordón eléctrico con las lucecitas rojas alrededor de la mata hasta que no nos quedaba más. Entonces Papi enchufó otro cordón eléctrico con más luces, y seguimos envolviéndolo hasta que las ramas se doblaban con el peso y la mata parecía estar prendida en llamas.

En un ratito se me olvidó dónde estaba, y que el árbol no existía, y que Bonnie no era mi hermana. Hizo como que me pasaba una decoración bien delicada y, al yo extender la mano para cogerla, hizo como que se me cayó y se rompió. Me asusté de que Mami entraría gritándonos que le habíamos roto una de sus figuras favoritas. Cuando empecé a recoger los fragmentos delicados de cristal invisible, una voz nos interrumpió y dijo:

—Gracias.

Bonnie se paró, sonrió y se fue.

La señora elegante estiró su mano para que se la estrechara.

—Notificaremos a tu escuela en unos días. Mucho gusto en conocerte.

Le estreché la mano a las tres señoras, y salí sin darles la espalda, en una neblina silenciosa, como si la pantomima me hubiera quitado la voz y el deseo de hablar.

De vuelta a casa, Mami me preguntaba qué había pasado, y yo le contestaba, «Ná'. No pasó ná'», avergonzada de que, después de tantas horas de práctica con Missis Johnson, Mister Barone y Mister Gatti, después del gasto de ropa y zapatos nuevos, después de que Mami tuvo que coger el día libre sin paga para llevarme hasta Manhattan, después de todo eso, no había pasado la prueba y nunca jamás saldría de Brooklyn.

E. Resumen de una oración.

- Copia la siguiente oración en tu cuaderno.
- Resume los acontecimientos de la cuarta parte de *Cuando era puertorriqueña* rellenando las partes en blanco.

  El capítulo empieza con _____, cuenta

  cómo _____ _____ y

  termina con _____.

AMPLIEMOS NUESTRA COMPRENSIÓN

F. Conexiones personales. Contesta las siguientes preguntas.

1. ¿Cómo se parece Negi a ti? ¿En qué se diferencia?
2. ¿Escogerías a Negi como amiga? Explica tu respuesta.

G. Libro de secuencia.

- Escoge seis eventos del cuento.
- Escribe un breve resumen de cada uno.
- Ilústralos y ponlos en secuencia en un libro en forma de acordeón, siguiendo el modelo que aparece a continuación.

EXPLOREMOS EL LENGUAJE|

LA CONJUNCIÓN Y LAS FRASES CONJUNTIVAS

Las conjunciones y las frases conjuntivas se parecen en su uso a las preposiciones y las frases prepositivas que estudiamos en la lección anterior. Las conjunciones, como las preposiciones, son palabras invariables que sirven de enlace dentro de la oración. Las conjunciones unen palabras, grupos de palabras y oraciones.

Lo siguiente es un cuadro de las conjunciones que usamos con más frecuencia en español.

Clases de conjunciones	Ejemplos
Copulativas	y (e), ni
Disyuntivas	o (u)
Adversativas	pero, sino, sin embargo
Causales	porque, pues, como, ya que
Temporales	cuando, mientras, después que
Consecutivas	tanto… que
Comparativas	como, igual que
Finales	para que, a fin de que
Concesivas	aunque, a pesar de que
Condicionales	si, con tal que

Considera las conjunciones en las siguientes citas de la cuarta parte de *Cuando era puertorriqueña*.

- «Era huesuda y sólida, con ojos intensamente azules, una boca generosa **y** manos suaves con uñas cortas.»
- «Su voz era profunda, modulada, cada palabra pronunciada **como** si la estuviera inventando.»
- «Mi familia nunca había puesto un árbol de Navidad, **pero** yo me acordaba de cómo una vez yo ayudé a Papi a ponerle luces de colores alrededor de una mata de berenjenas que dividía nuestra parcela de la de Doña Ana.»

H. Aprendizaje de reglas. Aprende las siguientes reglas sobre el uso de ciertas conjunciones.

- Si la conjunción *y* precede una palabra que empieza con la letra *i* o las letras *hi*, la conjunción *y* se convierte en *e*.

  MODELO: *Las señoras del jurado prestan atención a la presentación de Negi e intentan no reírse.*

- Si la conjunción *o* precede una palabra que empieza con la letra *o*, la conjunción *o* se convierte en *u*.

  MODELO: *¿Tienes la misma opinión que tus compañeros sobre Negi u otra?*

- Si la conjunción *o* aparece entre dos números, se acentúa para que no se confunda con el cero.

  MODELO: *Para apreciar bien este capítulo, conviene leerlo 2 ó 3 veces.*

I. Entrevista a la autora. Imagínate que fueras a entrevistar a Esmeralda Santiago.

- ¿Qué preguntas le harías?
- Redacta cinco preguntas utilizando las siguientes conjunciones.

- Aprovéchate del diagrama T que hiciste en el ejercicio C y de la guía anticipatoria del ejercicio A.

1. para que
2. mientras
3. si
4. porque
5. aunque

CREEMOS LITERATURA

J. Incidente autobiográfico. Utilizando la guía anticipatoria del ejercicio A, escribe una narrativa sobre una experiencia difícil de tu vida. Organiza tu composición de esta manera:

- Introducción: ¿Qué pasó? Describe el ambiente, el conflicto y las personas involucradas.
- Cuerpo: Describe cómo te sentiste.
- Conclusión: Evalúa la experiencia en cuanto a lo que aprendiste. Da una buena conclusión a tu narrativa.

K. Vídeojuego Negi. Te han contratado para desarrollar un vídeojuego basado en las experiencias de Negi en Brooklyn. ¿Cómo será el juego? ¿Qué obstáculos encontrará el jugador? ¿Cuál es el propósito del juego? Diseña el juego y escribe las instrucciones incluyendo:

- el propósito del juego,
- la puntuación,
- las reglas del juego.

Puedes acompañar las instrucciones con un dibujo si así lo deseas.

Cuando era puertorriqueña: Quinta parte

Alistémonos para leer

«El mismo jíbaro con diferente caballo»

En este último fragmento de Cuando era puertorriqueña, *la autora nos da una oportunidad de examinar sus recuerdos desde otro punto de vista.*

A. **Predicciones.** Antes de empezar la quinta parte de *Cuando era puertorriqueña*:

- copia el siguiente cuadro en tu cuaderno;
- rellena la columna de la izquierda con tus predicciones sobre el epílogo del relato.

¿Cuál crees tú que va a ser el desenlace del relato *Cuando era puertorriqueña*?	¿Cómo fue el desenlace del relato *Cuando era puertorriqueña*?

VOCABULARIO CLAVE DEL TEXTO

Familiarízate con el vocabulario clave del texto según las indicaciones de tu maestro(a).

epílogo   trigueño   mentor   ragante

LEAMOS ACTIVAMENTE

B. **Desenlaces.** A medida que vayas leyendo la quinta parte de *Cuando era puertorriqueña*, rellena la segunda columna del cuadro que empezaste en el ejercicio *A*.

C. **Lectura de tres personas.**

- Lee la lectura en forma dramatizada junto(a) con dos compañeros(as).
- Reparte los papeles de la siguiente manera: narrador, Negi y la mentora de Negi.

Cuando era puertorriqueña

ESMERALDA SANTIAGO

«El mismo jíbaro con diferente caballo»

QUINTA PARTE

Diez años después de mi graduación de Performing Arts High School, volví a visitar la escuela. Estaba viviendo en Boston, una estudiante becada en la universidad Harvard. La señora alta y elegante de mi prueba se había convertido en mi mentora durante mis tres años en la escuela. Después de mi graduación, se había casado con el principal de la escuela.

—Me acuerdo del día de tu prueba —me dijo, su cara angular soñadora, sus labios jugando con una sonrisa que todavía parecía tener que controlar.

Me había olvidado de la niña flaca y trigueña con el pelo enrizado, el vestido de lana y las manos inquietas. Pero ella no. Me dijo que el jurado tuvo que pedirme que esperara afuera para poderse reír, ya que les parecía tan cómico ver a aquella chica puertorriqueña de catorce años chapurreando un soliloquio acerca de una suegra posesiva durante el cambio de siglo, las palabras incomprensibles porque pasaban tan rápido.

—Admiramos el valor necesario para pararte al frente de nosotras y hacer lo que hiciste.

—¿Quiere decir que me aceptaron en la escuela no porque tenía talento, sino porque era atrevida?

Nos reímos juntas.

—¿Cuántos de tus hermanos y hermanas llegaron a la universidad?

—Ninguno. Yo soy la única todavía.

—¿Cuántos son?

—Cuando me gradué ya éramos once.

—¡Once! —me miró por un rato, hasta que tuve que bajar la vista—. ¿Piensas a veces en lo lejos que has llegado?

—No. Nunca me paro a reflexionar. Si lo hago, ahogo el impulso.

—Déjame contarte otra historia, entonces. El primer día de tu primer año, no llegaste a la escuela. Llamamos a tu casa. Me dijiste que no podías venir a la escuela porque no tenías qué ponerte. Yo no estaba segura de si estabas bromeando. Pedí hablar con tu mamá, y tú tradujiste lo que ella dijo. Necesitaba llevarte a un sitio para que le interpretaras. Primero no me querías decir adónde, pero luego admitiste que iban para el departamento de asistencia pública. Estabas llorando, y te tuve que asegurar que tú no eras la única estudiante en la escuela que recibía asistencia pública. Al otro día, llegaste feliz y contenta. Y ahora, aquí estás, casi graduándote de Harvard.

—Gracias por hacer esa llamada.

—Y gracias a ti por venirme a visitar. Pero ahora, tengo una clase —se paró, elegante como siempre—. Cuídate.

Su abrazo cálido, fragante a perfume caro, me sorpendió.

—Gracias —le dije a su espalda.

Anduve los pasillos de la escuela, buscando el salón donde había cambiado mi vida. Quedaba al frente del laboratorio del maestro de ciencia, unas puertas más abajo del pizarrón encorchado donde alguien con letra bonita todavía escribía «P.A.» seguido por el año del graduado.

—Un día de éstos —me dije a mí misma—. Un día de éstos.

D. Reflexionar y compartir.

- Formula una «buena» pregunta sobre la quinta parte de *Cuando era puertorriqueña*.

- Comparte tu pregunta con el grupo de tres personas que formaron para la lectura.

AMPLIEMOS NUESTRA COMPRENSIÓN

E. Análisis literario. Contesta las siguientes preguntas en el contexto de la quinta parte de *Cuando era puertorriqueña*.

1. ¿Qué significa el refrán que da comienzo a la última parte («El mismo jíbaro con diferente caballo»)?

2. ¿Cómo interpretas el fin del relato: «—Un día de éstos —me dije a mí misma—. Un día de éstos»?

F. Creación artística. Vas a preparar un marcador de libro. Tu maestro(a) te entregará una tira de cartulina para utilizar.

- En la cara de la tira escribe el título *Cuando era puertorriqueña* y una ilustración que represente el tema central del relato. Puedes dibujar o recortar ilustraciones de revistas para representar el tema.

- Al dorso describe con detalle el ambiente, los personajes y tu parte favorita de *Cuando era puertorriqueña*.

EXPLOREMOS EL LENGUAJE

REPASO

G. Inventario del aprendizaje.

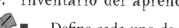

- Define cada uno de los siguientes términos: adverbio, preposición, conjunción.

- Después escribe un párrafo sobre tu opinión del relato *Cuando era puertorriqueña*.

CREEMOS LITERATURA

H. **Una carta a otro(a) lector(a).** Escribe una carta a un(a) amigo(a) a quien le gusta mucho leer. En tu carta vas a recomendar o no recomendar la lectura de *Cuando era puertorriqueña*.

- Cuéntale a tu amigo(a) algo de lo que has leído, pero sólo un poco para que no estropees el placer del libro para él/ella.
- Dale tu opinión del libro.

¡Ojo! Tus razones, como siempre, deben justificarse con ejemplos específicos.

I. **Proyecto de investigación.** En los Estados Unidos hay muchos latinos que se han destacado en diferentes campos. Parte del éxito de estas personas reside en el buen manejo que demuestran tanto del inglés como del español. Por ejemplo, en la política se encuentra a Linda Chávez, destacada intelectual de la comunidad méxico-americana; Julia Álvarez, importante escritora dominicana-americana; y Antonio Banderas, actor español que ha alcanzado fama internacional en Hollywood.

- Investiga un personaje latino de renombre en la Internet o usando los recursos disponibles en la biblioteca de tu escuela. También está a tu disposición la biblioteca pública de tu comunidad.
- Haz una pequeña composición en la que indicas cómo el bilingüismo facilitó el éxito personal y profesional del personaje escogido.

CONCLUSIÓN DE LA UNIDAD

En su primera novela, «Cuando era puertorriqueña», Esmeralda Santiago comparte sus recuerdos, algunos dulces y otros dolorosos, de cuando recién llegó a Nueva York. Como mucha literatura hispana étnica de los Estados Unidos, refleja las luchas así como los triunfos del dificultoso proceso de la biculturalización.

SÍNTESIS Y CONEXIÓN DE CONCEPTOS

A. Descripción en colaboración. Van a escribir una descripción de lo ocurrido en los diez años que pasaron entre la cuarta y la quinta parte de *Cuando era puertorriqueña*.

- Cada grupo de cuatro personas se encargará de un lapso diferente.
- Necesitan sólo una hoja de papel.
- En silencio la primera persona empieza la descripción con una sola oración y pasa la hoja. La segunda persona añade una segunda oración y pasa la hoja a la próxima persona, etcétera. La hoja debe hacer dos vueltas completas.
- Mientras desarrollan sus descripciones, tengan en cuenta no sólo la persona de Negi, sino todo lo que representa la cultura en su vida; tanto la puertorriqueña como la norteamericana. En las descripciones, deben incluir su vida académica, social y familiar.
- Al finalizar se leerán las descripciones en orden secuencial.

1. Los primeros dos años de Negi en Performing Arts High School.

2. El último año y la graduación de Negi en Performing Arts High School.

3. Los años universitarios en Sarah Lawrence College (Nueva York).

4. Negi realiza sus estudios pos-graduados en Harvard University (Massachusetts).

B. Afiche de motivación. En grupos de cuatro, diseñen un afiche con el propósito de motivar a los jóvenes a realizar sus sueños. El afiche debe incluir:

- un lema entusiasta; puede ser un dicho conocido como «querer es poder»;
- un dibujo que ilustre el lema;
- un borde relacionado con el tema del afiche.

MÁS HORIZONTES CREATIVOS

C. Cuento infantil. Esmeralda Santiago superó los obstáculos sociales, lingüísticos y académicos que la separaban del logro de sus sueños. Todos los adolescentes en cualquier parte del mundo pueden identificarse con Negi de una manera u otra.

Ahora vas a escribir un cuento infantil en el cual un niño o una niña supera una época difícil. Puede ser, por ejemplo, la llegada de un(a) hermanito(a), el primer día de escuela o una mudanza inesperada.

Paso 1: La pre-escritura. Como un cuento es una narrativa, tendrás que pensar en todos los elementos de tu relato antes de empezar.

- Copia el mapa de ideas de la siguiente página en tu cuaderno.
- Piensa en cómo se va a desarrollar el cuento, quiénes serán los personajes, dónde tomará lugar, etcétera.
- Rellena el mapa con tus ideas.

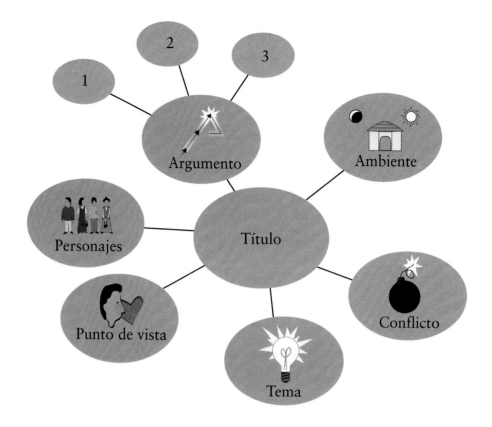

Paso 2: El borrador. Escribe el borrador incluyendo:

1. Introducción
   a. Capta la atención de tu lector(a).
   b. Describe la situación (conflicto) del protagonista incluyendo lugar y tiempo (ambiente).
2. Parte principal. En tres párrafos separados, describe los eventos (argumento).
3. Conclusión
   a. Explica la solución al conflicto.
   b. Termina con una oración decisiva.

Paso 3: La revisión del manuscrito.

1. La revisión del contenido. Comparte tu borrador con un(a) compañero(a). Revisa tu narración según los comentarios y preguntas que te hace.

2. La revisión mecánica. Ahora, utilizando el siguiente criterio, revisa tu trabajo.

- ¿Tiene introducción, parte principal y conclusión?
- ¿Has organizado tus ideas en párrafos?
- ¿Has tenido en cuenta que tu público es infantil?
- ¿Estás seguro(a) de que todas las palabras están escritas correctamente?

Paso 4: La copia final. Escribe tu copia final utilizando las sugerencias de tu compañero(a).

Paso 5: La publicación. Una vez que estés contento(a) con tu obra, prepara la copia publicada en la computadora. Recuerda:

- Como te diriges a un público infantil, cada página debe incluir un dibujo grande y un texto abreviado.
- Tu narración puede formar parte de tu portafolio si así lo quieres. O como proyecto de servicio comunitario, reúne tu cuento con los de tus compañeros para hacer una donación a una clase bilingüe o a una vecindad necesitada de un país hispano.

Índice de habilidades

ACTIVIDADES INTERDISCIPLINARIAS
afiche colaborativo 47, 115
afiche de motivación 383
calcar 302, 358
canción *rap* 361
colcha de retrazos 185
creación artística 380
desempeñar (asumir) un papel 219, 342
diagrama «mente abierta» 149, 153, 221, 302, 358
dibujar 195, 334, 339, 358-59, 374, 380, 383
dibujos 76, 155, 185, 280, 302
diseñar 339, 374
figura/forma 359
folleto turístico 279-80
gráficas (circulares, de barras, lineales) 214-18
ilustra y comparte 359
ilustración (de imágenes) 185
ilustración (ilustrar) 218, 359, 371
ilustración y texto 115
interpretación simbólica 334
investigación (proyecto) 381
investigar (biblioteca, Internet) 381
juego (propósito, puntuación, reglas) 374
lectura dramatizada 342
libro de secuencias 371
mandala (descripción) 359, 361
mapa (distribución geográfica de hispanos en los
    EE.UU.) 218
mapa (de un sitio especial) 76
marcador de libro 380
pegatinas de parachoques 339
placa publicitaria 243
recortar (ilustraciones de revistas) 380
representar 219
símbolo 280, 302, 334, 339, 358-59
tarjeta de cumpleaños 117
vídeojuego Negi 374

COMUNICACIÓN
actividades colaborativas 3, 13, 20, 22, 35, 47,
    56-57, 59, 62-63, 65, 69-70, 80, 89, 95-96,
    103-04, 115, 119, 129, 134-35, 139, 155,
    169, 185, 190, 194, 219, 222, 227, 228, 234,
    242-43, 252, 260-61, 276, 282, 296, 301-03,
    317, 321-22, 327-28, 336, 342, 359, 363,
    376, 382-84
actor/actriz 77
afiche colaborativo 47, 115
afiche de motivación 383
ambiente 90, 93

anotar 132, 276
apuntes 160, 190
argumento 90
artículos periodísticos 11
baúl de recuerdos 253
borrador 3, 20, 64, 134
cápsula histórica 131
carta a un personaje 132
carta de bienvenida a la escuela 133
carta de protesta 117
comparar y contrastar 37
compartir 302
compartir en pareja 227, 363
compartir ideas 69
compartir oralmente 115, 303
composición 11, 76
comprensión oral 19-20, 46, 50, 62
computadora del estudiante 135, 223, 323, 385
conclusión 11, 65, 101, 117, 134
conexiones personales 371
conflicto 91, 93, 95
consenso 62, 302
cuadro de dos columnas 242, 260
cuadro de incidente autobiográfico 327
cuatro en turno 155
cuatro papeles en redondo 252
cuatro pasos en una entrevista 296-97
datos demográficos 217
describir 352
descripción en colaboración 382
desempeñar un papel 219, 342
diagrama (de problemas familiares causados por la
    emigración) 282, 296
diagrama *T* 296
diálogo colaborativo 169, 317
elaborar 296
enseñanza recíproca 328
entrevista en tres etapas 352
explicaciones (indicaciones) del maestro 234, 334
explicar 303, 359
gráficas (circulares, de barras, lineales) 214-15
ilustra y comparte 359
imaginar 317
información visual 215
lectura de tres personas (dramatizada) 376
lectura dramatizada 342
lema 243
memorizar 194
periódico/revista escolar 223, 323
placa publicitaria 243

presentación oral 352
presentador 77
presentar a la clase 317
proyecto de servicio comunitario 385
publicación 135, 223, 323, 385
ramillete de ideas 227
recitar 194
revisión del contenido 322, 384
revisión del manuscrito 384
semblanza 276
sugerencias (sugerir) 336

CREACIÓN LITERARIA/ESCRITURA

acontecimiento 327
acontecimiento central 261, 279
actividades colaborativas (véase bajo
  Comunicación)
afiche de motivación 383
ambiente (lugar y tiempo) 213, 246, 384
anécdota personal 350
anotaciones (anotar) 70, 75, 174-75, 197, 234,
  260, 352, 363-64
apuntes (apuntar/tomar apuntes o notas) 4, 22,
  70, 187, 227, 261
argumento (eventos) 384
asumir la personalidad (de un personaje) 321
autobiografía 172, 213, 221
baúl de recuerdos 253
biografía 187, 321
borrador 222, 321, 384
bosquejo 188
cadencia 194
canción *rap* 361
características 261, 303
carta (redacción) 321
carta 172, 246
carta a otro lector 381
cita (citar) 115, 117, 155-56
comentar 321
comentario literario 253
comillas (citas) 115
comparación 243
comparar 334
composición (bilingüismo) 381
composición 155, 374
conclusión 187, 213, 214, 222, 246, 258, 279,
  298, 321, 339, 374, 380, 384
conexiones 334
conexiones personales 371
conflicto (del protagonista) 384
conflicto 213
continuación de una historia 298
copia final 222, 276, 321, 323, 385
corregir 28
creación artística 380
creación de personajes 211

cuaderno del estudiante 4, 13, 22, 40, 65, 70,
  96, 115, 120, 140, 156, 175, 186, 190, 198,
  217, 248, 260, 279, 283, 328, 341, 352, 363,
  371, 376
cuadro (de anotaciones) 70, 190
cuadro (pre-escritura) 133
cuadro 2 × 2 352, 358
cuadro anticipatorio 103, 115
cuadro de asociación de ideas 234
cuadro de comparación y contraste 320, 328, 336
cuadro de dos columnas 242
cuadro de incidente autobiográfico 327
cuadro de predicciones 376
cuadro de secuencia de acciones 56, 59-61,
  261, 279
cuadro de tres columnas 89, 196, 260
cuento 60, 80, 90
cuento infantil (escribir) 383
cuerpo (de una narración) 213, 246, 321, 374
datos concretos 155
definir 101
desarrollar (descripciones en colaboración) 382
desarrollar una narrativa 93
desarrollo (párrafo) 187, 213, 214, 222
describir (detalle) 380
describir (una oración concreta) 227
describir 69, 76, 77, 89, 93, 101, 117, 301, 321
descripción (significados de símbolos) 361
descripción 20, 38, 48, 49, 80, 89, 213
descripción de la creación de un poema 195
descripción en colaboración 382
desempeñar (asumir) un papel 219, 342
desenlaces 95, 376
diagrama (de conexiones) 63
diagrama (de problemas familiares causados por la
  emigración) 282, 296
diagrama (del sujeto de una entrevista) 322
diagrama (en forma de ramillete) 40
diagrama (tira secuencial) 349
diagrama «mente abierta» 149, 154, 302, 358
diagrama para entrevistar 174
diagrama *T* 283, 296, 363-64, 374
diálogo 57, 59, 101
diálogo generacional 259
diálogos colaborativos 169, 317
diario 80, 93
diario de doble entrada 132, 175
dibujos en secuencia 62
diseñar (un juego) 374
distinguir entre lo verdadero y lo falso 34
ejemplos concretos 299
elaborar 296, 301
elementos narrativos 172
elipsis 186
enlaces 349-50
ensayo 37, 48, 101

ensayo de comparación y contraste 246, 339
ensayo de opinión 258
ensayo persuasivo 298
enseñanza recíproca 50
entrevista 160, 174
entrevista a la autora 373
entrevista (cuatro pasos) 296-97
entrevista en tres etapas 352
epitafio 35
escribir diálogos 169-70
escritito 301
esquema 258
estrofa 194, 257
evaluación crítica 319
evaluar (una experiencia) 374
evento 96
experiencia 139, 157
experiencia emotiva 189
experiencia migrante (migratoria) 214, 221
experiencia traumática 196, 214
explicar 334
explicar (solución de un conflicto) 384
explicar tu postura 258
exposición 11, 64, 87, 213-14, 222, 246, 258,
    279, 298, 321, 339
flor semántica 160
folleto de bienvenida 213
folleto turístico 279
guía anticipatoria 363, 374
historia 64, 78, 80, 160, 172, 361
historia ficticia 172
historieta 78
imaginación (imaginar) 155, 317
incidente autobiográfico 374
infinitivo 156
introducción, 65, 361, 374, 384
investigar 62
juego (propósito, puntuación, reglas) 374
justificar 381
justificar tu posición 321
justificar (una solución) 299
lema 243, 383
leyenda 10, 63
libreto 169
libro de secuencia 371
lista de recuerdos 190
mapa de conceptos 341
mapa de ideas 172, 384
medida 194
mensaje 115, 339
meta 298
mito 35, 39, 40, 46, 47, 50, 62
monólogo 90
musa 195
narración (narrar) 20, 59, 62, 90, 93
narración autobiográfica 213, 221

narración personal 279
narrador 243, 261
narrativa 157, 172
narrativa personal 93
novelas 90
número 76
obra de teatro 103
obras narrativas 90
opinión 75, 380-81
oración 11, 19, 20, 35-37, 46, 69, 101
oración decisiva 384
oración explicativa 185
oración (resumen) 371
oraciones (completar) 298
organización (organizar) 12, 13, 40, 56, 60, 157,
    172, 222, 298, 321
oyente 96
párrafo 9, 11, 20, 35, 37, 48-49,100-01, 117, 134,
    184, 194, 213, 245, 258, 280, 298, 339,
    361, 384
parte principal (de una obra) 64, 65, 384
peculiaridades 339
pegatinas de parachoques 339
personaje 75, 90, 93, 101, 188, 219
personaje central 140
placa publicitaria 243
poema 78, 90, 99, 157
poema acróstico 350
poema autobiográfico 187
poema biográfico 187
poema cinquain 37-38
poema *Clerihew* 78
poema de consuelo 157
poema (estructura) 78
poema (para el día del padre/de la madre) 257
portafolio del estudiante 65, 135, 223, 323, 385
predicciones 376
pre-escritura 64, 101, 133, 221, 321, 383
programa de televisión 77
propósito 96
prosa y verso 194
protagonista 64
proyectarse hacia el futuro 260
proyecto de investigación 381
punto de vista 90, 91, 172
ramillete de ideas 40, 227
recapitulación de la lectura 342
recopilar (recoger) 62
recordar 69
re-creación 20, 46, 59, 131-32
recuerdos 279
redactar (preguntas) 373
reflexión literaria 275
reminiscencias 259
representación 57
representación secuencial 169

resolución 93
resolver un problema 93, 119
resumen 157, 222, 371
resumir 20, 41, 48, 117
resumir (una historia) 360
revisión (revisar) 157, 222
revisión del contenido 134, 222, 322, 384
revisión del manuscrito (redactar) 20, 65, 134,
    222, 384
revisión mecánica 134, 222, 385
rima 78
secuencia de eventos 210
semblanzas 276, 319
semejanzas 339
sensibilidad 214
sentidos 69
sinopsis 184
soneto 194
tarjeta de felicitaciones 93
tarjeta postal 195
tema 77, 80, 88, 90, 95, 96, 155, 306
titular 11
título 253
tono 99, 101
utilizar tus notas 9, 22
verso 38, 78, 101, 194, 350
vídeojuego Negi 374
visualizar 69
voz 96

LECTURA Y LITERATURA

acontecimiento central 261
anotar (apuntar) 4, 40, 89, 120, 140, 261, 301
características 261
comprensión 34, 35, 37, 56, 57
conflicto 95
cuadro (de interpretación poética) 96
cuadro de personajes 120
cuadro para distinguir entre lo positivo y negativo
    y lo que es interesante) 248
cuento (lectura) 89
cuento social 118
descripción 89
desempeñar (asumir) un papel 219, 342
desenlace 95
diagrama T 140, 283, 363-64
diálogo generacional 259
distinguir entre lo verdadero y lo falso 241
enseñanza recíproca 328
epitafio 35
indicar lo probable e improbable 295
lectura de tres personas (dramatizada) 376
lectura dramatizada 104, 342
lectura individual (silenciosamente) 149, 228, 243,
    261, 301, 334, 342, 364
lectura oral (en voz alta) 139, 160, 190, 228, 302

leyenda 2, 4, 10, 12, 13, 21, 37, 62, 63
leyenda histórica 21
leyendas populares 2, 12
mito 50, 62
narración 20
narrador 89, 376
protagonista 80, 88, 90
punto de vista 90, 129
recapitulación de la lectura 342
reflexionar 95
rememorar 228
revisar 320
rompecabezas de lectura 301
secuencia de acciones 261
tema 21, 37, 50
tradición oral 2
tradiciones 62, 63
trama 20
visualizar 69-70, 89, 185

LENGUA Y VOCABULARIO

adjetivo (calificativo/determinativo) 115-16, 188
adverbios (tabla/categorías) 337
análisis lingüístico 37
análisis lingüístico (pretérito/imperfecto) 255
anglicismos 157
apoyo de estudio 186
artículos 99
baúl de recuerdos 253
búsqueda de verbos 195
cadencia 194
colcha de retazos 185
comentario literario 253
complementos (identificar) 319
complementos del verbo (directo, indirecto,
    circunstancial) 318-19
concordancia 130, 157
conjugación (primera, segunda, tercera) 194-95, 212
conjunción y frases conjuntivas (cuadro de
    conjunciones) 372-73
conjunciones (aprendizaje de reglas) 373
cuadro de comparación y contraste 320
cuadro de conjunciones 373
cuadro de prefijos 58
cuadro (de sustantivos) 77,186
cuadro lingüístico 213
deducción lingüística 116, 186, 338
definir términos (adverbio, preposición,
    conjunción) 380
elipsis 186
enlaces 349-50
epítetos 103
español estándar 157
estereotipar 103
estrofa 194
flor semántica 35, 37, 160

formas elípticas 186-87
frase 38
género 76
gramática 157, 185
identificación lingüística (verbos) 156-57
infinitivo 156, 170
inventario del aprendizaje 170, 380
leyenda (definición) 10
lista de recuerdos 190
mandato 158
medida 194
mito 47
modos (indicativo, imperativo, subjuntivo) 171
observaciones/indicaciones lingüísticas 20, 37,
    48, 99
ortografía 65, 255
palabras interrogativas 70
palabras variables e invariables 47-48, 76,
    341, 349
participios (regulares e irregulares) 277
personas gramaticales (primera, segunda,
    tercera/singular, plural) 92-93, 185-86
predicado 36-37
prefijos 57-58
preposición y frases prepositivas 359-60
pronombre (definición) 91-92
pronombres personales 92
prosa y verso (definiciones) 194
raíz 121, 156, 170
red de personas gramaticales 92
red semántica 95
registros lingüísticos 134
reglas (aprendizaje) 373
reglas (formular) 116
semblanza (definición) 275
sujeto 36-37
sujeto implícito 36-37
sustantivo 38, 76-77, 115, 188
tema 90, 115
tiempos fundamentales (pasado, presente, futuro)
    170, 212, 244

verbo (condicional-usos) 297
verbo (partes-raíz/terminación) 155-56, 170, 194,
    212
verbo (pasado-pretérito/imperfecto) 253-55
verbo (presente perfecto/pluscuamperfecto-
    conjugación y usos) 277-78
verbo (presente-conjugación y usos) 244-45
verbos compuestos 276-78
verbos regulares e irregulares 211-12
verbos y cambios 244
verso 194

MÉTODO CRÍTICO
    análisis crítico 117
    análisis de un cuento 9
    análisis de personaje 75, 89, 101, 115, 154, 211,
        296
    análisis del tema 115
    análisis del tono 101
    análisis del punto de vista 129
    análisis literario 169, 380
    análisis poético 193
    comparación 218-19
    comparar y contrastar 19, 22, 37
    conceptos 63
    consideraciones hipotéticas 46
    crítico de arte 49
    cuadro de interpretación poética 96
    diagrama espina 119
    diagrama de Venn 218-19, 242
    ensayo analítico 101
    ensayo crítico 48
    esquema 101, 117
    evaluación crítica 319
    evaluar 40
    explicación de significado 101
    interpretación del mensaje del autor 115
    interpretación del texto 358
    moraleja 19, 62-64
    observación 13
    reflexionar 46

Glosario

A

acaparar adquirir y retener
acudir recurrir a alguno o valerse de él
acumular juntar y amontar
el adiestramiento fornación, instrucción, amaestramiento
afanoso muy trabajoso
aguardar esperar
ahuyentar hacer huir
el ajetreo acción de fatigarse con algún trabajo
la aldea pueblo de corto vecindario
aletargar causar letargo
alquilar dar en arriendo
angosto estrecho, reducido
apoderar dar poder a una persona
la aptitud habilidad natural
atarantar aturdir
atiborrar llenar completamente
audaz osado, atrevido
la aureola círculo luminoso que suele figurarse detrás de las cabezas de las imágenes santas
autoritario que impone a los demás su autoridad.

B

la barda muro que separa dos terrenos
la boina gorra
la botica establecimiento donde se hacen y venden medicinas.
el bracero campesino que emigra para ser jornalero

C

el caballero persona distinguida
el cadávar cuerpo muerto
camuflageado disfrazado
candente que arde o quema
el caramelo pasta de azúcar hecho almíbar y endurecido
el carnet tarjeta de identificación
el/la cartógrafo/fa autor de cartas geográficas
el cervato ciervo menor de seis meses
la chabola caseta o choza
chamuscado quemado
la chusma conjunto de gente soez
clamar emitir la palabra de manera grave y solemne
el combatiente soldado que forma parte de un ejército
comején termes
la contienda pelea, disputa
convidar rogar una persona [a otro] que la acompañe a comer

convocar llamar para que concurran a lugar

coriza resfiado

cremallera cierre que se aplica a una abertura longitudinal en prendas de vestir, bolsos y cosas semejantes

la cuadrilla conjunto de varias personas para el desempeño de algunos oficios

D

deleitar producir placer del ánimo o de los sentidos

desestimar no tener la debida estimación

desmoronar desmigajar

disminuir hacer menor la extensión, intensidad o número

E

el ejido campo común de un pueblo

emanar desprenderse de un cuerpo

embonar juntar, empalmar

embullar alborotar

encapricharse empeñarse en conseguir un capricho

enfático con énfasis

el epílogo recapitulación, conclusión

escéptico que duda o simula dudar de lo que está probado de una forma evidente

el escollo obstáculo, estorbo

eufórico relativo a un estado del ánimo propenso al optimismo

F

fanfarrón que se jacta de lo que no es, especialmente de valiente

fértil que produce mucho

la finca propiedad rústica

la fonda un restaurante pequeño

G

gallardo valiente, bien parecido

gesticular hacer gestos

la guagua autobús

el/la guajiro/a campesino

el gusano como una maleta, pero largo y de tela grueso

H

el hado divinidad o fuerza desconocida

halagar dar a uno muestras de afecto

haraganear pasar la vida en el ocio

harapiento andrajoso

el/la hidalgo persona de noble e ilustre nacimiento

I

impedir estorbar

ímpetu movimiento acelerado y violento

impetuoso violento, precipitado

inapetente que no tiene apetencia o apetito

incorporarse ingresar los soldados en filas

la índole condición e inclinación natural propia de cada uno

insidioso malicioso o dañino, con apariencias inofensivas

insinuar introducirse mañosamente en el ánimo de alguno captando su voluntad y afecto

instar insistir en una petición o súplica

instintivamente hacer de manero instintivo, por impulso natural

izar hacer subir una cosa tirando de la cuerda de que está colgada

J

el jíbaro campesino blanco puertorriqueño

L

lerdo pesado y torpe

el letargo estado de somnolencia o flojera

M

magro flaco, enjuto, sin grosura

magullado dañado con contusiones

el menosprecio poco aprecio, desprecio, desdén

el mentor consejero o guía de otro

el menudo monedas, el suelto, el cambio

la merced cualquier beneficio gracioso

el monólogo soliloquio; obra dramática en que habla un solo personaje

la muchedumbre abundancia

O

oculto secreto

opaco oscuro, sombrío

P

la palangana jofaina

la pantomima obra teatral o arte de imitar, representar o expresarse por medio de gestos, ademanes y actitudes

pardo color de la tierra o de la piel del oso común

el pastizal terreno de abundante pasto para caballerías

el pavor temor con espanto

pendenciero propenso a riñas

la peripecia accidente imprevisto que cambia el estado de las cosas

la pesadumbre gravedad

el polvorón torta de harina, manteca y azúcar, que se deshace en polvo al comerla

el preámbulo prólogo

el/la progenitor/a padre o madre

el pupitre escritorio

R

raquítica débil

la recriminación acción de reprender

refunfuñar emitir voces confusas o palabras mal articuladas en señal de enojo o desagrado

repiquetar repicar con viveza

el reproche acción de reprochar

robusto fuerte, vigoroso

roer raspar con los dientes una cosa, arrancando algo de ella

S

sagaz agudo, astuto

sarnoso que tiene sarna

la serenata música al aire libre y durante la noche, para festejar a una persona

el sigilo secreto que se guarda de una cosa o noticia

simultáneamente al mismo tiempo

el sindicato asociación obrera

el soliloquio habla o discurso de una persona que no dirige a otra la palabra

subyacente que yace o está debajo de otra cosa

el surco hendedura que se hace en la tierra con el arado

T

talegón bolsa larga y estrecha

el/la topógrafo/a persona que por profesión o estudio se dedica a la descripción y presentación detallada de la superficie de un terreno

la tribu agrupación en que se dividían algunos pueblos antiguos

trigueño que tiene el color del trigo; entre moreno y rubio

turgente hinchado

U

ultrajado insultado

V

la valla gallera

Z

zambullirse meter debajo de agua con ímpetu

Glosario de términos literarios

Ambiente Los elementos como el paisaje, lugar geográfico y social en que se desarrolla una historia, época en que sucede y tiempo que transcurre dentro de ella.

Argumento Conjunto de hechos que se narran en una obra.

Conflicto Problema central que se plantea en una obra literaria.

Las leyendas Relato tradicional que se refiere a sucesos cuyos personajes son seres humanos que tienen características excepcionales o misteriosas. Por lo general se basan en un hecho real que, a través del tiempo, va adquiriendo características fantásticas.

Los mitos Una historia que presenta explicaciones que el hombre se da acerca de los fenómenos que no alcanza a comprender. En ellos intervienen dioses y personajes maravillosos que realizan acciones sobrenaturales. Los temas se refieren al origen de la vida, fenómenos de la naturaleza, relaciones entre el hombre y su medio ambiente.

Motivos y sentimientos de los personajes Por lo general, los escritores tratan de crear personajes que parezcan reales, con los mismos sentimientos y comportamiento que los seres reales. Pero muchas veces los escritores no nos dicen directamente cómo se siente un personaje o qué motivos tiene para hacer algo. ¿Cómo podemos averiguarlo?

Existen tres maneras de conocer a un personaje:

1. A través de sus acciones y de sus palabras.
2. Por lo que los otros personajes nos dicen de él o de ella.
3. Por las descripciones directas del autor.

Obras narrativas Nos cuentan una historia. Las novelas, cuentos y leyendas pertenecen al género narrativo.

Personajes Cada uno de los seres humanos, sobrenaturales o simbólicos, que toman parte en la acción de una obra literaria.

Prosa La estructura del lenguaje que no está sujeta, como el verso, a medida y cadencia. Los escritos en prosa están divididos en párrafos para separar las ideas. Los poemas se diferencian de la prosa en la forma como aparecen escritos en la página. Los poetas no tienen que usar párrafos. Ellos pueden arreglar las palabras de muchas formas diferentes para expresar sus ideas y sentimientos.

Punto de vista Según quién sea el narrador de la obra, así será el **punto de vista**. La obra puede estar narrada en primera persona desde el punto de vista de un personaje o puede estar narrada en tercera persona por alguien que está fuera de la historia.

La semblanza Una biografía abreviada en que se mezclan aspectos de la personalidad de un individuo con sus rasgos físicos, atributos diferenciadores y acontecimientos en su vida. La semblanza transforma hechos escuetos y datos biográficos sobre un individuo en algo interesante para el lector. «Mi abuela fumaba puros», por ejemplo, es una semblanza basada en las cariñosas memorias que tiene el narrador de su abuela.

Tema La idea central de la obra o el mensaje del autor.

Tono La impresión general o sentimiento que está producido en el lector. Algunos poemas pueden hacerte sentir alegría o euforia; otros son serios o tristes, humorísticos o románticos y así por el estilo.

Verso Muchas veces los poemas están divididos en estrofas, que son grupos de líneas (**versos**).

Los textos

p. xvi, Selection from *El libro de las preguntas*, Pablo Neruda, ©1974, Pablo Neruda and Fundación Pablo Neruda.

p. 15, "La comadre Sebastiana," Reprinted by permission of the Museum of New Mexico Press, from CUENTOS- TALES FROM THE HISPANIC SOUTHWEST by José Griego y Mestas and Rudolfo Anaya, ©1980.

p. 23, "Los novios," from *Leyendas mexicanas*, William Stivers and Genevieve Barlow, ©1987, reprinted by permission of the authors.

p. 29, "Guanina," p. 41, and "La creación (hace much tiempo)" from *Leyendas de Puerto Rico*, ©1987, reprinted by permission of the National Textbook Company.

p. 52, "La trampa del coyote," from ARALAR, *Mitos, poemas y leyendas*, part of the *Tiempo Libre Collection*. Reprinted by permission of Editorial EDEBÉ, Barcelona.

p. 71, "Don Juanito," from *Chicano: Antología histórica y literaria*, Jesús Maldonado, reprinted by permission of the author.

p. 81, "Once," from EL ARROYO DE LA LLORONA. Copyright 1991 by Sandra Cisneros. Published by Vintage Español, a division of Random House Inc. Translation copyright 1996 by Liliana Valenzuela. Reprinted by permission of Susan Bergholz Literary Services, New York. All rights reserved.

p. 105, "Poema con niños," Nicolás Guillén, reprinted by permission of the author.

p. 121, "Los chicos," from *Historias de la Artámila*, Ana María Matute, reprinted by permission of Ediciones Destino, S.A.

p. 141, "Cajas de cartón," Francisco Jiménez, reprinted by permission of the author.

p. 161, "El trabajo en el campo," originally appeared in *This World: A Journal of Religion and Public Life*, Rose del Castillo Guilbaut.

p. 176, "Los inocentes," Pedro Juan Soto, reprinted by permission of the author.

p. 199, "Kike," Hilda Perera, ©1984, reprinted by permission of Ediciones SM, Madrid.

p. 229, "Como un escolar sencillo," from *16 Cuentos latinoamericanos*, Senel Paz, ©1980, reprinted by permission of the author.

p. 249, "Primer amor," from *Madres e hijas*, Cristina Peri Rossi, reprinted by permission of the author.

p. 262, "Mi abuela fumaba puros," from *Mi abuela fumaba puros*, Sabine Ulibarrí, ©1977, reprinted by permission of the author.

p. 284, "Raining backwards," Roberto Fernández, from *Cuentos hispanos de los Estados Unidos*, Houston: Arte Público Press-University of Houston, ©1993, reprinted by permission of the publisher.

p. 304, "Tres generaciones," Rosaura Sánchez, from *Cuentos hispanos de los Estados Unidos*, Houston: Arte Público Press-University of Houston, ©1993, reprinted by permission of the publisher.

p. 329, "Cuando era puertorriqueña," Esmeralda Santiago. Translation copyright ©1994 by Random House, Inc. Reprinted by permission of Vintage Books, a division of Random House, Inc.

El arte y las fotos

Photos on the following pages are the exclusive property of Heinle & Heinle Publishers: 2, 4, 68, 74, 78, 79, 94, 102, 159, 173, 189, 196, 226, 247, 259, 281, 299, 300, 330, 344, 362, 366, 375, 378.

Cover: *Caminando con su paraguas azul,* Victor Lewis-Ferrer. **Collection of the Art Museum of the Americas, Organization of American States.**

p. 6 "Los comisarios" by Héctor Poleo. Courtesy of Galería de Arte Nacional, Caracas, Venezuela.

p. 8: Rivera, Diego (1866-1957). *La Castañeda.* Courtesy of Museo Franz Mayer, Mexico City, Mexico.

p. 12 © *Richard Cummins/CORBIS*

p. 21 Digital imagery® copyright 1999 PhotoDisc, Inc.

p. 24 Stock Boston/Peter Menzel

p. 25 Codex Mendoza. The Bodleian Library, University of Oxford, MS. Arch. Selden. A.1, fol 2r.

p. 26 "Pan-American Unity" by Diego Rivera. Courtesy of City College of San Francisco. All rights reserved. Unauthorized public performance, broadcasting, transmission of, copying, mechanical or electronic, is a violation of applicable laws. Copyright City College of San Francisco.

p. 28 © *Christel Gerstenberg/CORBIS*

p. 30 *"Hay que soñar en azul"* (You have to dream in blue), oleo sobre lienzo (oil on canvas) - 1986, 213 cm × 152 cm (7' × 5'), Private collection - Courtesy Galeria Botello

p. 32 "Five Centuries Later", by José Gamarra. Donald Morris Gallery, Birmingham, MI.

p. 34 The Granger Collection

p. 39 Digital imagery® copyright 1999 PhotoDisc, Inc.

p. 50 *Toto,* 1984, Frank Romero, oil on canvas, 36" × 60", courtesy of Robert Berman, Robert Berman Gallery

p. 52 CORBIS/Tom Brakefield

p. 54 l-r: CORBIS/Galen Rowell; CORBIS/Michael St. Maur Sheil; CORBIS/Tony Hamblin, Frank Lane Picture Agency; CORBIS/ Eric and David Hosking

p. 55 CORBIS/Joe McDonald

p. 67 National Museum of American Art, Washington, DC/Art Resource, NY. Crite, Allan Rohan (b. 1910). Shadow and Sunlight, 1941. Oil on canvas, 25 × 38 in. (63.5 × 96.5 cm).

p. 88 M. Toussaint/Gamma-Liaison

p. 96 © Layle Silbert, 1984

p. 98 RAMÍREZ, FAJARDO, Alfonso. *Fiesta.* 1942. Watercolor on paper, 18½ × 24¼" (47 × 61.6 cm). The Museum of Modern Art, New York. Inter-American Fund. Photograph © 2000 The Museum of Modern Art, New York.

p. 104 CORBIS/Jim Sugar Photography

p. 106 l-r: CORBIS/Annie Griffiths Belt; David Young-Wolff/PhotoEdit

p. 107 l-r: CORBIS/Paul A. Souders; CORBIS/Owen Franken

p. 108 CORBIS

p. 110 Consuelo Kanaga 1894-1978, American, *Hands,* 1930, Gelatin silver print, 7½ × 12 inches, Brooklyn Museum of Art, Gift of Wallace B. Putnam from the Estate of Consuelo Kanaga.

p. 113 CORBIS/Douglas Peebles

p. 114 Courtesy of the OAS

p. 128 CORBIS/Colita

p. 135 Nicolas Sapieha/Art Resource, NY. Rivera, Diego (1866-1957). Fraternity. Mural. Secretaria de Educación Pública, Mexico City, D.F., Mexico

p. 137 "El reto" David Álfaro Siqueiros. Reproducción autorizada por el Instituto Nacional de Bellas Artes y Literatura, Mexico.

p. 138 Digital imagery® copyright 1999 PhotoDisc, Inc.

p. 142 "Our Daily Bread," Ramón Frades, courtesy of the Instituto Cultural de Puerto Rico

p. 146 *Barrio Tokyo,* Myrna Báez. Museo de Arte de Ponce. The Luis Ferré Foundation, Inc. Ponce, Puerto Rico.

p. 148 Bill Aron/PhotoEdit

p. 150 GUAYASAMÍN, Oswaldo (Oswaldo Guayasamín Caler), *My Brother.* 1942. Oil on wood, 15⅞ × 12¾" (40.3 × 32.4 cm). The Museum of Modern Art, New York. Inter-American Fund. Photograph © 2000 The Museum of Modern Art, New York.

p. 152 Digital imagery® copyright 1999 PhotoDisc, Inc.

p. 153 ©Daemmrich/Stock Boston

p. 154 Courtesy of Francisco Jiménez.

p. 176 CORBIS/Roger Wilmshurst; Frank Lane Picture Agency

p. 183 © Michael Boys/CORBIS

p. 184 Courtesy of Pedro Juan Soto.

p. 192 "A Last Day in the Country," Alison Chapman-Andrews. Courtesy of the artist.

p. 200 CORBIS/Amos Nachoum

p. 223 Erich Lessing/Art Resource, NY. Gogh, Vincent van (1853-1890). The Sower. Rijksmuseum Kroeller-Mueller, Otterlo, The Netherlands.

p. 226 *Barbacoa para cumpleaños*, 1993, Carmen Lomas Garza, alkyds on canvas, 36" × 48", collection of the Federal Reserve Bank of Dallas, photo: M. Lee Fatherree

p. 230 Digital imagery® copyright 1999 PhotoDisc, Inc.

p. 233 Digital imagery® copyright 1999 PhotoDisc, Inc.

p. 249 Rivera, Diego (1866-1957). Mother and Child. Signed and dated 1926 (25 × 21 in; 63.5 × 53.5 cm). Private collection. Reproducción autorizada por el Instituto Nacional de Bellas Artes y Literatura.

p. 280 "Hacienda Aurora," Francisco Oller y Cestero. The Museo de Arte de Ponce. The Luis A. Ferré Foundation, Inc. Ponce, Puerto Rico

p. 323 "Return from the Fair," Candido Portinari. Collection of the Art Museum of the Americas, Organization of American States

p. 325 Joaquín Torres-García, **New York City: Bird's Eye View**, Yale University Art Gallery, Gift of Collection Societe Anonyme.

p. 326 ©Owen Franken/CORBIS

p. 340 Digital imagery® copyright 1999 PhotoDisc, Inc.

p. 351 CORBIS/Lee Snider

p. 354 CORBIS/Lee Snider

p. 361 Digital imagery® copyright 1999 PhotoDisc, Inc.